当代旅游研究译丛

现代旅游史

Eric G.E.Zuelow
〔美〕埃里克·朱洛 著

王向宁 李淼 译

A History of Modern Tourism

商务印书馆
The Commercial Press

图书在版编目(CIP)数据

现代旅游史 /（美）埃里克·朱洛著；王向宁，李淼译. — 北京：商务印书馆，2021
ISBN 978-7-100-19465-5

Ⅰ.①现⋯ Ⅱ.①埃⋯ ②王⋯ ③李⋯ Ⅲ.①旅游—历史—世界 Ⅳ.①F591.9

中国版本图书馆 CIP 数据核字（2021）第 034899 号

权利保留，侵权必究。

现代旅游史

〔美〕埃里克·朱洛　著
王向宁　李淼　译

商 务 印 书 馆 出 版
（北京王府井大街36号　邮政编码100710）
商 务 印 书 馆 发 行
艺堂印刷（天津）有限公司印刷
ISBN 978-7-100-19465-5

2021年8月第1版	开本 710×1000	1/16
2021年8月第1次印刷	印张 21	

定价：85.00 元

深切怀念我的外祖父母和祖父母

斯利姆和阿尔塔

杰拉尔德和达格尼

致　谢

　　本书最初的写作灵感来自我童年时期家庭度假旅行的经历。那时，我们全家每年都会开着家里的大众牌露营车，满载各种装备，带上狗狗"皮皮"（"皮皮"患有胃肠胀气毛病，而且还总在路上犯病），顺着101号公路而下，领略沿途华盛顿州和俄勒冈州海岸的迷人风光。接下来的一两个星期，我们会在最喜爱的露营地野营，在世界上最美的海滩散步，在俄勒冈州弗洛伦斯市附近的沙丘嬉戏。我们追寻原住民雕刻的岩石壁画，探寻欧洲人留下的船只残骸，还时不时地停下车来去欣赏公路沿线的各色景点，比如弗洛伦斯市附近的海狮洞和俄勒冈州塞勒姆附近的魔法森林。时至今日，母亲在科尔曼氏火炉旁扇火做饭的情景仍历历在目，那美味的大锅饭仍然唇齿留香。我仿佛还能嗅到那漫长夏夜里露营地的独特味道，记起我们围坐在篝火旁讲述的一个个故事，想起我们在那些落潮后的水坑中发现的新奇玩意。

　　在我12岁那年，父母精打细算攒下的积蓄终于足够我们一家享受一次为期五周的英国自驾游。这次旅行让我大开眼界。这是我平生第一次坐飞机，那是一架名为"威斯敏斯特城"的波音747飞机。当时父亲的工作正巧就是对这种型号的波音飞机做"震颤"分析，这无疑增添了我首次乘坐飞机的美好体验。这次旅行结束后，我爱上了英国，爱上了旅行，也爱上了历史。对旅行和历史的热爱就这样一直陪伴着我，我也因此找到了赖以为生的事业。

现代旅游史

在 2004 年刚刚拿到博士学位后，我有幸成为乔治·L. 莫斯（George L. Mosse）教授的助手，担任威斯康星大学的杰出讲师。莫斯教授是 20 世纪最伟大的历史学家之一，是我心目中的英雄。认识莫斯教授是我的荣幸，之后一两年的光景他就去世了，所以我特别感激曾经拥有这样一个头衔。同样令我兴奋的是，我在课堂上和同学们一起探讨现代旅游史。截至目前，我已经在另外两所高校多次讲授现代旅游史这门课程，一所是西自由州立学院，另一所是新英格兰大学。这两所院校与威斯康星大学麦迪逊分校不同，各有各的特点。学生们对课程的反馈一直都很好，每次上课都非常积极投入。我经常听到这两所院校的学生说："这门课程改变了我的世界。"甚至一些毕业多年的学生也这么说。他们说："上了这门课之后，我开始以新的眼光去看待城市、公园、航空旅行等。"最近，还有一个学生告诉我，现代旅游史是他最喜欢的课程之一。他说，在这门课的启发下，他组建了一个研究小组，每周定期播放广播节目，甚至获得了与自己喜爱的众多作家见面的机会。

旅游是一门有趣的学科，它不仅本身富有魅力，而且它与人类生活的方方面面都紧密相关。政治、经济、文化、美学、医学、健康、环境、科技、思想史，还有人们对于过去的怀恋与记忆，以及其他更多方面都与旅游有着这样或那样的联系。研究现代旅游其实就是在研究现代社会，这也是贯穿本书的重要论点。归根结底，正是讲授这门课程并与众多才华横溢的学生进行切磋才让我有了撰写本书的灵感。

在此，我首先需要强调的是，这本书只是对旅游史的一个概述，因而在内容上它并未涵盖所有内容，对相关话题的各种学术争论也不加以探讨。在本书的创作过程中，最令我痛苦的是不得不删减一些我喜欢的内容以及许多相关研究者都感兴趣的主题和论点。旅游涉及的主题广泛，但无奈本书篇幅有限。尽管如此，我仍然希望本书能够激发读者的好奇和思考。本书书后附了详细的参考文献供有兴趣的读者做进一步研究。

致　谢

《现代旅游史》是无数杰出的历史学家、社会学家、经济学家、人类学家、地理学家、文学研究者等各领域优秀学者智慧的结晶。若在几年前，这本书或许不能成形，因为当时相关文献并不完备。读者会注意到，本书的相关研究依然以欧洲为中心，与其他国家相比，有关英国的笔墨最多。有些地区，如亚洲，研究者对其旅游史的关注程度非常有限。因此，希望本书可以推动人们对旅游问题进行深入研究，既秉持全球化的眼光，也着眼于局部，关注那些尚未给予充分研究的地区。

我要感谢威斯康星大学麦迪逊分校、西自由州立学院和新英格兰大学所有选修过我的旅游史课程的学生。没有他们的支持以及与他们共同研究的经历，这本书的创作就无从说起。特别值得一提的是，乔纳森·普拉纳（Jonathan Planer）和凯尔西·赫克（Kelsey Heck）两位同学对本书的编撰做出了重要贡献。乔纳森帮助我建立了有价值的二手资料参考文献库，列出了报刊目录（尤其是与早期铁路旅行有关的报刊）。凯尔西在后期查找插图上做了很多工作。无论是书中选用的插图，还是那些由于各种原因未被收纳的图片，都凝聚了她的心血。能与这两位同学一起共事，我感到非常愉快。

不论是在本书最初设想阶段还是初稿出来以后，匿名审稿人都提出了大量的反馈意见。我虽然无法做到兼顾所有人的意见和建议，但在写作及修订过程中，他们的意见和建议都时常浮现在我的脑海中。如果没有他们的这些意见和建议，这本书一定不会像现在这样出色。

我还要特别感谢新英格兰大学图书馆的全体工作人员，他们在资料查阅上对我提供了很大的帮助。特别是新英格兰大学图书馆馆际合作联络人布伦达·奥斯丁（Brenda Austin），她不厌其烦，倾力而为。同样，劳里·马西斯（Laurie Mathes）、阿曼达·利恩（Amanda Leen）也为这个项目付出了许多辛苦。没有他们的帮助，我无法完成此书。

我要感谢新英格兰大学历史系同事保罗·柏林（Paul Burlin）和罗

伯·阿莱格雷（Rob Alegre）这两位好友的情谊和支持。他们的存在使工作充满了乐趣，我总是期待能与他们一起工作、一起聊天。

我要感谢麦克米伦出版社的詹娜·史蒂文顿（Jenna Steventon），感谢她始终如一的耐心和支持，正是在她的支持和帮助下，本书才最终得以出版。我还要特别感谢我的责任编辑雷切尔·布里奇沃特（Rachel Bridgewater），感谢他在本书成稿到出版这一最后阶段的指导和帮助。我还要感谢罗伯特·戴蒙德（Robert Diamond）、普鲁登斯·多尔蒂（Prudence Doherty）、莎伦·艾克特（Sharon Eckert）、苏珊·吉本斯（Susan Gibbons）、保罗·贾维斯（Paul Jarvis）、布莱恩·卡塞尔（Brian Kassel）、艾莉森·迈尔斯（Allison Myers）、约书亚·拉金·罗利（Joshua Larkin Rowley）、保罗·史密斯（Paul Smith）、莎伦·赛耶（Sharon Thayer）以及苏珊·沃克（Susan Walker），他们在本书插图的筛选上给予我和凯尔西太多的帮助。在插图的筛选上，许多人给予我们反馈和帮助，在此我就不一一罗列了。由于篇幅所限，很多精美的图片、插图、画作不得不删掉了，对这一点我感到非常遗憾。

在学术研究领域，一个项目经常能够为另一个项目提供灵感。《旅游史期刊》的编辑委员会和顾问委员会以及投稿者经常会给我带来灵感和启发。他们促使我反复思考和推敲本书的内容。能够参与这本杂志的编辑工作是我的荣幸。我要感谢约翰·K. 沃尔顿（John K. Walton），是他给我提供了这样一个机会。不仅如此，他和凯文·J. 詹姆斯（Kevin J. James）在我构思本书时就给我提供了不少建设性的意见。

一如既往地，我还要特别感谢凯蒂·伯恩斯（Katie Burns）女士。她不仅是我人生的一盏明灯，不断给予我勇气，而且还是一个诚实的批评者。她为本书稿件的编辑修改做了许多工作，也提出了很多建议，使本书更为通顺流畅。除此之外，她还为本书的最终出版提供了帮助。对她所做的一切我深表感谢。

致　谢

我对父亲理查德（Richard）和母亲海伦（Helen）的感激之情更是无以言表。是他们带我经历了一次次旅行，是他们激发了我对学习和探索的热情，也是他们告诉我要对自己充满信心。正是因为有他们，我才能取得今天的成就。

最后，我谨以此书来纪念我已逝的祖父母和外祖父母们：达格妮（Dagny）和杰拉尔德·朱洛（Gerald Zuelow）以及阿尔塔（Alta）和斯利姆·洛梅耶（Slim Lohmeyer）。

目　录

引言　现代旅游……………………………………………………1

第一章　起点：教育旅行……………………………………………15

第二章　崇高与美……………………………………………………32

第三章　蒸汽时代……………………………………………………46

第四章　包价旅游……………………………………………………63

第五章　旅游指南与观光的重要性…………………………………79

第六章　帝国时代与民族主义时期的旅游…………………………96

第七章　自行车、汽车、飞机……………………………………117

第八章　两次世界大战间隔期的旅游业…………………………140

第九章　战后旅游业………………………………………………158

第十章　大众旅游…………………………………………………174

总结　"永远不要让历史学家去预测未来"………………………191

注释…………………………………………………………………197

参考文献……………………………………………………………271

引言　现代旅游

　　根据车辆牌照和沿途路标就能看出来，位于美国东北端的缅因州是美国的"度假胜地"。一到夏天，旧海岸公路1号线沿途的众多城镇就挤满了身穿短裤、脚踏凉鞋、到处拍照的游客。他们兴奋地穿梭于龙虾小吃店和纪念品店，一会儿漫步于沙滩拱廊，一会儿躺在沙滩上。波特兰是缅因州人口最多的城市，游客们蜂拥而至，来到那里的老港口。这个地区几乎是新英格兰每个主要沿海城市以及世界各地沿海城市的缩影：鹅卵石铺成的街道，复古装修的店面，随处可见的酒吧和餐馆。此外，还有很多纪念品商店，出售T恤、冰箱贴以及各式各样的礼品，上面印有该州闻名遐迩的龙虾和驼鹿图案。

　　到了秋天，海滩上渐渐回归平静，但依旧会有游客来这里赏秋。到了冬季，沿海的许多商铺和餐馆都关门歇业，街道上很难看到外来游客的身影，当地人也回老家过冬。从1月到3月，这里昼短夜长，内陆地区开始热闹起来。滑雪场纷纷开门纳客，游客们也从各地汇聚到此。商铺重新营业，酒店人满为患，这种景象一直持续三四个月，直至冰雪融化。等到天气逐渐变暖，树叶长出象征着新生与希望的嫩芽时，当地的旅游业又进入了新一轮的循环。起初只是一些零星游客，很快大量的游客纷至沓来。商铺拉开了百叶窗，重新开业。旅游"旺季"又到来了。当然，当地还有一些其他产业，如林业、渔业、造船业、农业和制造业。但是，旅游业才是划分四季、温度和昼夜长短的决定性产业。

　　事实上，几近相同的故事在世界各地的旅游景点上演。旅游业是世界上最大的服务行业。联合国世界旅游组织的数据显示，2013年世界旅游业产值为1.4万亿美元。这个数字可不小，它占世界出口总额的6%。休闲旅游产值占全球 GDP 的 9%。在全球范围内，每 11 人中就有 1 人从事旅游业。2013 年，全球游客共计 10.87 亿人次，并以 5% 的速度在增长。实际上，自二战以来，旅游业一直在稳步增长。2013 年的全球游客总数比 1950 年增长了 3000%。[1] 如果你想感受一下这个数据的"真实性"，你可以随机找一群人问问："你外出旅游过吗？"几乎房间里的每个人都会举手。或者你这样问："你有过旅游经历或者有计划去旅游吗？"回答几乎是一样的。

　　这意味着什么呢？或许最重要的是，它表明当下的人，至少是那些生活在发达国家的人，为追求快乐或者逃避现实将大量时间花在旅游或制订出游计划上。他们的脑海中铭记着曾经的旅游经历，并想象着未来再踏上旅途。旅游之所以受到如此高的关注和重视，是因为它可以帮助我们认识自己。当我们决定去一个地方而不是另一个地方旅游时，它反映出我们自己的偏好。当我们做东道主时，我们必须考虑应以何种方式来展现自己，我们必须明确我们要向世界传播什么。是什么让我们的文化、地域、群体独树一帜？我们如何看待自己？别人应该如何看待我们？正是由于旅游在经济和文化上扮演着重要角色，所以它在政治上的作用也尤为重要。旅游业的影响如此广泛，政府不会袖手旁观、任其发展。总之，无论在社会、文化、经济还是政治方面，旅游业都发挥着关键作用。

　　当然，也并非一贯如此。在 18 世纪以前，人们旅游的动机是多种多样的：寻觅美食、探险、贸易、宗教仪式等，休闲通常并不是人们旅游的主要动机。相比之下，本书将探讨的现代旅游则是指利用闲暇时间来追求和享受乐趣。本书后面几章将探讨以享乐为动机的旅游是如何兴起的，以及旅游如何在发达国家风靡起来并涵盖了众多的活动形式。

一、前现代旅行

　　移动性并不新奇。[2] 人类最早的时候通过移动寻找食物。许多人类学家认为，大约在 10 万年前现代人起源于非洲某地。[3] 他们并非固定居住在某地。这些远古时期的人类祖先很快便开始了生存之旅。只要某地有充足的食物，就没有理由不搬到那里。但宜人的环境往往难以持久，人口增长、动物迁徙以及许多食物来源的季节性迫使他们移动。早期人类必须成群结队，而且他们需要寻找新鲜的水果、谷物及蔬菜。

随着时间的推移，这些早期以狩猎和采集为生的人足迹遍布世界各地。越来越多的考古证据表明，人类仅用1万到2万年的时间便在南极洲以外的各大洲居住下来。很明确的是，5万年前，人类已经抵达澳大利亚和中亚。大约4万年前，人类开始在欧洲定居。至于人类何时抵达美洲，考古证据还尚未统一。直到近期，人类学主流观点认为，"克洛维斯"（Clovis）狩猎者在大约1.3万年前，也就是最后一个冰河时期之后就抵达了美洲。但较新的成果表明，其抵达时间可以向前推至5万年前。[4]

日新月异的科学技术为科学家们打开了以往难以想象的一扇窗，使他们能够以新的视角去探寻遥远的过去。矛尖、远古火坑、动物和人类的遗骸为科学家们了解早期部落的去向提供了线索。他们借此推算这些部落在某一地点停留的时间，了解他们的饮食习惯。[5]尽管有诸多线索，我们却很难知道或猜测人们当时的想法。根据古葬习俗、遗骸定位、陪葬品和面部画像，考古学家推测宗教的诞生大约在3.5万到13万年前。这个巨大的时间跨度是依据山洞壁画推测出来的。壁画记载显示，一些跳舞的男子似乎正在与巫医举办一种宗教仪式。[6]相比之下，没有证据表明早期的人类迁徙是为了寻找快乐。迁徙无疑是艰苦、费力且可怕的一件事。当一个人离开定居地时，他就可能受到动物或者敌对部落的袭击。任何一次迁徙都需要足够重要的理由来支持，而寻觅食物无疑是最恰当的动机。

新石器革命大约开始于1万年前。这一时期，我们的祖先决定建立村落，定居下来。首批村落和城镇几乎在同一时间分别出现在中国的黄河流域、美索不达米亚的底格里斯河和幼发拉底河流域、埃及的尼罗河流域以及印度河流域。人类文明出现在这些地方的原因有很多，学者们也纷纷提出了众多假设。或许是无意中打翻了一筐谷粒，也可能恰好碰到一片肥美的草地和大型哺乳类动物，而人们没有必要再进行持续的迁徙。[7]也可能是早期人类渴望有相对稳定的居所来定期酿酒和烤面包才形成了最初的村落。[8]但无论出于哪种原因，定居的人们与居无定所的先辈相比，移动性并未下降。随着人类掌握更多作物的种植技巧和更多工具的制作方法，他们开始逐渐与城镇外的人来往。一来二去，就形成了一种新的旅行形式——贸易。贸易对人类历史后期的发展有着非常深远的影响。

贸易（买卖货物）与人类文明拥有同样悠久的历史，甚至可能比人类文明出现得更早。[9] 历史学家约翰·R.（John R.）和威廉·H.麦克尼尔（William H. McNeill）将贸易的结果比喻成一个不断变密的"人际网络"，认为正是人类历史的持续发展促成了"将人与人关联在一起"的人际网络的形成。[10] 贸易是这段历史中不可或缺的一部分。当不同文化相遇时，它们会产生交流。例如，埃及人起初并不种植葡萄，但在美索不达米亚平原的商人与腓尼基商人接触后，埃及人学会了种植葡萄和酿酒。[11]

贸易迅速成为人类生活的一个主要部分，并且在人类文明发展史中一直如此。早期的一些贸易路线覆盖的地域范围很广，比如，地处今天黎巴嫩和以色列北部地区的腓尼基人就缔造了一个横跨地中海的商业帝国，推动了公元前17世纪该地区的"大部分海上贸易及海上活动"。[12] 这是一次非常成功的尝试，它促使其他国家也开始发展自己的贸易文化，其中最著名的是古希腊的米诺斯文明与迈锡尼文明。[13]

随着时间的推移，贸易线路越来越多，覆盖地域越来越广，参与其中的人和国家也越来越多。罗马帝国的成功就归因于贸易的发展。当时，罗马拥有多条贸易路线，不仅连通欧洲与北非，还远达印度和中国。[14] 没多久，当初生活在瑞典、挪威和丹麦的中世纪族群维京族将其贸易从斯堪的纳维亚扩张至不列颠群岛、冰岛、格陵兰，甚至北美洲和拜占庭。[15] 贸易在经济增长、政治统治以及最终生存方面都扮演着不可或缺的角色。那些从事贸易的人也因此别无选择，他们不得不到处"迁徙"或"旅行"。

与上述情形相反，历史学家埃里克·J.利德（Eric J. Leed）将这些为了征服或冒险而自愿选择离家的人描述为"英雄"旅行者。当然，他们迁徙或旅行的动机与时下穿梭于世界各地的旅游者的动机是不一样的。[16]《吉尔伽美什史诗》是世界上最古老的叙事诗，拥有五千年的悠久历史，而吉尔伽美什就是这部史诗里记载的英雄。《吉尔伽美什史诗》虽然并不是一部专门的旅行游记，却记载了吉尔伽美什和他的朋友恩齐都的许多冒险经历。他们旅行的目的是杀死怪物、寻求长生不老、更好地服务于朋友和民众。观光游览不是这些英雄"旅游者"的初衷。[17]古代高级将领,例如马其顿王国(公元前356年—前323年)的亚历山大大帝,创建了一个庞大的军事帝国,领土从希腊延伸至印度北部;还有蒙古的未来"世界领袖"铁木真,也可称为"成吉思汗"(1162—1227),创建了人类历史上国土面积最大的帝国。但他们的初衷都在于追逐荣耀、复仇、财富和冒险,而没有太多的时间去欣赏风景、追求乐趣或者观光。在疆土扩张时代,休闲观光并不是他们关注的焦点。[18]与航海家亨利(Henry,1394—1460)一起旅行、致力于扩大葡萄牙影响力并发展贸易的那些水手们,虽然也记载了他们在旅途中经历的各种异域风情,但他们的旅游动机显然不是为了追寻浪漫。[19]16乃至18世纪的欧洲探险家走遍全球,探索尚未开发的土地、海上航线及潜在贸易地区,新殖民主义者因此缔造了庞大的殖民帝国,并敛获了不计其数的财富。著名的探险家有巴尔托洛梅乌·迪亚士(Bartolomeu Dias,约1451—1500)、佩德罗·阿尔瓦雷斯·卡布拉尔(Pedro Alvares Cabral,1467—1520)、克里斯托弗·哥伦布(Christopher Columbus,1451—1506)沃尔特·雷利(Walter Raleigh,约1552—1618)和詹姆斯·库克(James Cook,1728—1779)等。他们的旅游动机是为了寻求财富、追逐个人名誉、提升国家声望和冒险。他们和吉尔伽美什一样,虽然旅行是自己主动选择的,但仍然属于近代旅游,而并非现代旅游。[20]

二、现代旅游的曙光

虽然在近代旅游时期,大部分游客的行为与今天热衷于购买纪念品、参观博物馆、乘坐过山车的游客行为截然不同,但总有某些人,在某个地方或者某些历史时刻所参与的活动预示着一种新的旅游形式的到来。

历史学家莱昂内尔·卡森(Lionel Casson)认为,虽然在美索不达米亚地区并没有什么可以称得上是旅游活动,但是早在公元前1500年,古埃及确实引起了人们的观光兴趣。古埃及(公元前3000年)和新埃及王国(约公元前1550年—前1077年)大规模的庙宇和古墓群在当时就让人们赞叹不已,吸引了不少游客,当然,直到今天那里仍然是无数游客心神向往的旅游胜地。人们在那里发现，古老的洞壁上留存着一些早期的涂鸦。[21]可以想象，这些旅游者得行走多远才能来到这里。正如卡森所指出的，旅途中几乎没有什么像样的基础设施为这些"游客"提供服务，也没有正规的饮食和住宿条件。[22]当然，如果在当时，这些需求传到商人的耳朵里，他们一定会抓住商机，为游客提供服务和纪念品。

希罗多德（Herodotus，约公元前484年—前430年）是西方公认的第一位历史学家，也可以算得上是第一批旅游者。他的里程碑式的著作《历史》描述了发生在公元前499年—前449年的波斯战争。这部著作体现了作者宽阔的视野。他不仅关注军事功绩和英雄领袖（尽管在书中对这两者着墨颇多），还对社会文化背景非常感兴趣。他想知道是什么创造了波斯人的波斯语、埃及人和希腊人的希腊语。正因如此，在《历史》这部著作中，希罗多德花费了大量篇幅描述战争对不同民族的习俗和文化的影响。从诸多层面来看，《历史》既是一部宏伟历史巨著，也是一部优秀的旅游著作。它反映出一个人为了了解和体验差异、为了增长见识的目的而踏上旅途。显然，希罗多德不满足于自己身边熟知的事情，还想了解大千世界。历史学家对于希罗多德究竟去过哪些地方这个问题并未达成统一意见，比如他是否去过埃及或者黑海。[23]毕竟，一个人能撰写游记并不代表他就是游客，更谈不上是旅游者了，正如某人撰写太空飞行经历并不能代表他就是宇航员。不过，如果希罗多德确实曾经周游各地，那么他也是出于好奇。就这一点而言，他和多数旅游者并没有太大的差别。

也有可能，希罗多德并不是希腊唯一的旅行者，但是当时旅游的发展程度还是备受质疑的。莱昂内尔·卡森的研究表明，希罗多德曾提到"有些人"去埃及就是为了去看看"埃及这个国家"。显然，去雅典的游客也是为此目的。不过，这种游客的数量应该寥寥无几，因为"旅游需要花费大量的时间和金钱。在公元前5世纪和前4世纪，能享受此特权的希腊人屈指可数"。[24]

罗马的情况则有所不同。不少罗马人因为做生意或者服兵役踏上旅途，也有一些人沿着著名的旅游线路前往希腊和埃及，或者去海边避暑。对此，历史社会学家罗伊卡·罗姆尼（Loykie Lomine）毫无保留地表达了他对于这些证据的观点：

> 与传统的说法和假设相反，在英伦贵族撰写的著作《周游地中海》面世前，旅游就已出现。高度发达的奥古斯都社会提供了一切具有现代旅游特色的旅游产品和服务（更不用说后现代的）：博物馆、旅游指南、烛光晚餐，晚上可以狂欢畅饮的海滨、时尚餐厅的烛光晚餐派对、各式各样的酒店、景点名胜、温泉浴场、纪念品商店、明信片、夸夸其谈且令人生厌的导游、音乐厅，而且远不止这些。[25]

奥古斯都时期是罗马的巅峰时期，那时罗马帝国的版图达到最大，许多罗马人通过贸易或者其他方式累积了大量的财富。该时期罗马帝国的版图北至苏格兰，南达非洲，东抵波斯。罗马军队铺设的四通八达的道路不仅保证了军队的快速调遣，还提升了贸易的安全和高效，同时为休闲旅游提供了便利条件。

罗马有一条古老的旅游线路，富有的罗马人可以沿着这条线路前往希腊、小亚细亚并最终抵达埃及，然后返回罗马。在旅途中，他们能够游览许多至今仍备受青睐的名胜古迹，如德尔斐、雅典、提洛岛、萨莫色雷斯岛、罗兹岛、特洛伊（以及其他与荷马相关的遗址。荷马是相传创作了《伊利亚特》和《奥德赛》的古希腊诗人）、帝王谷和埃及金字塔等。[26]他们不仅参观建筑，游览名胜古迹，还会为了健康而参加很多体育活动。罗马的餐厅和酒店虽然规模远不及今天，但是数量非常可观，它们为那些富裕的游客提供热情周到的服务。这些酒店的住宿条件非常简陋，相当于现在的旅舍。罗马人甚至还有旅游指南，不过因为这些书很重，所以一般都留在家里，旅行时并不携带，它们更愿意听听当地人的讲解。

从罗马扬帆起航，到达亚历山大需要十天的时间。在此期间，旅游者暂时告别收入可观的工作。但耗时较长的旅行并不意味着只有富人才能追求闲暇娱乐。罗马的夏季酷热难耐，所以为了满足不同阶层人们逃离城市生活的需求，许多离家较近的度假区如雨后春笋般纷纷涌现。它们为游客提供各种休憩场所及观光体验，类似于现代的海滨度假胜地。

综上所述，尽管存在强有力的证据表明罗马存在旅游活动，但就此将罗马定义为现代旅游业的发源地似乎理由并不充分。首先，在罗马时期，旅游不是一种跨文化现象。罗马人只在本国内部旅游，一直受罗马疆域的限制。[27]与现代旅游相比，这种类型的休闲旅游具有很多局限性。其次，正如罗姆尼所承认的，"奥古斯都时代是拉丁文化全盛时期；尽管如此，'罗马旅游随着帝国的没落而衰落。富裕阶级人数大幅下降，道路路况恶化，农村被强盗和恶棍侵占，这些都使得旅行不再安全'"。[28]罗马旅游的终结并未留下任何他日东山再起的迹象。因此，要想重振罗马旅游业，估计需要花费数百年的时间。

尽管宗教朝圣与现代旅游没有直接联系，但它们确实存在着某种更为密切的关系。移动是促使许多世界范围的宗教幸存并兴盛的部分原因。比如，在释迦牟尼死后，僧侣和商人在一些国家支持下，将释迦牟尼创立的新理念传播开来。[29]伊斯兰教逐渐取代了许多原有的宗教。[30]基督教是一种"传教式宗教"，这也正是它得以广泛传播的原因所在，虽然这并不是它在某个地方兴盛的唯一原因。[31]也许正是移动在信仰传播中所发挥的重要作用使得宗教朝圣"得以施行数千年，而且也是世界上各大宗教及众多小教派所具有的特点"。[32]

朝圣可以纳入休闲旅游的话语体系中，如同人们去迪士尼或其他著名历史遗迹、风景胜地去"朝圣"一样，那是许多现代游客出游的主要动机。在游客看来，游览参观某些特定的景点就像是履行某种使命。比如，如果去伦敦旅游，就一定要去参观威斯敏斯特教堂、伦敦塔和白金汉宫。如果去巴黎观光，却没去参观埃菲尔铁塔和卢浮宫，那么这个游客似乎就会被人嘲笑。从这层意义而言，旅游是一种"世俗仪式"或者朝圣。[33]但进一步分析后我们发现，旅游与宗教朝圣背后的动机还是不同的，两者之间没有必然联系。[34]

宗教朝圣，至少在西方国家，可以说在中世纪盛期达到了顶峰。那时，欧洲人纷纷离开故土，前往诸如坎特伯雷大教堂（英国）、圣地亚哥-德孔波斯特拉（西班牙）、罗马等让人惊异不已的圣地。在公元1000年后，宗教朝圣逐渐传播开来，并在12世纪和13世纪更为普遍。"那时候的基督教王国被一片忏悔浪潮淹没。"对于朝圣者来说，旅行是一种自我惩罚，是赎罪和得到救赎的过程。因此，他们选择的朝圣地点必须是神圣的。[35] 这类朝圣地点也分为不同等级，例如，在英国，位于坎特伯雷的托马斯·贝克特（Thomas Becket, 1118—1170）墓地是最重要的朝圣之地（乔叟的惊世之作《坎特伯雷故事集》就曾提到）。在欧洲大陆，圣地亚哥和罗马是首选的朝圣地点。当然，毫无疑问，耶路撒冷才是最负盛名的朝圣之地，但去往圣城的朝圣之路需要花费大量的时间和金钱，所以只有富人才会长途跋涉去那里朝圣。[36]

对于宗教组织而言，拥有一条朝圣路线对于它们的财力支撑至关重要。他们千方百计去搜寻神圣的物品，例如真正的十字架、圣人的骸骨、圣母玛利亚穿过的衣服等。宗教内部对圣物的争夺非常激烈，以至于人们严重质疑大部分物品的真实性。比如，欧洲有许多"真正"的十字架，多得让人感觉当初绞死耶稣的十字架得有一艘邮轮那么大。此外，施洗者约翰的头骨也很抢手，目前至少有三个教堂宣称珍藏此头骨。有传闻说，有一个特别细心的朝圣者问教堂僧人，为什么在两个不同的教堂里看到同一个人的头骨，这个僧人答道："可能……（另外一个头骨）是约翰年轻时的，我们保存的头盖骨是他历经岁月洗礼之后的，因而更富有智慧。"[37] 每个教堂都会销售纪念品来获取丰厚利润。常见的纪念品是徽章和胸针，通常由"铅锡合金、黄铜或黏土"制作，表面通常"印有圣人肖像、他生前或死后的场景画，抑或与其相关的一些标志"。[38]

毫无疑问，中世纪的朝圣之旅带动了经济的发展，朝圣者自己也参观或游览了许多令人兴奋的景点，但是，他们旅行的主要目的仍然出自宗教信仰，而非消费或者休闲。[39] 朝圣者主动去赎罪，是为了确保自己死后能够尽快升入天堂。虽然现代旅游的目的也是提升完善自我，但旅行绝不是为了给人们带来痛苦，旅行的目的是为了享受，提升名声，学习知识，是为了远离日常生活，而不是为了逃避现实，走入永恒。

三、现代旅游

现代旅游，即本书的主题，不同于以往的旅行。什么是旅游？从本质

9

上来说，旅游是为了追求快乐和逃避现实。历史学家鲁迪·科沙（Rudy Koshar）认为，旅游是"个体出于自愿而在相对永久'居住地'与暂居地之间移动所引发的各种行为"。[40]除少数特殊情况外，这种活动均发生在近期。与以往相比，现代旅游的规模更大，范围更广。在发达国家，现代旅游吸引了除穷人以外的大部分人，它给游客提供了非常新颖的人生体验。景点观光是现代旅游的重点，"相机镜头"的运用也在近三百年得到快速发展。最重要的是，现代旅游的蓬勃发展是在消费模式、健康理念以及18世纪中期后兴起的美学观念的共同推动下发展起来的。

这种新的休闲方式是由17至18世纪英国上层阶级"教育旅行"（Grand Tour）演变而来的。19世纪时，新铁路的铺设让人们能够花费更少的钱去更远的地方旅行，因此很大一部分人都负担得起旅游。旅游业由此诞生。到了20世纪，旅游开始成为政治关注的焦点，左翼和右翼政权都试图利用旅游为各自目的服务。第二次世界大战后，喷气式飞机的发明和生活水平的提高都延长了人们旅行的时间。汽车的出现更加促进了旅游人数的增加，旅游业在规模和范围上都呈现出爆炸式的增长。与以往的旅游截然相反的是，现代旅游不受国界的限制，而且以这样或者那样的形式几乎影响到每一个人。

四、历史背景、历史学家与"现代社会"

当然，相比于上述总结，现代旅游史实际上要复杂得多。对历史学家而言，历史背景能够解释人类的演变。最简单通俗的说法是，人类不仅能对环境做出反应，还能改造环境。人类在大量刺激下的行动和反应书写了历史。的确，历史学家选择记载的内容和采用的方式都是特定历史环境的产物。因此，现代旅游史与本书后面几章将阐述的知识、技术、经济、美学和政治的发展密切相关。与此同时，本书也是旅游普及时代的产物。如果进行旅游活动的人数很少，那么探讨旅游就毫无意义。

本书认为，现代社会塑造了现代旅游业和游客体验，同时，现代旅游反过来又促进了现代社会的发展。旅游是在政治、社会、文化、新兴民族主义、新兴消费模式、知识进化和技术发展等背景下不断发展起来的,当然,以上事物本身也是各种环境下的综合产物,本书将在后面几章对此进行详细阐述。现代旅游业的早期发展主要与英格兰和苏格兰有关,这可能是因为英国是第一个实现工业化的国家,英国人因而比其他国家的人早先一步过上了高收入生活,但是他们也因此遭受了城市化带来的创伤,即工业化带来的污染问题,后者与根植于人们心中的健康理念与自然环境观念相悖。旅游的兴起不仅影响了政治、繁荣了经济、改变了文化、推动了健康和美学的发展,还激发了新技术、创立了与过去和现在有关的理念等。随着时间的推移,旅游逐渐成为"现代社会"中一个重要元素以及"现代性"中颇具争议的话题。

这一论点本身也颇具争议。历史学家们在"现代社会""现代化"以及所谓的"现代性"的具体概念上争论不休。不过,这种争论也有其存在的价值。历史不是自然而然地分成了不同阶段,这是历史学家所为。划分时期有助于我们了解不同时期的发展特点。至少在理论上,按照异同点将历史划分为不同时期可以有助于学者间的相互交流,有助于专项研究和专业化研究。历史学家创造了"古代""中世纪""现代早期"以及"现代"等词汇,但问题在于并非世界各地的发展都遵循同样的历史轨迹和年代顺序。很明显,上述的划分基本反映的是欧洲的进化史。[41]同样让人感到困扰的是,用来描述每段时期的词语都暗示这是一个由黑暗走向光明的线性发展的过程。一个"现代"人明显要比"近代"人更优越一些。如果欧洲出现在现代的话,那么欧洲人也必然要比非欧洲人更高级。不过,这样去评价过往历史和人物是不公平的。我们的祖先并非浅显无知。一个时代并不总是比另一个时代先进,某一地区的历史也并不优于其他地区。年代顺序的变化并不代表某个方面的明显进步,只能说明时间轴上的先后顺序而已。

书中前部分对前现代旅游的探讨表明,某些特定的行为或理念并不仅仅局限于某一时间段。希罗多德可能是从一种类似"现代旅游"的角度来考察旅游。罗马人可能确实有一条旅行路线。中世纪的朝圣者也可能在朝圣途中发现乐趣。但我们还是可以肯定地说现代旅游是与众不同的,因为现代旅游拥有更多动机不一的游客,并且它所包含的各种体验和愿望在过去并不常见。

关于"现代社会"概念的最后一点正是基于这一事实提出的。尽管我们将现代社会大致定为从17世纪晚期至今，但人们对此却持有不同的看法。历史学家C. A. 贝利（C. A. Bayly）指出："要想成为现代人，其中非常重要的一点就是要将自己视为现代人。"[42] 但事实并不止如此。现代社会的组织规则与其他时期有所不同。尽管科学思维和理性思维在以往任何时期都非常重要，但在现代社会，它在一定程度上处于前所未有的支配地位。因此，现代社会的健康理念也与以往大相径庭。现代社会的审美是独一无二的。消费与消费主义在现代社会发挥了更为重要的作用。与以往相比，个人在现代社会占据着更加重要的地位。因此，现代政府乃至专政和君主制式的治理方式也与前现代时期截然不同。现代性是一种"条件"，[43] 而不是一种价值。我们不得不承认，三百多年来，我们的世界已经发生了巨大变化。同样，这些变化和这种状态均根源于欧洲："不可否认，现代性确实起源于欧洲。"[44] 现代是基于一些特定事件形成的，比如宗教改革、启蒙运动、工业革命，这些事件伴随着思想的传播，但通常都是通过暴力实现的。

我们今天所说的旅游概念其实也源于欧洲。它萌生于教育旅行，在启蒙运动催生的审美变化中得以发展，并作为工业革命与新技术变革的产物而日益繁荣。随着财富的持续膨胀以及个体对获得福利与服务的意识空前高涨，旅游的规模不断壮大。由于军事与经济上占据主导地位，欧洲人能够将他们新的消遣方式带到世界的每个角落。当人们偶遇游客时，不仅知道了投资旅游能为他们带来潜在利润，而且还想亲身体验一下旅游。或者至少，现在的历史学家们认为这种说法是正确的。未来的研究也可能会改变这种认识。

五、小结

人们热衷于四处旅行。人类学家斯图尔特·B. 施瓦兹（Stuart B. Schwartz）受到那些旅程的启发，将其描述为"各个方面的重新调适和思考"，它迫使人们"在面临的意想不到的行动和无法想象的可能性时对自己和他人"进行重新思考。[45] 从这个层面上看，现代旅游与过去相比没有什么区别。但是，如果对近三百年的发展做进一步的研究，我们就会发现，今天出现的事物其实是从过去沿袭发展而来的。本书将探讨这种演变及其在历史发展中的作用。

《现代旅游史》按照时间顺序编写。第一章探讨了欧洲教育旅行的兴起，在不断变化的政治需求以及备受质疑的青年贵族教育中寻根觅源。16世纪时，欧洲各国兴起新的外交方式，有必要教育青年一代来满足新的需求。与此同时，也有必要强调拥有土地的贵族有别于普通人的身份。

第二章探讨了人们对美学、崇高、美丽这些概念的观点变化。长期以来，欧洲人一直对海洋和山脉心存敬畏，怀有焦虑和担忧的情绪。但是，科学思想的发展，荷兰人为填海造地、防范洪灾所付出的努力以及新山水画派的作品使得人们形成了新的地球观，并且人们对回应世界的方式会如何影响到健康和福祉也形成了独特的观点。

第三章主要讲述蒸汽机的演变，特别是铁路和跨大西洋蒸汽机船的发展。新技术的发展使得旅行，至少是陆地旅行变得更加廉价，并且大幅提升了交通速度。新技术开辟了新的旅游目的地，为那些之前连短途旅行都负担不起的人们创造了旅行的机会。

第四章探讨了一些由蒸汽动力带来的新的旅游形式，涉及包价旅游的起源、温泉旅游对水上度假的发展以及将旅游与健康关联起来所发挥的促进作用，还涉及海滩作为一种主要度假目的地的兴起历程。

第五章介绍了旅游指南和明信片的演变，同时探讨了旅游对于自然景观、历史和人造环境的影响。科学技术作为旅游业发展和变化的主要推动力的地位仍不可轻视。

新交通技术的出现以及大国实力的增强使旅游发展成为一种全球性事物。第六章不仅阐述了旅游全球化现象，还针对休闲日益成为彰显差异的有效方式这一现状进行了反思。在民族主义时代和全球化时代，旅游者和旅游开发商可以将旅游视为一种向他人展示自我的独特途径。这一发展将对世界旅游政治产生深远的影响。

到20世纪初，旅游业已经发展成一个庞大的产业。第七章探讨了自行车、汽车以及飞机的兴起，并分别阐述了它们对休闲旅游的持续发展所产生的重要影响。

第八章探讨了20世纪占据主导地位的三种主要政治意识形态如何将旅游视为通向成功之路。

最后，第九章和第十章探讨了二战后的旅游业发展，特别是在全世界范围内，人们出于政治和经济考虑而对旅游的广泛关注，以及大众旅游的真正兴起。大众旅游几乎涉及了所有发达国家，使世界各个角落几乎都变成旅游目的地。总之，探讨了旅游是如何由地域内活动发展为足迹遍及全球的活动，休闲旅游如何由一小部分人的追求演变为几乎人人喜爱的休闲方式。

本书主要探讨人们如何逐渐变换角度去看待自己及其赖以生活的地球，以及这种转变所依赖的历史背景。

第一章 起点：教育旅行

爱德华·吉本（Edward Gibbon，1737—1794），是六卷本历史著作《罗马帝国衰亡史》的作者。吉本在求学初期很不顺遂。由于体弱多病，他的学业成绩并不理想。这位未来的古典文学家并未立刻喜欢上拉丁语和希腊语。更糟糕的是，虽然吉本喜爱阅读，却并未给大多数导师留下深刻的印象。因此，1752年4月，当他被牛津大学莫德林学院录取时，他还未做好学习准备。到了牛津大学，这位未来的历史学家发现这所古老、堂皇又极富盛名的大学实际上非常名不副实。他曾愤愤不平地说："这些值得尊敬的地方已经老朽得满身都是时代的偏见和软弱。牛津和剑桥的学院成立于伪科学和野蛮科学盛行的黑暗时代，直到今天它们仍带着初建时遗留的恶习。"[1] 正如今天不少研究型大学被批评大量使用助教一样，吉本当时谴责学校在导师严重缺乏的情况下，教授们仍然很少授课。后来，在牛津的14个月"被证明是……生命中最虚度又无所收获的时光。"[2] 他难以容忍这些，为了表示抗议，吉本放弃信仰英国国教而改信天主教。由于牛津大学禁止天主教，所以最后吉本被牛津大学开除了。

幸运的是，除了上大学，18世纪的英国为富有的年轻人提供了另一种选择：欧洲大陆游。这很适合吉本。当他还在牛津的时候，为了逃离让他倍感痛苦的莫德林学院，吉本前往英国各城市进行了短途旅行。所以，还有什么比去欧洲更棒的呢？

当然，吉本的父亲已经忍了他很久，他并不希望自己的儿子在没有任何引领的情况下去欧洲大陆。于是，年轻的吉本有了一位博学多识的导师——丹尼尔·帕维拉尔（Daniel Pavilliard，1704—1775），吉本还计划在瑞士洛桑学习法语、德语、意大利语、希腊语和古典文学。同样重要的是，年轻的吉本对自己信奉的天主教产生了厌恶之情，于是宣布放弃他早期的宗教信仰，而且出人意料的是，最终他做出了公开批判新教的行为。

　　远离了牛津郡科茨沃尔德丘陵的暖黄色石灰石，吉本在导师的引导下成长。他发现自己与语言为伴，始终痴迷于马库斯·图留斯·西塞罗（Marcus Tullius Cicero，公元前106年—前43年）等西方古典文学家的作品。他与当代学者通信联系，被邀请去参加正式集会，开始成为一个文人。吉本在将近三年的时间里取得了惊人的进步，在此之后帕维拉尔得到了吉本父亲的允许，带着这名年轻人去瑞士游历。此时，他们的课程加入了更多文化及政治元素。瑞士是一个复杂的国家，按地区划分会使用不同的语言，实行不同的政体，甚至有不同的宗教传统。"我们到处参观教堂、兵工厂、图书馆，并拜访所有声名显赫的人。"[3] 当然，吉本看到的是一些重要的机构，但他的导师确保他也更深入地理解瑞士和瑞士人。

　　1758年，吉本因家人的召唤而回到英国。在之后的几个月里，他敷衍地找了个工作，从事写作，还加入了民兵组织。但他渴望更多的冒险，于是从欧洲大陆回到英国的第五年，这位26岁的学者在得到他父亲的允许后再次回到欧洲大陆，开始游历各国。这种游历十分常见，他后来写道："按照习俗，也可能是出于理智，出国游是英国绅士学习生涯的终止符。"吉本即将开始他的"教育之旅"。

　　吉本这次游历延续了三个月。他游览了巴黎、瑞士，最终抵达意大利。在帕维亚尔的指导下，他为学习古典文学所付出的努力终于得到了回报。他在巴黎参加了多次沙龙活动；到了意大利，他为能够参观众多的古代胜利遗址而痴迷不已。"即使在25年后，"吉本这样写道，"我仍无法忘却也无法形容当我靠近并步入罗马这座不朽之城时所感受到的强烈情感。经过了一夜无眠，我登上高高的台阶，踏上古罗马广场的废墟，走过每一块值得怀念的——罗慕洛站立过的，西塞罗演讲过的，恺撒倒下去的——地方，这些景象顷刻间都来到眼前。"[4] 这是梦想的一块碎片，也是童年的幻想。这是教育旅行应有的样子。

第一章　起点：教育旅行

一、决定要素

　　18世纪末期，在巴黎、罗马、威尼斯等欧洲主要城市有成百甚至数千英国男女在街道上漫步。[5] 许多旅游史学家都认为这些人代表着最早的现代旅游者。[6] 他们旅行的原因有很多，但他们的行为点燃了人们外出旅行和冒险的热情。他们的旅行、文字记录以及获得的艺术品让其他人前赴后继。到处都在议论旅行的价值，这让贵族阶级开始考虑离开家会有怎样的冒险在等待他们。[7]

　　教育旅行通常关涉到英国所谓的地主精英和年轻贵族的教育，以至于最近有一位历史学家宣称："教育旅行必须包括以下几点：第一，游学者是年轻的英国男性贵族；第二，旅途中有一位导师陪伴；第三，事先安排好线路并将罗马作为主要目的地；第四，游学者平均有两到三年的空档期。"[8] 去欧洲的英国游客确实比其他国家要多一些，有关旅行的许多争辩都关注于它的教学作用，而事实上，这样下定义过于狭隘。虽然英国出游的人数远远超过了所有其他国家，但其他国家也有很多人出游。彼得大帝（Peter the Great，1672—1725）这位欧化的俄罗斯沙皇外出旅行的经历不但广为人知，他还鼓励皇宫里的人出去看看。[9] 德国思想家约翰·沃尔夫冈·冯·歌德（Johann Wolfgang von Goethe，1749—1832）也徒步旅行过。[10] 这只是两个著名的例子。还有许多来自法国、俄罗斯、德国、低地国家以及其他国家的人外出游历。[11] 历史学家克洛伊·查德（Chloe Chard）最终将自己对教育旅行者的定义范围扩大为：他（或她）由"北欧某处"出发，目标是"旅行到阿尔卑斯山南侧"。[12] 同样，也不只是年轻男子会外出游历。英国的淑女，如作家玛丽·沃斯通克拉夫特（Mary Wollstonecraft，1759—1797），寡妇玛丽·科克夫人（Mary Coke，1727—1811）和时尚名流玛丽·沃特利·蒙塔古夫人（Mary Wortley Montagu，1689—1762）都在欧洲大陆停留了很长时间，她们逃离了令人不快的人际关系，享受着在家中没有的自由，学习到了通常绅士才能享有的教育。[13] 同样，年龄也不是障碍。作家托比亚斯·斯摩莱特（Tobias Smollett）在晚年与妻子一起旅行，[14] 还有一些年长的英国人也为了艺术追求并快速累积收藏品而跨越英吉利海峡冒险。[15] 伴随着18世纪

17

前进的脚步，甚至有一些中产阶级远离贵族社会，勇渡英吉利海峡开始了欧洲冒险。[16] 总之，任何针对教育旅行给出的定义都应该考虑到这种多样性，注意到18世纪欧洲旅行的显著增长，关注这些旅行背后的各种动机，并注意到除了男性精英还有越来越多的人想要长期逗留在欧洲大陆这一事实。教育旅行还要很久才会变成大规模旅行，但是它朝这个方向迈出了尝试性的第一步。

二、起源

聚焦于发生历史剧变的那些时刻会让人感到内心澎湃、心满意足。但是，人类历史是一个缓慢演变的过程，并不是突然就发生变化的。这样说来，18世纪的游客也并非自然而然地就开始了欧洲游。他们与早期的旅行者不同，是一种稳态变化的产物，这种变化从中世纪就已开始并延伸到了17和18世纪。教育旅行根植于中世纪晚期逐渐遍及欧洲的文化、知识、政治、社会和经济的深入发展。事实上，虽然经常有人将教育旅行和英国联系到一起，它的起源却很国际化。

15世纪是欧洲大部分地区经济显著扩张的一个时期。其中一部分原因很可能是受到高死亡率的严重影响。从1347年开始，一系列流行性瘟疫席卷了欧洲，导致三分之一到一半的人口死亡。[17] 部分幸存者因此获益，他们能买得起新的土地并且有机会与富家小姐结婚，这使得许多家庭财富剧增。[18] 瘟疫还带来了另外一个影响。它使得规模变小的劳动力市场发展出更高效的生产模式，比如强壮的马匹和高效的水磨可以降低食品成本，在其他地区可以自由投资。一些与水磨有关的风帆技术被应用到船只上，令船只变得更高效，同时还促进了贸易。陆路运输同样被改进以适应更好的航运。所有这一切都依赖于为了满足需求而增长的投资和银行业。最终，效率提高了，生产的产品更多了，随之而来的就是贸易往来被拓宽。[19]

历史学家费尔南·布罗代尔（Fernand Braudel）认为，在北欧、比利时、意大利港口城市以及亚洲世界之间的贸易路线变成了常规路线，形成了"欧洲世界经济"。[20] 羊毛等商品交易市场繁荣，许多商人变得富裕起来，

第一章 起点：教育旅行

这些人寻找着能够花钱的地方。为了彰显财力和良好的品味，他们购买的物品多为雕塑和画作。在有钱的银行家、商人、教士、贵族和政治家的赞助下，越来越多的画家、雕塑家、建筑师和作家能够得以生存。文艺复兴由此产生，这是一个最初从古典世界获取灵感并创造出非凡卓绝的文化产物的时期。文艺复兴发端于意大利。从14世纪晚期到17世纪初期，佛罗伦萨等意大利城市成为审美标杆，激发了欧洲其他城市的艺术灵感，同时还使得北欧因意大利的（艺术）成就而充满魅力。[21]

财富的积累对其他事情也有重大影响，在这之中至少有两件事情对旅游业的发展起到了一定作用。第一，财富累积扩大了贸易，同时越来越多的人想去探索欧洲的城市，在那里，他们既能发现思想根源，也能找到新艺术家。去欧洲大都市冒险的不仅有商人和小贩，还有来自欧洲各国数量可观且与日俱增的游客。这些冒险家们勇于面对旅途中的犯罪行为，也不畏惧满是荆棘的欧洲大陆，他们将自己的经历记录下来。此后，人们对游记的需求量大增，并激起了后来的旅游热。[22]

第二，在文艺复兴时期意大利唯一的问题是没有统一，当时可谓是真正的城邦国家大杂烩。[23]随着财富的增加，意大利政治发展得愈加"势力不均"。意大利的领导人急于避免混乱，于是创造了新的外交模式以解决混乱。常驻大使的设立是重大改革举措之一。在短暂的三十年间（1420—1450），常驻大使承担的职责是"代理人以及……长期外交施压体系的象征"。这些意大利人就驻留在欧洲城市和意大利城邦国家，向他们的上级汇报，并代表其政府执行外交任务。这一体系行之有效，整个欧洲大约有1500人参与了该体系的运转。[24]

到16世纪末，英国政治也变得复杂起来。伊丽莎白一世女王在位期间（1533—1603）面临着艰巨的考验。1570年，她因为支持新教政策而被逐出教会，王位受到各种来自内部的威胁。1588年，她面临着西班牙无敌舰队的袭击，还一直被其他一些问题困扰着。[25]一方面，这种情况让前往西班牙和意大利旅行变成一件相当危险的事。因为条件恶劣、盗窃猖獗，原本旅行就具有危险性，而且旅行后返回英国的人还可能在法庭上受到怀疑，这一现实使旅行变得更加危险。对许多官员来说，出国意味着与外国政府有无耻交易或更严重的谋反行为。[26]另一方面，以独断著称的女王意识到情报正确的重要性。情报至关重要，因为英国的政策制定往往"因不清楚敌人意图而陷入瘫痪"。[27]过去，至少还有一些英国君主前往欧洲大陆以加强外交关系并为自己收集一些信息。虽然传说伊丽莎白喜欢旅行，但她自己不能去，因为她相信出国冒险会导致她"失去王权。"[28]因此，伊丽莎白要依靠议员、商人、外交官、间谍和其他代理人向她提供信息。这一做法并不明智，因为这些人经常"跟领导人说她所想听的"。不止一位历史学家认为，任用常驻大使可以很好地避免早期的外交争端。[29]显然女王认同这一点，随着时间的推移，她愈加渴望培养一批训练有素的外交官。不幸的是，英国和欧洲大陆那些曾经地位特殊的大学，从15世纪末开始一直到16世纪都在走下坡路。[30]牛津和剑桥变得专业化——专注于提供异常狭隘的教育，这种教育更多地是创造一个精英社会阶层而不是培养有思想的领导者。同样地，因为这些学校的狭隘，他们未能激发年轻人对其他文化的好奇心，从而使其成为政治家。除了希腊语和拉丁语，学校不提供其他语言课程，他们不会装模作样地欢迎一个超出英国统治范围的世界。[31]唯一获得训练有素的雇员的方法是将年轻人送到国外，让他们了解外国的语言、文化、政治、民风和军事实力。为此，女王开始出资鼓励旅行，菲利普·西德尼爵士（Philip Sidney，1554—1586）在1572年到1575年的旅行就是其中一例。[32]

这些趋势交汇在一起使得17世纪初很多人都认为去见识一下欧洲对年轻人是有利的。多才多艺的弗朗西斯·培根爵士（Francis Bacon，1561—1626）写出了他最有名的文章来颂扬旅行的价值。对于年轻人来说，旅行是"教育的一部分"，能够"获益"。学习语言，旁听外国的法庭，游览教堂和修道院，参观图书馆、废墟、兵工厂和军火库，或是前往许多其他可能的目的地，就让旅行变得十分有价值。哲学家指出，拥有一位好导师并且把冒险仔细记录在日记和通信中，这两点十分重要。然而培根指出了最重要的一点，他预见到后来关于教育旅行的辩论，并告诉那些将要远行的人，旅行应该"出现在他的谈话中，而不要出现在他的服装和举止中；在谈话中他也应该审慎地回答而不要争先叙述他的经历；他应当表明他并没有以外国的习惯来替代本国的习惯，而仅仅是把他从国外学来的某种最好的事物植入本国的风俗而已"。[33]

即使培根曾提到他担心旅行可能会使他的年轻贵族同胞在某种程度上去英国化,他忽略了那些前往欧洲大陆的人所面临的风险。欧洲是一个危险的地方。据知名历史学家克利斯托夫·赫伯特（Christopher Hibbert）所描述的,1591年,早期旅行家法因斯·莫里森（Fynes Moryson, 1566—1630）在穿越海峡时就克服了许多困难。5月1日,这个年轻人从泰晤士河出发,只是为了能侥幸逃开敦刻尔克的海盗。尽管距离并不长,但穿越海峡竟花了他十天的时间。到了荷兰,莫里森面临的风险和不适并没有减少。荷兰的沿海公路上有一群名副其实的劫道者,他们抢劫外国旅行者却不会受到惩罚。然而莫里森做好了准备,他打扮成一个受雇于莱比锡的"贫穷的波希米亚人"。他的伪装起了效果,劫道者离开了。不幸的是,这个计划意味着莫里森要寻找一个与他穷困外表相符的住处。他不得不和一群社会底层的人挤在肮脏的旅馆里。而且他们睡得不是床而是长椅。有一次,一个女仆发现了莫里森的丝袜,看出他是上层人士伪装出来的,就让这位精明的背包客去床上睡觉了,但这种事并不常见。为了进一步预防小偷的威胁,这位年轻人把装钱的腰带戴在衣服下。这个策略很有效,但这意味着为了防止众多的室友们发现并抢走他的现金,即使他被欧洲西北部频繁的暴雨淋到也不能更换衣服,所以后来几天夜里他都是裹着湿衣入眠的。

在莫里森从荷兰前往法国,然后又前往意大利的途中情况也基本如此。从罗马到那不勒斯的旅途中,为了防范土匪,他雇用了60名火枪手。这笔钱花得很值,因为途中处处都有恶人,即使他们衣衫褴褛而且显得很疲惫,但分散在道路四处的土匪仍会打劫他们。事实上,尽管莫里森很聪明,但在路过法国城市梅斯和萨隆的途中他还是被抢了。劫匪偷走了他的钱,但这还不是最坏的,他们还拿走了他的剑、斗篷、衬衫甚至帽子。没有一个绅士能够忍受自己不带帽子,所以莫里森无奈地戴上了一顶脏兮兮的旧法式帽,直到他到达巴黎才换上了一顶更钟意的帽子。

还有更糟糕的事情。除了盗贼外,游客还要面对饿狗、险路、抢劫的士兵、偶发的战争,还有在16世纪传播到欧洲各大地区的宗教法庭,那时天主教徒急于遏制新教的发展。英国游客不得不伪装起来以免被抓捕、被折磨或因为他们的宗教信仰而被处以死刑。如果这一切还不够糟糕的话，那么还有好几个游客说过，他们在但泽（格但斯克）和汉堡之间的道路上看到不止34个标识上注明曾有旅行者在那里被谋杀。在勃兰登堡，谋杀发生的概率很小，最普遍的是人吃人。疾病是另一种威胁。作家约翰·伊夫林（John Evelyn，1620—1706）在日内瓦就差点感染天花而死。[34]

尽管如此，教育旅行却越来越受欢迎。确切的数字我们不得而知，只有一些传闻。比如，我们了解到在1592年和1595年间有许多"英国异教徒"来到威尼斯向教皇抗议。1612年，据报道有70多个英国人来到威尼斯，这算不上一个大数字，但它表明英国游客人数的增加足以引人注目。18世纪上半叶，到欧洲大陆的英国人比以前多了许多，有一段时间大多数欧洲城市都有12到30个英国人。到了18世纪下半叶，这个数字增长到数百乃至数千人。甚至有证据表明，并非所有旅行者都出身于最高的精英阶层，尽管我们可以确定他们绝不贫穷。这类游客偏爱短期的廉价旅行。总之，到了18世纪，游客规模与以往大为不同。[35]

三、教育旅行的扩张

1748—1789年间，欧洲大陆相对平静，教育旅行也在此期间达到了顶峰[36]。很多年轻的英国男子以及一些英国女子，到巴黎、罗马、威尼斯、佛罗伦萨和那不勒斯旅行。还有一些人到低地国家、汉诺威、柏林、德累斯顿、维也纳、慕尼黑、日内瓦和布拉格（只有很少的游客才会去的最东端城市）游玩。[37]

大多数人寻求教育的提升。教育旅行是从孩子转变为成人的一个过渡仪式。这实际是地主贵族阶层求学中的"传统"构成部分，目的在于让未来的领导者原汁原味地了解外语、风俗、政治和文化，但这一目标通常都未能实现。然而，教育旅行逐渐显现出全新的一面，成为一种享乐消费的方式，这一点在以往并不明显。这种旅行意味着"商品化和消费的世俗仪式，因此获取这种被视为过渡仪式的教育旅行的目的是为了炫耀"。[38]这种炫耀的观念在今天的旅游业仍有很重要的地位。

第一章 起点：教育旅行

在欧洲旅行几个月或几年的费用本来就很高昂，再加上游客被建议到处炫耀自己的财富，这就让旅行更加难以为继。旅游指南里写着，散财是"获得他人尊重的一种方式"并且人们认为这样做是十分重要的。[39] 18 世纪，英国的权力来自土地。当然，英国一直都是这样的，但是在光荣革命之后，当议会废除一个国王又另立了一个国王的时候，贵族前所未有地站上了英国政治等级制度的巅峰。不动产让他们拥有了难以想象的巨额财富。他们从耕作、出租、遗产继承以及贸易投资方面获得了高额收入。地位意味着可以悠闲的生活而无需工作，而且，在娱乐消遣方面一掷千金也是等级制度中展示个人地位的方式。

18 世纪，无论在经济上还是政治上，只有 3% 的人掌控着英国。[40] 他们的权力基于大量的财产和不动产。从乡村席位中，他们控制了竞选，并在很大程度上决定了立法议程。但是，这些贵族开始担心起自己的地位。国际贸易的扩大，大英帝国的逐渐崛起，意味着商人这个不断发展壮大的阶级变得更加富裕，他们逐渐在金钱方面追赶上了那些古老的家族。一些人想加入上流社会，挤入已有几百年历史的政党。此外，在 18 世纪下半叶，工业化进程开始，新兴的工厂主阶层想拥有资产阶级的权利。比起这些"暴发户"的出现，传统的精英更担心他们所拥有的权利。那些在不断扩张的经济环境中挣钱的人，是受政府经济政策影响最直接的人，但实际上他们在政治上没有什么话语权。地主精英们控制着议会，他们决定着佃农们如何进行投票。对于那些感到无人代表自己说话的人而言，这一现实令他们特别气愤。到了 18 世纪 60 年代，激进政治初露端倪，并在 60 年代后期不断积聚力量，但一直踟蹰不前。直到 19 世纪，从 1832 年开始，英国颁布了一系列的改革法案，这时地主的权利才逐渐被削弱。[41]

18 世纪时，教育旅行在炫耀财富的过程中扮演了越来越重要的角色。这涉及品味问题。贵族不能仅仅通过不动产来加以区分，他们要通过炫耀土地的面积、房子的外观、庄园的饰物以显示他们的不同。意大利保持着因文艺复兴而获得的文化名望。这是真正的"古典"，一种轻而易举就可以消费的文雅。教育旅行为年轻人提供了一个途径，教给他们如何像地主绅士一样消费：这是一所为富人开设的精修学校。在庄园控股的世界里，"政

23

治权利是依靠文化得以彰显的"。[42]

有望摆脱教育旅行中不可避免的麻烦的途径之一就是投入巨资，这还不包括在艺术、建筑、景观美化、华丽服饰方面的支出及其他花销。出门旅行花钱当然很容易。教育旅行持续的时间比大多数21世纪度假旅游的时间长，需要安排长期住宿。交通费用十分昂贵，比现在的价格高很多，特别是旅客想要快点前行的话。许多人一到法国就自己买马车，之后开始抱怨路上遇到的每一笔花费，特别是在巴黎和意大利，这些地方的驿道通行费特别高。根据教育旅行历史学家杰里米·布莱克（Jeremy Black）所记载，旅行中发生事故意味着花销更大，而且事故时有发生。总的来说，教育旅行每年的花销在250—600英镑，但有些旅行的支出远超这个数字。比如，第二代法夫伯爵詹姆斯·达夫（James Duff，1729—1809）在巴黎待了几周就花费了1700英镑。教育旅行在支出总额上差异较大。布莱克记录道，腓特烈·诺斯勋爵（Frederick North，1732—1792）在1753年的旅行中，光在一个银行家那里就取出了70000英镑。相比之下，一年以后，第十代亨丁顿伯爵弗朗西斯·黑斯廷斯（Francis Hastings，1729—1789）的花销还不足5700英镑。英国政府十分担心国家税收流入国外，他们估计每年英国游客在国外的花销高达400万英镑。[43]

鉴于花销的数额及原因，人们对"轻装上阵"的概念闻所未闻就不足为奇了。在17世纪，旅客甚至还要携带祈祷书、剑、手枪、手表、防虱子的床上用品、雨衣、帽子、手帕还有别的东西。18世纪，旅游指南还加入了其他旅途中需要携带的东西，包括特质强韧衬衫、用来保护旅馆门的铁件、茶叶罐、折叠式小刀、调味品、燕麦片、晕船药、大量的阅读材料、药品等。伯灵顿伯爵（Burlington，1694—1753）在他18世纪下半叶的旅行中带了至少878件行李。[44]

四、感受欧洲

历史学家对于现代消费社会的开端一直存在争论。许多人聚焦于19世纪，尤其是1850年后，[45]其他人认为变化的开端要更早一点。[46]不管怎样，

第一章 起点：教育旅行

贵族追求生活方式的程度令人震惊，这种生活方式是建立在额外消费前提下的。精英们雇佣像"万能王"朗塞洛特·布朗（Lancelot Brown, 1716—1783）这样的设计师就足以证明这一点。这位当时顶尖的景观建筑师，创造出像"露天的萨凡纳"那样广阔而精致的场所，给人"一种无穷无尽的感觉"。[47]不仅远景显示了谁主宰自然，他们还赋予建筑一种宽敞的感觉。精英们在建造自己的房子时，对称、有条理、雅致的设计就在向世人展示，这栋房屋的主人很讲究，有教养，品味不凡。因为在18世纪，游览庄园就像在20世纪和21世纪一样流行，这些建筑向世人展现了它们的辉煌。[48]毫无意外，拥有资产的阶层会进一步展示它们的品味，这一点从他们购买的或委托创作的绘画作品中就能看出来。有些人重返意大利去购买艺术品，收集了大量的藏品。[49]地主家庭经常会把自家庄园作为自画像的背景，并且让精心设计的"自然"景观延伸至远方。[50]人们购买的物品也充分说明了这一点。[51]

对于社会学家科林·坎贝尔（Colin Campbell）而言，购买所有这些物品的原因是显而易见的：消费模式发生了巨大改变，18世纪下半叶，一场名副其实的哲学革命与风靡的浪漫主义紧密联系在一起。小说、艺术、音乐都给人们插上一双翅膀，将他们带到比日常生活更美好的地方。逃避让一个人心情舒畅，可以从不同的视角去看待世界。而购买艺术品，则是一种自我提升的训练。其结果就是一种新的消费方式出现了，被坎贝尔称为"自我幻觉式享乐主义"。本质上，人们花大量的时间来想象他们想要得到的东西，感觉获得这些东西就会使自己有所提升。这种新的行为模式为最终的"消费者革命"奠定了基础，此后不久第一次工业革命便拉开了序幕。[52]尽管坎贝尔并没有明确指出这些因素之间的关联，但它们的发展对现代旅游的兴起却极为重要。

就像上面所提到的，教育旅行提供了很多花钱的机会，并且人们可以通过提升个人品味而成就更好的自己。教育旅行者也要带些东西回家，以便向他人展示自己去过哪里，看到了什么。为了满足这种需求，出现了一个小行业。绘画作品描绘了一些教育旅行者可能前往的重要景点，例如罗马的万神庙和斗兽场、威尼斯的运河、雅典的帕特农神庙以及罗马废墟等。

同样重要的是，这些绘画作品几乎都描绘了旅游者在观看那些景点或景色。他们在视觉上消费景观，同时也传达给正在看这幅画的人一个信息：这幅画的主人就在那儿，这是他亲身经历的。绘画作品和当代印有"希望你也在这里"字样的明信片有着异曲同工之妙。那些明信片并不意味着发信人真心希望收信人在那里，而是想说"我到了这些地方，你却没有"。他们评论的是旅行赋予他们的地位。在某种程度上，18世纪教育旅行者所购买的绘画作品，其实就是第一代明信片、第一代旅行快照。这些艺术作品是实实在在的提醒：旅行就是消费。[53]

五、精英们举止不端

尽管教育旅行的目的应该是自我提升，但现实往往相反。

爱德华·吉本是非典型游客。他在瑞士洛桑接受了良好的教育，服完兵役后开始了教育旅行。吉本要比一般游客更成熟一些，他那时已经26岁了。很多人在18—25岁之间开始旅行，与21世纪在校大学生的年纪相当。他们都是学生，没有预算限制，也几乎没有监管。他们通常也是据此行事。

曾经在欧洲，年轻的精英们确实游览景点。他们参加圣天使堡的罗马教皇烟火晚会，游览罗马和威尼斯，在巴黎待些日子以便能看到维苏威火山喷发，而且还会深入考察沿途各地。他们观赏艺术品、游览豪宅、欣赏纪念碑、研究古典建筑。有些人甚至学习了一点法语或意大利语。17世纪时，的确没有固定的旅游路线。像罗马、威尼斯、佛罗伦萨、那不勒斯这样的大城市很受欢迎。尽管欧洲爆发的军事政治冲突的确在某种程度上限定了游客的目的地，但与以往相比，旅行更加安全了。[54]

理论上，每位游客都需要雇佣一位家庭教师，以确保良好的学习效果。但问题是，除了吉本最爱的丹尼尔·巴维利奥（Daniel Pavilliard），大多数老师都才干不足，并且漫不经心。他们通常是失意的作家、学者或圣职人员。基本上都是在宫廷里不受喜欢，需要另谋出路的人。处于颓废状态的他们多半不怎么关心那些需要他们照顾的学子，他们更愿意把时间花在喝酒淫乱上。毋庸置疑，由他们照顾的孩子也会效仿他们，选择相应的命运。[55]

意大利长久以来都是性行为混乱的中心。[56] 妓女随处可见。巴黎也同样是闻名于世的避孕套、假阳具、色情文学的主要生产地。[57] 巴黎的妻子们一直以乐于性施惠而出名，她们会向游客们展示每一种可能的动作，尤其当这些年轻人送给她们将近1000英镑的礼物作为服务报酬时。[58] 毫不奇怪，当游客在这些欧洲城市中放纵时，性病对于他们来说是最大的威胁。[59]

图1.1　父母希望年轻的教育旅行者和家庭教师一起出游。他们设想老师会在语言、文化、历史及其他重要信息方面提供指导。但这种期望通常不会兑现。图为《异国之旅》，由画家亨利·威廉·班伯里（Henry William Bunbury）和版画复制匠詹姆斯·布雷瑟顿（James Bretherton）绘制。耶鲁大学路易斯·沃波尔图书馆提供。

旅途中最常见的就是酗酒和赌博，这与今天的大学生联谊会很相像。这两项活动是英国和其他地方18世纪生活中最重要的组成部分。的确，用现代标准来看，18世纪伦敦的烈性酒消费量相当惊人。例如，在1743年，伦敦廉价烈性酒的平均摄入量为人均2.2加仑。[60] 在某个阶段，英国平均每87人就拥有一家酒吧。[61] 这两个数据都反映了普通英国人的喝酒习惯，当然，地主精英消耗葡萄酒和烈性酒的数量一定也同样令人震惊。然而现实是，欧洲城市提供了非同寻常的放纵机会。在一个被酒精麻痹的社会里，尤其在那些没人照顾的年轻人中，这种行为并不会受到苛责。赌博输掉的钱有时也是很惊人的。卡纳比·哈格斯顿爵士（Carnaby Haggerston，约1700—1756）经常给家里写信要更多的钱来贴补花销。弗朗西斯·安德顿（Francis Anderton，生卒年不详）在一夜之间就输掉了近200英镑（相当于现在的17000英镑）。约翰·桑顿（John Thornton，生卒年不详）也不甘落后，他输掉了150英镑（相当于现在的12700英镑）。[62] 赌博很费钱，但喝酒却很便宜。许多人"不幸对酒精上瘾，要喝到极限"。[63]

不是所有的游客都是男性，或者冒险渡过运河去肆意挥霍、举止不端。旅行可以逃避压迫，对女性来说尤为如此。例如，《为女权辩护》（1792）的作者玛丽·沃斯通克拉夫特的旅行动机就是如此。培养品味、学习语言、欣赏历史奇迹都是其中的一部分。但是对于像沃斯通克拉夫特这样的女性，外出旅行的另外一个原因就是寻找想象空间，并逃离18世纪男性主导的英国文化。[64] 即使是一些名气远不如沃斯通克拉夫特的女性也认为，这种激发灵感的方式可以让她们更加关注"古董和艺术品以及文化、社会、商业的发展"，而不是军队和政治。[65] 人们认为男性应该考虑挣钱和国家治理，女性应该照料家事。1747年出版的《管理妻子的艺术》这本书就建议，女人应该"节省，看管房子，少和人说话，并做到以上所有"。[66] 乔治王时代①的英国是绅士的俱乐部，是一个让思想独立的女性感到窒息的地方。旅行则是一种缓解。

去欧洲大陆旅行可以让人们逃离现实，但同时也让人们更加关注社会秩序。是什么让女人和男人拥有同样的追求？此外，女性旅行有什么益处？她们不必承担建造房屋的职责，也不负责为那些房产购买奢侈的装饰。没有女性愿意在议会工作或是制定重要的政治决策。在欧洲城市的旅行经历充其量不过是让她们精通了更多的语言，多一些与求婚者交流的谈资，从而使其在婚姻市场中多一些机会。诚然，旅行也会让女性对男性的吸引力

---

① 英国乔治王时代指英国乔治一世至乔治四世在位时间（1714—1830年）。——译者注

降低。考虑到这种普遍的态度,我们自然也就会明白为何像玛丽·沃斯通克拉夫特这样的女性很少有。具有冒险精神的女性是例外,并不常见。[67]

对于教育旅行的大部分担忧来自父母,他们了解旅游者会有何种行为,因而担心起自己的孩子。针对欧洲大陆游优点的激烈争论引发了可能是有史以来关于出国的第一次大范围的、意义非凡的讨论。许多年轻人可能借出国的机会放纵,有些父母也在担心他们的孩子能学到些什么。大多数的担心并没有集中在性行为和过量饮酒上。尽管塞缪尔·约翰逊博士(Samuel Johnson,1709—1784)对于把没人照顾的孩子送到欧洲大陆持批判态度,但他也概括了他和同伴詹姆斯·鲍斯威尔(James Boswell,1740—1795)对话的主要内容:"如果一个年轻人有野性,好女色且交友不慎,那把他送出国是一个更好的选择,因为他回国之后,就会摒弃那些坏习惯,形成新的性格,结识新的朋友。"[68] 显然,旅行在以前是免受社会准则约束的通行证。

相反,父母担忧他们的后代会变成什么样子。爱德华·吉本在他的回忆录中写道,当他在外旅行时,他的英语能力下降了。他爱上了瑞士和欧洲文化,更加批判英国生活,因而花更多的时间脱离那种生活。[69] 这是值得关注的事情。培根(Bacon)建议游客应该以一种话语能力,而不是"外观或姿势"去展露旅行经历,[70] 但是也有相当多的游客回到英国后,明显变成了英国人和欧洲人混合在一起的怪胎。吉本学习了语言,大多数游客并没有学。相反,他们掌握了很少的词,口音奇怪,举止不雅。就像一首诗总结的那样:

> 他带着荣耀归来,
> 不时地耸耸肩膀、扮扮鬼脸,
> 把这个朽木之才送出去游荡得花费多少金银,
> 而有才能的人,却被留守在家里。

英国的成年人感到蒙受羞辱。历史学家克里斯托弗·希伯特(Christopher Hibbert)写道,人们对此高度关切,甚至提出一项"反对游荡

法令"。如果通过的话，该法案会抵制

> 通过各种讨厌的外来词、俗语、短语的混用而降低英语的纯正，做各种无意义的鬼脸、耸肩或是手势，在一句话里使用三次以上"暴民"一词，或者嬉闹着鄙视老英格兰的烤牛肉。冒犯者违反这项法令应该"像学生一样被鞭打"。[71]

父母送孩子去欧洲大陆，希望他们回来时能成为有教养的地主精英。但是，当他们回来时，却变成了回避英国人身份的年轻人。

六、小结：教育旅行的终结

尽管教育旅行在1763年非常受欢迎，但到了1815年就已经成为逝去的记忆。其中的原因一目了然：1789年开始的法国大革命以及紧随其后的拿破仑战争，席卷了欧洲，直到1815年才结束。在第一次冲突期间，还有不少人继续前往欧洲大陆旅行，但第二次战争的浪潮让欧洲大陆变得更不安全。到1807年，陆路旅行危险重重，"海路也不可行"。战争结束时，即便只能看到战争后的破败景象，但许多游客还是回来了，然而，这已经不再是以前的教育旅行了。许多重要的想法，特别涉及美学和健康的想法已经改变了，取而代之的是以城市为中心的、明显带有贵族特征的18世纪旅行。[72]

当然，教育旅行引领许多潮流并没有终结。精英旅行创造了一种因旅行而获得的威望感。参观欧洲那些伟大的首都会从中得到某种重要启示。在外面的世界探索和消费可以让一个人变得更好，有助于怡情益智。这种自我提升的梦想最终将与维多利亚时期充斥着中产阶级的"自救"想法紧密结合在一起。

同样，人们仍旧认为有些高品味只有在欧洲才能找到。火车的出现让普通的英国人也能欣赏到祖国的风景，随处可见的是受欧洲大陆启发而修建的庄园和宫殿。英国能够看到这些复制品当然很好，但原物是什么样的呢？本真的事物是有可取之处的。

也许最重要的是，教育旅行创生出大量描述旅行奇遇的文学作品。这些描述不会从公众意识中消失。然而，新文本浪潮（wave of new texts）反映出社会变迁的现实。到了19世纪20年代，一种看世界的新方式确立起来，它至少在18世纪中期就已出现端倪。欧洲延绵的山脉和海滩让人们在大自然中感到兴奋，他们以浪漫的视角审视风景和历史。那些古老的城市依旧具有吸引力，但越来越多的人想逃离"常规"去找寻"隐秘之处"。他们想到山里去体验原始自然，他们期盼享受"浪漫的旅行"。[73]只要你肯离开家去找寻，那"崇高和美"的景色不久就会呈现在你眼前。这个目标日益吸引着各阶层的旅游者，也使得19世纪更为普及的漫游癖逐渐兴起。

第二章　崇高与美

浪漫主义诗人塞缪尔·泰勒·柯尔律治（Samuel Taylor Coleridge，1772—1834）是个瘾君子，他和那个年代的许多人一样，沉迷于鸦片。1803年，他与同为作家的威廉·华兹华斯（William Wordsworth，1770—1850）和多萝西·华兹华斯（Dorothy Wordsworth，1771—1855）共同前往苏格兰旅行，却在途中被迫返程，原因之一就是他产生了脱瘾反应。鸦片酊是19世纪最流行的鸦片衍生物，但在苏格兰高地的乡村地区却并不容易买到。[1]然而令他痴迷的不仅仅是鸦片，还有一件事吸引了这位伟大的浪漫主义诗人，他在1802年8月的第一个星期前往英国湖区的踏青旅行就足以证明这一点。"有一种类似赌博的玩法，让我尤为痴迷。"他在给爱人萨拉·哈青森（Sara Hutchinson）的信中说。他继续写道："那就是，每当我发现有一条下山的便道，我就会过分自信并且松懈下来，不再环顾四周去寻找现成的路或是判断是否安全，而是沿着我发现的第一条路下山，能走多远全凭运气。"[2]登山家和历史学家罗伯特·麦克法兰（Robert Macfarlane）总结性地评论道："这就好比俄罗斯轮盘游戏，山顶是枪膛，下山的路就是装着子弹或是空空的弹道。"[3]

8月6日，柯尔律治在英国最高峰——斯科费尔峰上演了一场危险游戏。上山的过程平淡无奇，天气状况良好且没有意外发生。到达山顶后，就在这位诗人正要寻找下山的道路时，他发现海平面上有风暴即将来袭的征兆。他选定的道路并不科学："我最初选定的路线，没有凸出的岩石，我滑步下山，前一段路还算好走。"但好景不长。不久，他发现自己滑落到一块七尺高、光滑陡峭的岩石上。这下没有回头路可走了，他不可能再往回爬去寻找另一条更好走的路。柯尔律治清楚自己的处境。他说那段经历让他"浑身战栗"。可想而知，他只能继续往下滑。暴风雨将至，柯尔律治发现他选的路"在大雨中……（将形成）一条相当壮观的瀑布"。他往下走着，滑步向左，又向右，他的衣服变得又脏又破。他继续往下滑了三小步，每一步都加重了"我肢体的麻痹感——我浑身发抖。"突然，他被困住了，下一步是"一块极窄的岩脊，如果我在那里落脚，我一定会往后倒并遭遇不测"。于是，他做了一个正常人都会做的决定。柯尔律治躺了下来，嘲笑"痴狂的自己"，同时"仿佛知晓未来一般以一种几近癫狂和欣喜"的姿态斜躺着。

好吧，可能在这一情况下正常人不会躺下狂笑，但最终柯尔律治站了起来，开始寻找另一条路线。简单搜寻之后，他在一堆岩石边发现了一只死羊，他便得出了结论，如果一只羊能上来，那么他也能下去。而且，那堆岩石不是自然形成的，有人把石头放在那儿是为了接近那只羊。进一步探索后他发现了一条登山者所谓的"烟囱"，即由大块岩壁形成的岩缝，人们能挤进岩壁内，靠两边陡崖借力上下。柯尔律治得救了，他得以继续下山，寻找地方躲避暴风雨，并回顾这绝妙的一天里激动人心的时刻。[4]柯尔律治对"崇高"之物痴迷不已。

更令人吃惊的是他的这份执着前无古人。60年以前，几乎没有人为了追求刺激而攀登包括斯科费尔峰在内的任何一座山峰。在18世纪中期以前，除非情不得已，人们不会到山里去，好奇的人很少。在希腊神话中，奥林匹斯山是众神之家，攀登奥林匹斯山即"走上去往天堂的陡峭之路"。一位学者评论道："显然，希腊人从没想过攀登山峰，除非他们想翻过山到另一边去。"[5]《旧约》中写道，以色列人刚刚横穿西奈旷野，就在西奈山脚下安营，等待上帝指示。他们被告知："你们要谨慎，不可上山去，也不可到山的边界：凡是上山的，必要致他于死地。"当然，摩西受召攀登入云，从上帝那里得到了十诫。[6]类似的信仰在欧洲大陆之外也很常见。比如，智利和阿根廷当地的印加部落会将孩子献祭给安第斯山脉之巅的众神，经得起寒冷考验的孩子才能存活下来。[7]

欧洲人流传有"阴沉的山脉"和"骇人的阿尔卑斯山"之说，他们在看到这些与平时所见的规整土地大相径庭的地方时大惊失色。[8]当然，也有例外。文艺复兴时期的诗人弗朗西斯克·彼特拉克（Francesco Petrarch，1304—1374）曾经在1336年攀登过旺图山，一座位于法国中部、环境有如月球般贫瘠的山峰，"只因为想看看（山峰的）惊人高度"，但他是孤身一人：这是违背普世法则的罕见做法。在那次攀登之后，彼特拉克便放弃了爬山，转而采取更易于接受的自省和信仰方式。他的转变使一些学者视登山为"中世纪和现代社会之间的过渡阶段，仅此而已"。[9]还将有四百年，才会有许多人跟随他的脚步攀登上山，高于百树之巅。

海滩在当时也是禁忌，其缘由也不出其右。社会历史学家阿兰·科尔班（Alain Corbin）解释道："一般来讲，在古典时期，极少有人知晓海滩的魅力，或是在起伏的海浪中洗澡的感觉，抑或是待在海边的乐趣。有关海滨的令人生厌的故事掩盖了它的魅力。"[10]人们需要查看久远的过去才能找寻到证据。不论是《吉尔迦美什史诗》《圣经》，还是印度、希腊神话中都提及到阿斯皮多斜隆（一种讨厌的海龟，会引诱并杀死水手）、利维坦（《圣经》所描绘的海生生物，地狱之门的看守）、格伦德尔（盎格鲁-撒克逊史诗《贝奥武甫》中的大怪物）、北海巨妖（一种破坏船只的巨大的鱿鱼状生物）以及许多其他海怪，更不用说大洪水了。从这些不难看出中世纪时期人们对大海的看法。大海是个令人厌恶、危险的地方。船只被腐蚀、被虫蛀。水手被社会排挤，他们饱经风霜的面容仿佛佐证了大海是有害健康的。海上航行所造成的晕船，也佐证了大海的致命性。上帝在创造人类时，也确定了陆地的神圣性，而海滩则是天堂和地狱的过渡。住在岸边的人们是"令人厌恶"的海洋的一部分，他们占据了边缘地带，"在那里洪水会卷土重来，灾难接踵而至"。[11]

即使海洋的缺点显而易见，当柯尔律治在英国北部山脉玩着俄罗斯轮盘游戏时，海水浴在低海拔地区正日益流行。医生建议用"水浴"治疗多种疾病，比如痛风和阳痿。人们对山脉和海洋的看法相应地发生了改变，这都得益于人们在科学、美学、城市化和健康上的观念转变。换句话说，通过对自然的理性审视，人们能理智地在科学和美学层面看待山脉和海洋了，甚至，人们或许能掌控它们。综合来看，这些变化不仅展现了令人瞩目的现代世界观，还为现代旅游业提供了一系列新的热门景点。

第二章 崇高与美

一、科学理性化

对景观史专业的学生来说，科学革命和人们对地质时期的思想转变是两个关键点。在人类历史上，地球表面的时间和发生的事件是用宗教术语定义的。所谓的"主要宗教"都认为地球是永恒的，是超越时间的。[12] 另一些宗教认为地球是上帝的恩赐。例如，亚伯拉罕诸教认为地球是上帝在忙碌的一周里辛勤工作的产物。地质变化并不重要，因为地球是上帝创造的。因此，很容易就能知道地球的准确年龄。1650年，爱尔兰教会阿玛教区的大主教詹姆斯·乌雪（James Ussher，1625—1656）就这么做了。这位尊敬的牧师用《旧约》书中的线索，坚称地球是在公元前4004年10月26日星期一早晨9点诞生的。由于他给出的时间太过精确，直到19世纪，基督教文献还在引用这一日期。乌雪认为地球自那以后就基本没有发生过变化。毕竟，上帝是万能的，他不会犯错。如果上帝想要山，他就会建一座。如果他想要峡谷，他就会刻一条。如果他想要湖、河，或是大海，他就会挖一个适当大小的坑，再往里填水。[13]

正是教育旅行引发了对于世界观的第一次重大挑战。1672年，神学家、未来的坎特伯雷大主教托马斯·伯纳特（Thomas Burnet，约1635—1715）作为导师陪同一位年轻人出游。这位年轻游客是威尔特郡的伯爵，也是托马斯·博林（Thomas Boleyn）的后代。托马斯·博林的女儿则是亨利八世的第二任妻子，不幸的安妮·博林（Anne Boleyn）。8月，这对旅行者来到了辛普伦之路——一条通往意大利的常规旅游线路。与其他许多旅行者不同，伯纳特痴迷于风景。他开始各种奇思妙想，并由此引发了一场知识革命。这位导师想：圣经里土地被洪水席卷之后仍完好无损，这有可能发生吗？就连一场暴风雨都会带来泥石流或其他灾害，那么要有多少水才能淹过高山？八片海洋里的水，他想。四十个日日夜夜的降水量就能达到那么多吗？肯定没有。也就只够一片海洋吧。即使真有八片海洋那么多的水，那这些水之后怎么样了？流到哪儿去了？

在尝试用眼前所见来解释基督教教义时，托马斯·伯纳特提出了一个替代方案——"蛋形地球"模型。他认为，上帝创造了一个完美的球形地球，没管各种地形，也没想到之后的场面。洪水来袭时，一片海洋的水就足够能淹没一切。然后在球体内部，则是另一番景象。地球由多层同心地层组成，就像一个俄罗斯套娃。层与层之间是一派混乱：一旦地壳破裂，熔岩和岩浆将喷涌而出。而地壳确实裂了。洪水冲开了地壳，将地球表面分成了好几块。一瞬间，各种地形就形成了，有了山峰和峡谷以及在新形成的陆地旁边拍打海岸的海水。伯纳特将他的假想写成了《地球神圣理论》（1681）一书。此书引发了热议，教会的人感觉受到了侮辱，伯纳特也与英国国教的高等职位无缘了。[14] 但这并不是竹篮打水一场空，此书引发的争论改变了一切，一个全新的科学研究领域应运而生。他的书在整个18世纪"经常"被人借鉴，还"预示了人们审美的巨大转变，使人们开始欣赏山脉和海滩的骇人之美。"[15]

图2.1　托马斯·伯纳特的著作《地球神圣理论》的英文译本在1684年首次出版（原拉丁文版本于1681年问世）。他的著作为地球增添了历史，先前认为地球在诞生时即完美且不再改变的观点已被舍弃，欧洲人对身边的物质世界也愈发好奇。图片由悉尼大学珍稀图书收藏室提供。

在接下来的两个世纪里，理性的科学家们在伯纳特的基础上添砖加瓦。相继出版的新书使得大自然的生成史逐渐变得明朗。首先，一个华丽又俗气的法国人布丰（Buffon，1707—1788）所著的系列书籍《自然史》（1749—1788）得以出版。这一系列书籍将地球历史分为七个时期，横跨75000年。《自然史》引发了大量争论，进一步推动了更多书籍的出版。[16]在18世纪末期，詹姆斯·赫顿（James Hutton，1726—1797）的一系列论文和著作出版，书中提出一些能够改变地球的现象，如冰雪冻融的循环，洪水和海啸，火山爆发和地震。[17]19世纪30年代，查尔斯·莱伊尔（Charles Lyell，1797—1875）在赫顿的基础上，出版了三卷可读性极高的书籍《地质学原理：试图通过当今改变地貌的因素来解释古时地球表面的变化》（1830—1833）。书中说明了地貌的演变史。

地球随时间演化的观点影响深远。莱伊尔的著作被广泛阅读，并激发了19世纪最伟大的科学家查尔斯·达尔文（Charles Darwin，1809—1882）的想象力。当这位《物种起源》（1859）的作者在1835年来到智利时，地球演变的观点一定占据了他的脑海。大家都知道，进化论之父达尔文走下小猎犬号上岸后，就进了山。在海拔较高处，他发现了海洋贝壳化石。这传达了大量的信息。如果地球可以演变，使海洋生物的尸体留在海拔数千米的山上，那么这个规律一样适用于海洋生物自身，他们也能演变。

达尔文没有将自己的经历诉诸于繁复的学术文章，而是将其写成了大众化的游记《小猎犬号航海记》（1839），此书轰动一时。这次旅行是一次精彩的探险，而达尔文在途中的发现也很吸引人。处在维多利亚女王统治时期的人们也意识到，他们同样能参与探险。攀爬苏格兰高地的山脉时，也许能发现化石。沿着海崖步行或是凝望崎岖山脉时，就能发现分层的岩石，弄清地质演变的时间线。[18]

二、掌握主导

寻找化石或是在地质历史长河中漫游，说到底都是将自然合理化的过程。人们能通过观察身边的事物来理解世界。如果知识就是力量，知晓地球就是一种方式，使人运用知识的力量来理解广阔且不可思议的时间和空间。但智力上的探索并不是让地球不再令人生畏的唯一方式。以海洋为例，工程学是人们掌控海洋的另一利器。此外，教育旅行对于改变欧洲人看待自然的观念也发挥了关键性作用。

荷兰是最受欧洲精英旅行者青睐的旅游目的地。荷兰在现代早期就像是一座经济发电厂，但这又自相矛盾。一般来说，郁金香不会孕育出帝国，但荷兰在当时实力强大，是一个没有明显的自然资源却"比英国更富有的国家"[19]。显然，风车之国有值得学习的地方。然而，荷兰还有一个更吸引人的特点：它的大部分国土的海拔都在海平面以下。世世代代的荷兰人将海洋改造成陆地，实施了多项计划来降低随时随地可能被洪水侵袭的风险，他们"驯服了愤怒的海洋"。[20]

最初，荷兰人通过复杂的水渠网络控制水。但到了13世纪此法就行不通了，因为有水渠网络的土地易下沉，更易受洪水侵袭。最终，排水设施造成了"一场真正的环境危机，水像狼一样潜伏在四周"。荷兰人做出了回应，他们"推广使用了一个复杂的排水系统，建造了堤防、大坝、水闸和排水管道以延长排水管道的寿命，同时也能防止洪涝灾害的发生"。[21] 14世纪，荷兰水利董事会行使管理职能，其官僚体系也与时俱进，契合了不断变化的需求和挑战。[22]

当大量有钱的游客来到荷兰，他们震惊于眼前所见，荷兰成为人类用智慧征服自然的力证。早在17世纪，洛罕公爵（the Duke of Rohan）宣称"荷兰是一个奇迹"，他说荷兰的景观令人称奇。荷兰人并不是"扰乱了创世者的工作"，而是"协助完成了工作"。[23]那时，游览荷兰能使旅行者见证"人与上帝和谐共处"的景象，也能见到"一个国家与海洋斗智斗勇"的景象，而显然，荷兰赢得了这场斗争。[24]对多数人来说，海洋是可怕的，但对荷兰人来说，海洋是可以被驯服的。人类无须生活在令人恐惧的无神深渊中，因为他们能征服深渊。荷兰证明了人类运用理性思维和工程技术能够实现何等成就。

至少从理论上来说，教育旅行能够让旅行者有所收获，使他们提升品味、学习语言、了解新的文化和传统。人们对运用科学和人为力量掌控自然的看法有了改观，说明旅行可能还大有用武之地。旅行能使人们熟悉世界，了解人类在历史上所处的地位，甚至激励他们掌控外部环境。也就是说，教育旅行在激发并传播理性思考方面发挥着应有的作用。旅行者们愈发相信，旅行能使他们变得更好，让他们目睹工程壮举，了解世界，并知晓人类的地位。

三、改观：美学革命

在18世纪，"崇高"的概念并不陌生。早在希腊和罗马时期，有文学思维的思想家就用它来描述人类和神或和自然的关系。[25]但直到1750年后，这一概念才深深扎根于欧洲人的想象中。而起因在于一位重要的思想家，18世纪后半叶英国的政治家埃德蒙·伯克（Edmund Burke，1729—1797）。伯克生于都柏林，他的父亲是一位信奉新教的律师，母亲则是天主教徒。从都柏林圣三一大学毕业后，这位未来的辉格党领袖启程前往伦敦从事法律工作。不久后，他以散文家的身份名声大噪，后来又成为现代保守政治思想的奠基人。他最为人熟知的著作《法国革命论》（1790）强烈反对快速变革。伯克属于他所在的那个时代，启蒙运动造就了他，他笃信理性思考，但不会彻底避讳宗教。这位年轻人投身于哲学和科学的思辨中，显然认识到通过细心分析观察能揭露世界的奥秘。1756年，他发表了第一篇文章《为自然社会辩护》。这篇文章后来被收录在一部改变美学世界的作品中——《关于崇高与美的两种观念的起源之哲学研究》（1757）。[26]

伯克的作品将人类对美或崇高"事物"的反应进行了对比，其中有自然事物也有艺术品：

> 崇高的事物包括很多方面，但美丽的事物范围相对较小：美应是顺畅优美的，崇高的事物却粗糙凌乱；美应避开直线条，但又必须缓慢地偏离直线，而崇高在很多情况下喜欢采用直线条，但一旦要脱离，就会与直线千差万别；美不应晦暗，而崇高应该是黑暗阴沉的；美应该轻巧娇柔，而崇高应该是坚实的，甚至是笨重的。这一对概念在本

质上大相径庭，一个由痛苦而生，而另一个由快乐而生……"[27]

美的事物遵循规律，比例协调且在意料之中。比如一片绿油油的草地上一群黑白花奶牛在快乐地吃草。崇高的事物则截然相反，它不易预料且杂乱无章。这些差异会产生不同的效果。一种让人愉悦，另一种让人出于对死亡的恐惧而承受短暂的痛苦；一种使人放松，另一种使人紧张。综合起来看，这两种反应会"消除痛苦或威胁"，从而带来"愉悦"。[28]美的事物舒缓心情，崇高的事物促使愉悦和恐惧夹杂在一起。使人心跳加快，汗毛直立，浑身战栗。虽然开始会让人感到恐惧，"但不久后，情感就会发生一定改变，人就可能会感到愉悦……"[29]恐惧使人振奋，就像攀岩或在弯道上飙车。这虽然听起来互相矛盾，但毁灭的可能性会使人自然而然地兴奋。无害的恐惧是有趣的。

然而，伯克不仅对享受感兴趣。他认为，心跳加快、手心出汗，并处在一般程度的兴奋状态是有益健康的。在18世纪，伯克那个年代的人认为这是合理的。很早以前，人们就觉得男人应该在军队里生活一段时间，战争体验对他们是有益的。崇高的事物与战场相差无几，当然，如果举止得当的话，它要比战争更安全一些。

将"崇高与美"的观点应用到景观上则产生了更深远的影响，"为18世纪的旅游业提供了新的推动力"。[30]18世纪末，爱德华·吉本在写回忆录时，这样叙述他最终踏上教育之旅时的情行："当时，那些追求自然崇高之美的外国游客尚未把登山和欣赏山川的时尚传入。"[31]但情况很快就不同了。当杰出的思想家采纳了伯克的观点后，他的观点在欧洲迅速蔓延。有经济实力的人把崇高的事物融入日常生活中，知识分子和旅行者寻找山脉和海滩。比如，塞缪尔·约翰逊博士在苏格兰游玩时，特别指出要去看看布勒斯巴肯（Bullers of Buchan），那是阿伯丁地区崎岖的北海岸线上的一座岩桥。到达后，他评价说，没有人能观此景而"内心不受触动，不论是感受到威胁还是难得的愉悦。"[32]约翰逊的旅伴和传记作家詹姆斯·鲍斯韦尔（James Boswell, 1740—1795）更生动地描述道，此景就像"一口怪异的大锅"。[33]即便如此，约翰逊也没有退缩，他大胆地爬上布勒斯巴肯，窥视崖下拍打着岩石的激流。伯克的文章影响了约翰逊,他不能不做评论就离开那里:"无危险的恐惧只是臆想的一种方式,一种精神上的自主刺激,它持续的时间未必比愉悦的时间长"。[34] 欧洲人当下急于得到的,甚至想要创造的正是这种自主刺激。

  对于在领地上重现崇高与美这件事,英国贵族处于强有利的地位。什罗普郡的地主理查德·希尔(Richard Hill,1732—1808)挖了一个两英里长的湖泊,突显出一块"300英尺高的裸露白砂岩",建造了一个精美的石窟和一些山洞,还请了一位隐士,他的短暂入世为人造景观增添了崇高的品质。为了测量山的高度,塞缪尔·约翰逊游览了庄园。他对于此行的描述与之前对布勒斯巴肯的描述相差无几,尽管布勒斯巴肯的真实性要强得多。[35] 在富人中,这么做的不只有希尔。瑞典福斯马克庄园中的花园也是如此。花园里景观古怪,有野外空间,也有黑暗的角落,是一个"荒野般的地方,它的美不在于甜美,而在于壮美"。花园里甚至还有必不可少的隐士,尽管这一次,这位地主只放了一个"穿着深紫色斗篷""脸上表情温柔却严肃"的模型,而不是一位雇佣演员。不幸的是,希尔的隐士只干了三周就索要报酬辞职了,然后找了一份纳税更少的工作。而福斯马克的隐士则是蜡做的,很快也被老鼠啃光了。[36]

  到了19世纪早期,人们对于愉悦的追求被艺术、文学、音乐领域的浪漫主义新运动所代替。浪漫主义运动崇尚感情和体验,为启蒙运动所崇尚的冷漠的合理化提供了另外一种选择。浪漫主义代表人物有沃尔特·司各特(Walter Scott,1771—1832)和威廉·华兹华斯,还有沉迷崇高事物的塞缪尔·泰勒·柯尔律治,他们当时就像摇滚明星,被众人追随着。自然环境往往是他们写作的重点,甚至是写作的中心。在音乐领域,像路德维希·范·贝多芬(Ludwig van Beethoven,1770—1827)那样的杰出作曲家试图用交响乐捕捉自然环境,他的第六交响曲《田园》将自然气息赋于音乐之中。类似的还有菲利克斯·门德尔松(Felix Mendelssohn,1809—1847),他踏上了苏格兰之旅,并在那里谱写了《苏格兰交响曲》和《赫布里底群岛》——这两首曲子都体现了苏格兰高地和群岛的崇高之美。在绘画领域,卡斯帕·大卫·弗里德里希(Caspar David Friedrich,1774—1840)创作的

《雾海上的流浪者》捕捉到了浪漫主义的时代精神。这幅原生态的画作展现了一个男人的形象，他站在山顶凝视，双腿强有力地站在突起的岩石上。一缕缕云朵缠绕着树木、岩石和远处的山峰。站立在崖边的他体会到了崇高。他的姿势表明他达到了融会贯通的境界，征服了土地和情感。[37]

四、旅游业和崇高

旅游为追求崇高提供了机会。比如，早期的登山运动就提供了这样的体验。荷兰人民通过击退海洋征服了自然，同样，登山者可以通过攀登高峰在小规模上达成相似的伟绩。早在18世纪40年代，几个欧洲人在教育旅行中，登上山顶观赏冰川。[38] 1786年，首次有人登上西欧最高峰勃朗峰。[39] 19世纪20年代，欧洲人萌发了一种情愫，研究攀登领域的历史学家罗伯特·麦克法兰（Robert Macfarlane）称之为"山顶崇拜"。[40] 他们对登山的兴趣只增不减。1851年8月12日，一位中年记者阿尔伯特·史密斯（Albert Smith，1816—1860）与3名牛津学生、16名导游登上了勃朗峰山顶。史密斯将这次经历作为素材，搬上了皮卡迪利大街的埃及厅舞台，打造了一场受欢迎的单人秀，这场表演是一次多媒体盛会。据历史学家彼得·H.汉森（Peter H. Hansen）所述，"史密斯用'麂皮、玉蜀黍、登山杖、古式桶、背包和其他应景的物件'装点舞台。在中场休息时间，脖子上挂着小桶的圣伯纳德狗缓慢地在场内漫步，桶里装着巧克力。"这场表演引起了轰动。20万人观看了表演，总收入高达17000英镑。《时代周刊》将其称为"伦敦盛况"，威尔士王子也观看了表演。6年内，表演上演了几千场。[41]

《泰晤士报》称其为"勃朗峰热潮"[42]，这也使得人们对阿尔卑斯山愈发感兴趣。这为登山活动贴上了"绅士"的标签。每个人都能够追求崇高，这也促使人们1857年在伦敦建立了世界上第一个登山俱乐部。参加俱乐部的都是可敬的人，有律师、商人、教师、公务员和牧师等。19世纪60至70年代，类似的俱乐部在欧洲大陆上成立，后来又传播到了更远的大陆。[43]

五、景观画作

当然，还有其他途径会导致人们沉迷景观，激励人们探索自然世界。甚至在伯克的文章发表前，荷兰风景画家已经用一种不同的方式，为旅行者指明了一条欣赏风景的道路，特别是海景。刚开始，这些画家的作品还符合欧洲习俗：有道路、树木、土地、建筑物和人。但渐渐地，有些画家开始向别的方向发展。比如，人和海洋的关系就激起了扬·范·霍延（Jan van Goyen，1596—1656）的兴趣。他的画作上，工人在海滩上忙碌地工作，这些劳工没有向海洋屈服，没有避开海滩。海洋是肥沃的洗礼盆，《圣经》中称其为"由许多鲱鱼汇成的平凡的奇迹"。这位艺术家作品的关注点不在于海怪，或是"色情的洗浴"，而是象征性地描绘了人类与自然共生的关系。据历史学家阿兰·科尔班所述，范·霍延不久后就对海滩产生了浓厚的兴趣，并雇船出海，尝试从新的角度描绘海岸。这位艺术家还描绘了自己坐在海滩上享受美景的情形。[44]

17世纪中期，有更多的艺术家追随范·霍延的脚步，荷兰画家也因描绘渔夫、海滩和海景而闻名于世。1635—1665年间，荷兰画家名声大噪，他们的作品大受欢迎，以至于包括英国在内的欧洲各国的画家都开始创作描绘类似的风景作品。对艺术家来说，海洋在当时象征着生命的永恒循环，与撒旦相比，海洋与上帝的联系更加同生与共。[45]

显然，审美随时代而变迁。当荷兰画家创作出更多描绘海景的作品，并且这些作品被富有的旅行者一扫而空时，这些旅行者也学会了用画家的视角来看待周边风景。早期的画作堪比现代风景摄影作品，不论摄影师是谁，作品呈现的内容大都相似。我们拍出来的快照与明信片上的照片也相差无几，因为我们的构图方式就是从他处看到的图像上学来的。简单说来，在17世纪到18世纪，旅行者欣赏风景的方式就是从他们收藏的画作上学来的，他们经常想亲自去看看画作中描绘的地方。

六、城市崛起与健康追求

  当风景被理性化,其美学价值被人们欣然接受时,当越来越多富有的旅行者涌入欧洲时,英国内部发生了一件影响深远且令人震惊的事情:工业化和城市化。迅猛的发展使人们头晕目眩,甚至惊恐万分。1695年,英国和威尔士境内只有500万居民;到了1801年,已有将近900万居民;而1841年,居民人数上涨至令人咋舌的1490万。[46] 人们涌入不断扩张的城市中心,几乎在一夜之间,新城就如雨后春笋般纷纷建立。例如曼彻斯特,它之前只是一个小村庄。历史学家阿萨·布里格斯(Asa Briggs)将19世纪英国出现的此类城市称为"令人震惊的城市"。[47] 1750年,伦敦有5万人,是英国境内唯一一座城镇。在世纪之交时,英国已经拥有8个像伦敦这样的城市。[48] 1800年,英国大约只有19.2%的人口居住在居民数量超过5000人的城市里。到了1850年,这个数字就上涨到了39.6%;而到了1900年,更是增长至67.4%。[49] 整个欧洲大陆也发生了相似的变化,德国的鲁尔山谷在短短15年内,就由一个小村落成长为工业重镇。[50]

  当时的城市发展并没有蓝图,因为一切都是前所未有的。随之而来的,则是可怕的生活条件。同时代的观察家,如弗里德里希·恩格斯(Friedrich Engels,1820—1895)和卡尔·马克思(Karl Marx,1818—1883)都对此感到担忧。工人蜗居在狭小的房间里,由于城市建设没有规划,贫民窟就成了迷宫,自来水资源的稀缺也造成了随处可见的垃圾和污水。家庭和工厂内都烧煤,导致空气中烟尘弥漫,有时候白天就跟黑夜一样。[51]

  尽管在现代欧洲的早期阶段人们对疾病的成因持有多种观点,但曾经在很长一段时间内人们都认为有一种"污浊的空气"叫作"瘴气",会损害人体健康。在医学理论家盖伦(Galen of Pergamon,130—200)观点的指导下,欧洲的医生相信"污浊的空气很危险,因其容易使身体内部液体失常"。人会得病不能怪细菌,而是因为他们吸入了"腐坏的烟雾"。[52] 这种气味并不少见。欧洲的城市生活充斥着这种腐臭,这并不稀奇。[53] 在伦敦或其他城市中心,直到19世纪下半叶,公共排水和自来水才为人所知,所以在此之前,人们都是随意把污水排放到街上,或让污水积成一摊不流动的污水坑。废水被排到河流里，人们还往河里扔垃圾，但大部分饮用水就来源于这样的河水。结果就造成了19世纪霍乱肆虐伦敦（及其他欧洲、美洲港口城市）的现象，数千人在随之而爆发的疾病中丧生。[55] 由燃煤产生的浓烟和人体腐臭的气味掺杂在一起。

不仅是科学家，所有人都意识到城市生活并不健康，虽然在那时，人们并没找到疾病的元凶，而离开城市则是不二之选。山脉和海滩都合情合理地成了人们的目的地（关于水疗和海滨的更多内容见第四章）。人们攀登悬崖找寻自然历史的痕迹，欣赏海滨美景来体验崇高之美（关于风景的讨论见第五章），窥探悬崖边缘感受恐惧袭来，这些崇高的地方不仅能使人提升自我境界，还能让人不时感受到徐徐清风带来的健康空气。旅行是有益的。

七、小结

教育旅行、日益占据主导地位的消费新模式、由伯克"崇高与美"概念所引发的审美变革、荷兰工程的地位、新式绘画的流行，以及包含地质历史和健康在内的各种启蒙思想之间都是相互关联的，认识到这一点至关重要。这些因素相辅相成，形成了孕育现代旅游业的理想框架和大环境，创造了旅行有益身心的观点，也让游客认为他们应该亲眼看看旅途上的风景。人们由畏惧山脉和海洋，转而渴望去这些地方，这不仅孕育了如登山、沙雕之类的娱乐活动，还创造了塑造世界的新方式。

虽然在那时，现代旅游业的重要构成部分大多已成型，但发展得还不够充分。当时，绝大部分游客都很富有。但为了立足于更大的市场，旅游应该向更便宜、快速、舒适的方向发展。而且，无论是组团出游，还是阅读旅行手册，很多人都需要学习怎样出行。蒸汽机车的出现引发了一系列的变革，使得一切都成为可能，因而也出现了许多新的旅游模式，休闲旅游开始风靡全球。

第三章 蒸汽时代

在火车数量激增以前，旅行是一件折磨人的事。不论在欧洲还是在其他任何地方，路况都十分糟糕。通往英格兰北部的道路都是羊肠小道，马车根本无法通行。即使在 18 世纪中叶的牛津郡，一个距离首府牛津不到 60 英里（约为 97 千米）的地方，路况也是"十分糟糕，简直是要把马车上所有人弄散架"。即便道路平坦，犯罪问题也叫人头疼。乘坐公共马车出行不仅很慢而且还不安全。曾经发生过马受惊后带着马夫狂奔的事情。盗贼的出现增加了被盗的风险或是更糟糕的情形。正如可怜的费恩斯·摩利逊（Fynes Moryson）在他的教育旅行中遭遇的那样，还有许多人在家门口遇到了拦路贼，比如臭名昭著的迪克·特平（Dick Turpin，1705—1739）。从爱丁堡到伦敦骑马需要 4 天，坐马车则需要 10 天或者更长的时间。除非你有足够的时间和金钱，否则你哪儿都去不了。[1]

根据 1555 年的《公路法》，英国的道路都由教会执事和警察负责管辖。教区常年缺少资金，没有经费去改善交通状况。在斯图亚特王朝复辟之后，议会通过了新修订的《公路收费法》，该法案将部分道路私有化，受经营者管理，经营者收益由道路决定。法案奏效了，但是仅仅局限于部分道路和少数地区。随着时间推移，技术进步使事情变得简单。比如说，工程师托马斯·特尔福德（Thomas Telford，1757—1834）、约翰·路登·麦克亚当（John Loudon McAdam，1756—1836）和被称为"盲人杰克"的梅特卡夫（Metcalf，1717—1810），他们三人在 18 世纪末开始关注道路建设。他们发明了柏油路，修筑更好的地基以对抗洪水侵袭。与此同时，他们还开始修筑凸面路基以防止道路积水。道路不仅抵挡了洪水侵袭，还变得更加平坦。但与公路收费一样，路况得以改善的道路毕竟是少数，不足以缓解原

第三章 蒸汽时代

材料、工业设备、旅客出行需求带来的压力。[2]

水路运输的问题更糟糕。直至19世纪，驾船航行还是一种古老的技术。虽然船只的确有了改进，但是相比之下驾船技术几乎没有改进。帆的形状和索具变得更高效。船只设计更便于在水中航行，船身也逐渐变大。但这并没有带来太大的改变。船只在海面漂浮，仿佛一堆杂物。要是船员经验老到，即便在最恶劣的暴风雨中，高桅横帆船也不会沉没或断裂。但是这对于晕船的乘客来说，丝毫起不到安慰作用。因为对他们而言，与继续前行相比，死亡或许是更好的选择。[3]

船只提供两种舱位：客舱和统舱（下等客舱）。大部分急于移民的人都住在统舱里。统舱环境很差，甚至可以说是十分糟糕。一位历史学家曾将其描述为"不比最近的非法奴隶船好"。统舱环境脏乱、拥挤、令人不适。乘客也不注意个人卫生，他们甚至"对常见的自然需求表现出得体的尊重"都无法做到。为了避免风力较弱及进程缓慢所带来的粮食不足问题，统舱乘客要自己准备食物填饱肚子。[4] 食物缺乏、空间拥挤和贫困是一个致命的组合。生病是家常便饭。最极端的案例发生在爱尔兰马铃薯饥荒（1845—1851）期间，大量的统舱乘客死亡。很多乘客在登上"棺材船"之前，已经患有饥馑热，上船后，疾病迅速传播。大概有5万人在船上或者到达北美洲不久后死去。[5] 相关的记载十分可怕："水漫过死人的瘟床、炊具和其他物品。骇人的船只满载病人，这些人上岸后便再也没有回来。有些人在途中死去，妻离子散。"[6] 即使和19世纪40年代后期的爱尔兰船只相比，这些"棺材船"也是极端的例子，但是统舱的恶劣环境不容小觑。

虽然谈不上奢侈，但头等舱的条件要好得多。客舱在船的尾部。那里没有自来水，卫生状况也不佳。[7] 住宿空间十分狭小，尤其是塞满行李的时候。[8] 但好的一面是，他们花钱就可以买到客舱提供的食物。在那个没有冰箱的年代，食物要么是风干的，要么是腌制的，抑或是活着带上船的。[9] 鸡、牛、猪、羊的叫声嘈杂，臭气熏天，让人生厌。

旅行也很无聊。玩游戏、弹乐器、射击、开派对、跳舞都是人们自娱自乐的方式。即便如此，如果风平浪静，船只就会在海上滞留好几天，甚至几周或几个月。打架斗殴时有发生。就是猪也会"像小学生一样吵架，欺负弱小，咬掉它们的耳朵"。有时候，衣冠楚楚的男乘客或船员耐不住寂寞便会走下甲板，强奸爱尔兰处女，让她们因此被社会唾弃。这种现象司空见惯，以至于美国国会立法杜绝"跨大西洋的戏弄"。[10]

蒸汽时代孕育了革命。蒸汽船和火车按照固定的时刻表准确地运行，也提高了舒适度和速度。经济规模的扩大意味着成本的降低。环球旅行只是富人的享受。蒸汽则为更多人提供了休闲旅行的机会。科技将使旅游业发生根本性的变革，但这绝不是最后一次。

一、火车的到来

火车在19世纪并不新鲜。14世纪中叶，德国布赖斯高地区的弗莱堡大教堂的彩色玻璃窗描绘了"某种和铁路相似的东西"。[11]至少到16世纪末期，英国还在使用马拉火车将矿石从矿井中运出去。在17世纪晚期，路易十四有了属于自己的小火车，停放在巴黎郊外的凡尔赛宫。问题是这些火车缺乏可靠的动力来源以确保足够的速度，而且不能长时间爬坡，载重量也很小。

早在1769年，尼古拉斯－约瑟夫·柯诺特（Nicolas-Joseph Cugnot，1725—1804）就尝试用蒸汽驱动火车，此后许多工程师都为此付出努力。但不幸的是，尼古拉斯的实验机器很快就撞墙翻倒了。出于公众安全的考虑，当局禁止继续相关试验。[12]一位来自康沃尔郡的工程师理查德·特里维西克（Richard Trevithick，1771—1833）在前人基础上更进一步，设计出了蒸汽机车。这种车可以沿着当时的轨道前行。他的第一次尝试成功了，但是仍缺少合适的转向装置。当特里维西克向当地名流展现自己的成果时，火车掉进沟里，并迅速起火爆炸。两年之后，他带着改进后的模型重新回到公众视野。1803年，他又对模型进行了改良。但是，机车每小时5英里的速度不足以取代马车。因此，甚至到了1822年，许多人仍旧认为未来的交通还要依靠马拉火车。[13]

19世纪20年代早期，火车的提速促使了第一条商业铁路——斯托克顿—达灵顿铁路的建成。铁路于1825年开始运营，目的不是取得立竿见影的经济效益，而是大张旗鼓地进行宣传。尽管如此，火车动力不足是个不争的事实。但人们担心的可不只这一点。蒸汽火车的噪音即便在时速低于 20 英里时还是很大。人们担心这些"无马列车在牛群旁呼啸而过会把他们吓得奶都没了"。[14] 当火车最终突破时速 30 英里的瓶颈时，批评家警告称，这样的速度会带来致命的后果。批评家托马斯·克维里·MP（Thomas Creevey MP，1768—1838）哀叹道："没有人不在乎生死，最小的意外都将导致瞬间死亡。"[15] 其他人则担心，两辆列车穿过隧道的声音会导致精神错乱。[16]

或许人们的确有害怕的理由。一方面，铁路有可能让现有投资打水漂，逼迫商业甚至整个社会倒退。18 世纪中后期，很多人在运河建设投入大量资金。如果铁路成功了，将会严重破坏运河建设，使投资者血本无归。同样地，运河沿岸的居民害怕火车会抢走他们商店的生意。[17] 其他人则怀疑火车本身的安全性。

不论人们有多焦虑，世界需要新的运输方式来运载耐用品并搭载乘客。因此，利物浦—曼彻斯特铁路是第一家以客运为主的火车公司。建立这样的公司并非易事。成立公司的提案在 1824 年就已提交议会，尽管那时合适的机车还没有出现。虽然这个小问题还未解决，但人们需要这条线路。工业化伊始，曼彻斯特从一个小乡村变成了大型纺织中心，成为 19 世纪"令人震撼的城市"。[18] 由于英国不产棉花，所以原材料需要从最近的港口——利物浦进口。不幸的是，从利物浦到曼彻斯特的交通效率十分低下。将重要的白色纤维从港口运到工厂花费的时间比从利物浦横跨大西洋所需时间还多。延误的时间成本是巨大的。一位利物浦的谷物商注意到这一需要，因而向议会提议修筑铁路解决这一问题。但在提案通过之前，这位商人就破产了，留下了当时名声大振的铁路设计师乔治·斯蒂芬森（George Stephenson，1781—1848）继续推进这一计划并与评论家进行争论。经过两年的激烈讨论，议会通过了这一方案，铁路开工建设。[19]

正值搭桥梁、挖隧道、铺设轨道之时，斯蒂芬森着手改良蒸汽机。以前的蒸汽缸都连着几个往里加压的大管。现在他往里面多加了几个小管，为的是增加压强，从而产生更大的动力。此外，斯蒂芬森还发明了"废气吹管"，他将多余的蒸汽注入烟囱，提升火焰温度，提高效能。[20]

与此同时，1829年10月举办了雨山大赛（Rainhill Trials），如果机车能够在激烈的比赛中达到规定的测试标准，那么发明者就能获得一份大奖。机车需要开得快、拉得多、跑得远、爬陡坡。斯蒂芬森的参赛作品"火箭号"展现了设计师长期试验和经验积累的成果。相比之下，其他的竞争对手对新技术知之甚少。"火箭号"从容应对挑战，轻松通过测试，其他的机车总是因为不当操作或者草率维修导致的零部件故障损坏而超过指定停车范围。最后，斯蒂芬森轻松夺冠。[21]

经过多年针锋相对的争论，利物浦与曼彻斯特之间的铁路终于在1830年9月15日开始运营。人们为此欢呼雀跃，社会名流齐聚现场，比如时任首席财政大臣的第一任惠灵顿公爵阿瑟·韦尔斯利（Arthur Wellesley，1769—1852）和他的继任者勋爵罗伯特·皮尔（Robert Pee，1788—1850），还有匈牙利的保罗·安东·艾斯特哈吉王子（Prince Paul Anton Esterházy，1786—1866）。自然也少不了当地议会里的重要人物，如前任内阁大臣兼利物浦大臣的威廉·赫斯金森（William Huskisson）。通车仪式计划带着这群重量级人物沿铁路从利物浦抵达曼彻斯特。沿途火车将停歇以补充燃煤和水，大批看客也可借此机会啧啧称奇。等到了曼彻斯特，名流们就可以享用盛宴，并为首发成功举杯庆贺。

可惜事与愿违，这条最初以营利为目的建设的铁路很快成为第一起铁路悲剧的主角。当这列火车停靠在公园边补给用水时，不少乘客没有注意警告，擅自到轨道上闲逛。这时，另一列"火箭号"忽然驶来，乘客四处逃散，大多数人爬回了"布森伯利亚号"。然而哈斯金森就没有那么幸运了。上一年6月，在国王乔治四世的葬礼上，这位大臣已患病，之后病情恶化，导致半身瘫痪。由于行动不便，他没有办法逃离轨道。[22]《观察家报》详细报道了事故发生时的恐怖情形。当列车驶来时，

> 他犹豫着，身体微微摇晃，仿佛因为无法控制身体而彷徨无助。他试图向前跑，却发现根本无法跑出轨道。他尝试钻进车厢。为了抓紧车门，他必定用尽了全身力气，结果门上的铰链打开，车门猛地旋转使他

第三章 蒸汽时代

失去平衡。失去平衡之际，他被径直甩到轨道上。他设法在列车轧到自己之前，尽可能把身体朝轨道外挪动，否则列车肯定就会直接碾过头部和胸部。结果车轮轧过他的左腿，几乎碾成碎渣。大腿和小腿分开两半，脚踝到臀部的肌肉撕裂，血肉模糊地裸露在空气之中。[23]

图 3.1　蒸汽机车从出现伊始就让人恐惧、担忧。贸易局局长威廉·哈斯金森在利物浦至曼彻斯特铁路首发之日的事故中死去并不是造成这一现象的起因。批评家担心火车的速度、噪音和震动会对人和其他动物的健康产生不利影响。甚至在火车首发三十年后的 1860 年，这一担忧仍然存在。任何发生在陆路或海上的灾难都使得担忧无法消除。1865 年，《哈泼斯》杂志指出，这种担忧通常与蒸汽驱动的交通工具相关。该杂志痛惜地写道："这幅图绝不是夸张的表达……几乎不需要言语的评论或解释……每天都有死亡数目的记载，日复一日，只是发生事故的地点不同而已。"《可怕的蒸汽旅行》，《哈泼斯周报》1865 年 9 月 23 日。图片由布鲁克林历史铁路协会提供。

乔治·斯蒂芬森迅速反应过来，将这位大臣抬上车，以时速 35 英里狂飙到曼彻斯特。尽管有一位医生目击事故现场并精心照料大臣，但还是回天乏术。哈斯金森以一种维多利亚时期人们心中完美的方式死去：他安排了葬礼，安慰了悲痛欲绝的妻子，还喝了一口红酒和水——尽管他忍受着剧烈的肌肉痉挛和无法言说的疼痛。[24]

哈斯金森的死亡迅速占据头版头条，热度持续盖过了有关利物浦－曼彻斯特通车的报道。毕竟这件事清晰地反映了人们对于飞速变革的恐惧。即便如此，英国以及全球范围内的铁路建设并未受到太大影响。在英国，铁路收益推动了轨道建设。随之而来的是铁路发展的三次高潮，分别是1824—1825 年，1836—1837 年和 1845—1847 年。[25] 每一次投资建设都取得重大进展。铁路发展是"稳定的"，而不是"戏剧性的"。截至 1843 年，英国铺设的轨道长达 1829—2050 英里。六年后，这一数字攀升到 9800 英里，并持续上涨。[26]

其他国家紧随其后。虽然 1840 年普鲁士仅有 155 英里的铁路，但是到 1847 年，普鲁士的铁路已长达 1506 英里。从那以后，铁路里程不断上涨。一战前夕，里程达到 22744 英里。[27] 在新世界，美国是最早应用新技术的国家。1830 年开始，开发商在东部沿海开始铺设铁轨。不到 10 年，"一条简陋且断断续续的铁路网从新罕布什州的朴茨茅斯，沿着大西洋海岸延伸到了卡罗莱纳州"，连接了除阿肯色州、密苏里州、田纳西州和佛蒙特州以外的 26 个州。截至 1850 年，铁路向西延伸至俄亥俄州和密歇根州。[28]

美国并没有停下建设铁路的脚步。人们要求铺设更多的轨道并建设更多洲际铁路。受到南北战争的影响，铁路建设在战后才得以延续。铁路建设不仅关乎经济发展，投资者更期待铁路能够让国家把注意力从战争带来的破坏上转移到"西部大开发"的无限可能中去。铁路方便人们出行，得以横跨东西海岸了解自己的国家。[29] 火车也让土地开发和资源利用成为可能。经过长期奋战，洲际铁路在 1869 年完工。[30] 美国的铁路网总里程从 1865 年的 3000 英里增长到 1870 年的 12000 英里，再从 1880 年的 32000 英里飞跃到 1920 年的 127000 英里。[31]

铁路建设不只局限于工业大国。建设铁路的原因不是为了立竿见影的经济效益，这一点愈加明显起来。"铁路政治"是现实政治考量的产物。一位观察家在 20 世纪初期谈道："铁路就是帝国之路。"[32] 像英国和俄国这样的国家在世纪末来临前就意识到这一点。在俄国，沙皇尼古拉斯一世（Tsar Nicholas Ⅰ，1796—1855）认为铁路建设十分重要，它不仅是一个交通网，更是俄国现代化的必通之路。想要保持帝国地位就要紧跟潮流，全方位运用新科技。1842年1月13日，尼古拉斯一世对他的贴身顾问说要在圣彼得堡和莫斯科之间修建铁路。圣彼得堡-莫斯科之间的铁路线长400英里，若是铁路铺设成功，将会是当时世界上最长的铁路。19世纪50年代，政府又先后增设了圣彼得堡-华沙线和莫斯科-敖德萨线。尽管俄国经历了惨痛的克里米亚战争，期间仍成功铺设莫斯科-下诺夫哥罗德线和莫斯科-克里米亚半岛的西奥多西亚。[33]尽管铁路还是远远不够的，但是这对于1861年才解放农奴的国家来说，已经是一个了不起的飞跃了。要知道，数百年前，大部分欧洲国家已经实现了农奴解放。

日不落帝国也在它广阔的殖民地上开展了铁路建设。英国殖民时期印度就以铁路闻名。[34]帝国主义者一心想着用铁路连接四分五裂的南亚次大陆。因此，在1857年发生的暴力血腥反殖民暴乱之前（英国人称之为"叛乱"），铁路就已经纵横交错地分布在印度大地上。1875年以后，英国人加快铁路建设，连通偏远地区和主要城市中心。[35]慢慢地，铁路延伸到拉丁美洲、非洲、加拿大甚至中国。19世纪末20世纪初，中国迫于西方列强的压力在铁路建设上取得了显著进步。[36]

二、铁路体验之旅

起初，乘火车出行并不是一件愉快的事。车厢用铁链连接，每当加速或减速，铁链就会猛烈撞击车厢。住宿条件无疑很糟糕。三等舱（甚至是二等舱）里总是阴冷潮湿，如果靠近蒸汽机的话，车厢又会酷热无比。在天冷的时候，三等舱乘客时有冻死冻伤的。一家铁路公司甚至将体温过低的乘客带离火车站，让他死在人行道上，免得公司名声受损。

这样的侮辱对于三等舱乘客只是冰山一角。开始的时候，火车没有提供餐饮服务（第一辆餐车在1868年问世）。这意味着乘客只能下车买食物果腹，从站台商贩那里购买三明治、零食和麦芽酒。下火车可是有风险的，因为停车的时间很短。后来，几家铁路公司推出了站台餐厅，菜品质量下乘，臭名昭著。头等舱和二等舱的旅客跑到餐厅里，买到的都是劣质的饭菜。三等舱的乘客就只能在车站外找吃的。[37]

尽管在印度甚至在新西兰，火车的条件依旧很糟糕，但是与此同时，在英国、欧洲其他地方及美国，火车的速度和舒适度都得到了巨大的提升。这就是所谓的涓滴效应。第一辆比较舒适的车厢问世时，只有像维多利亚女王（Queen Victoria，1819—1901）这样的尊贵人士才能享用。随着火车车轮数增加（行驶更加平稳顺畅）和奢华度的提高，他们也逐渐消除了对火车的恐惧。然而，巨大的飞跃首先发生在美国，而不是欧洲。因为相比欧洲人而言，美国人的旅行距离更长。在铁路发展初期，车厢条件不足以克服长途运输带来的挑战。世界上第一个卧铺车厢在美国问世，长 34 英尺（约为 10.4 米），宽 8 英尺（约为 2.4 米），远早于同类车厢在欧洲出现的时间。车厢的空间狭窄，加上三层的卧铺设置，乘车环境相当恶劣。[38] 火车行驶过程十分颠簸，乘客不要说入睡，连进食都很艰难。如果铁路公司不改进，就很难取得经济效益。乔治·莫蒂默·普尔曼（George Mortimer Pullman，1831—1897），曾因迁移一栋仍有客人入住的酒店大厦而名声大振。他还引进了大型豪华车厢，车厢内不仅配有弹簧床垫，还增加了车轮数，提高了旅途体验的舒适度，他也因此大获成功。虽然他的车厢价格不菲，是普通车厢的 5 倍［给 J.P. 摩根（J.P. Morgan，1827—1913）这样的富人定制的车厢价格会更高］，但是老主顾还是很愿意光顾。普尔曼提供了各种形式的车厢，从卧铺车厢到餐车都有。直到 19 世纪 70 年代，车厢内的卫生设施不再是地板上的洞或者座位下放置的尿壶。随着技术进步，卫生间引进到车厢里。普尔曼并没有止步于此。为了确保车厢里能够提供充分的服务，普尔曼公司还聘请了列车服务员。到 20 世纪 20 年代，他们为 9800 个车厢配备了 10500 名列车服务员。除了普尔曼公司的车厢之外，韦伯斯特·瓦格纳（Webster Wagner，1817—1882）和乔治·纳格尔迈克（George Nagelmackers，1845—1905）制造的豪华车厢随后也在英国、拉丁美洲和其他国家投入使用。

火车的速度也提升了。第一辆火车时速仅为 20—30 英里（约为 32—48 千米），然而到了 19 世纪 50 年代，火车时速达到了 40—50 英里（约为 64—80 千米）。随着竞争越来越激烈，车速也不断提高。在 20 世纪初期，随着火车舒适度和速度的提升，乘坐火车已经成为大多数旅客出行的不二选择。[39]

火车站也经历了一系列的发展演变。当时的火车站像是"敬奉蒸汽国王的神殿",是现代的教堂,为19世纪建筑做出了不可磨灭的杰出贡献。[40]火车站展现着国家的独特性,有的像英国伦敦的圣潘克拉斯(St. Pancras)火车站一样象征着帝国[41],有的像美国的火车站一样展现着国家的多样性。[42]在拉丁美洲,尽管殖民地已经独立并且在努力找寻自己新的、独特的国家特征,但是火车站仍然显露出非正式的帝国主义气息。[43]与此同时,亚洲的火车站证明了欧洲权力的重要性。[44]在一定程度上,前往欧洲以外地区的游客在火车站上下车的过程中能够发现差异。与此同时,在雕塑、绘画和彩绘玻璃这些艺术作品中,处处都与教育旅行相关。旧时艺术作品中常有的形象,比如家庭教师,也是无处不在。在铁路时代,女性出行的数量大大提高。火车站里的艺术作品将男性旅伴的形象刻画为教师,来确保旅游保有其在18世纪与教育和自我提升的关联。[45]

三、火车与大众运输

虽说火车的出现即"标志着交通运输旧时代"的结束这一说法是夸张的,但是不得不承认火车的确使社会形态发生了巨变,但并不是每一个人都欢迎这样的改变。过去,多数人都只能留在原地,而现在人口迁移变成现实,许多人深信随之带来的影响是巨大且深远的。全英国最知名的精英寄宿学校之一的拉格比学校的校长评论道,火车最终将使贵族阶级消亡,"封建制度一去不复返了"。[46]剑桥大学副校长同样担心,并强烈要求火车站必须至少距离市中心一英里。理想情况下,这样的空间安排将会阻止工人阶级罢工者的全面攻击。[47]因此,一些欧洲国家试图延缓铁路建设进程。一旦人口开始流动会怎样呢?至少一开始,对于某些人来说,答案太可怕了,让人无法想象。

这一担忧也许能够解释为什么一些铁路公司想方设法去限制乘客出行。一开始,搭乘利物浦—曼彻斯特铁路需要至少提前一天购票。准乘客还需提供年龄、出生地和职业信息。这些限制没有延续很久,但是这充分说明了起初公司认为限制条件是必要的。一些欧洲国家政府甚至持抵制态度，以至于乘客需接受"重重检查并全程处于监视之中，程度之可怕甚至吓到了英国游客"。[48]

铁路公司除了控制出行乘客与出行方式，还想控制时间。火车按照既定的时刻表出发。铁路公司制定的时刻表在利物浦－曼彻斯特铁路揭幕后的几年内出现，并随着时间推移而变得愈加详尽。[49]起初，时刻表最大的问题是火车不准时。除此之外，还面临一个巨大的挑战——没有统一的计算英国各地时间的方法，更不要说欧洲乃至全球。因此，有一个时刻表提供了以下信息："伦敦时间比雷丁时间早4分钟，比塞伦赛斯特时间早7分半钟，比布里奇沃特时间早14分钟"。[50]但值得注意的是，雷丁距离伦敦仅45英里，而布里奇沃特距离伦敦也不超过160英里。很显然，时间不统一的情形让人无法忍受。逐渐地，英国采用了"铁路时间"，也就是通常所说的格林尼治标准时间（GMT）。它是"铁路公司及其死板的时刻表对推行全国统一时间所做贡献的证明"。格林尼治标准时间于1880年在全英国正式使用。[51]

虽然面临诸多挑战，但火车让普通大众得到了休闲娱乐的机会。坐火车旅游一度是富豪们从其他阶层压榨出来的特权。三等票价格实惠。随着劳工法逐步限制工厂苦力的劳动时间，参加周日短途旅游的工人在周六便会到城外，利用更大块的时间享受一年一度的海边假期。中产阶级则有更多的机会去到异国他乡旅游消遣，因为诸如托马斯·库克父子公司这样的旅行社提供的包价旅游会带领游客搭乘火车前往更远、更具异国风情的目的地。上流社会也从中获益，顶级富豪甚至购置私人车厢，以免自己和"下层民众"一起受苦。

四、水路

最早关于蒸汽动力船只的试验远先于蒸汽动力在陆地上的应用。据报道，法国工程师们从1615年开始试验这一想法。詹姆斯·瓦特（James Watt，1736—1819）于18世纪60年代建造出高效的蒸汽机。一位头衔为阿

第三章 蒸汽时代

班伯爵名叫克劳德·德·齐弗瑞·德阿班斯（Claude de Jouffroy d'Abbans，1751—1832）的贵族于1783年建造了一艘能逆流航行15分钟的船。[52] 1787年，威廉·斯明顿（William Symington，1763—1831）研发出更优良的蒸汽船，仅两年后，他便建造出蒸汽明轮船。克莱德运河的两岸聚集了成百上千前来观看新技术测试的观众——蒸汽船以5英里（约8千米）每小时的速度平稳地行使。1802年，一艘名为"夏洛特·敦达斯"（Charlotte Dundas）的拖船在运河成功地拖拉两艘重达70吨的驳船，但是运河的运营公司害怕船只往来行驶过快会导致水道受损。最终，船报废了。无独有偶，在纽约的一个池塘里，还有一艘小船遭受了同样的命运。[53]

1812年8月，全球第一个常规客运服务终于在苏格兰靠近格拉斯哥的克莱德运河首发。[54] 一时间，其他类似的服务在英国、美国和其他地方相继推出。来自英国东肯特郡的马盖特的数据表明航线十分火热。据报道，1812—1813年间，有17000名乘客从伦敦乘坐帆船前往东肯特。蒸汽机于1815年第一次为度假胜地服务，使客流量激增。1820—1821年间，运输量上涨到了44000人次，到了19世纪30年代，平均达到85000人次。克莱德运河以及其他汽船定期往来的地区运输量也同步上涨。[55] 1811年，第一艘蒸汽船在美国的密西西比河下水，之后这一新技术迅速占据主导地位。直至1821年，每年到访新奥尔良的汽船次数高达1200次。[56]

最早的汽船十分适合在湖泊、河流、临近海岸线的海域行驶，也就是任何能添加燃料的地方。受到续航能力的限制，他们并不能够远离海岸航行。要想跨越大西洋则需要混合蒸汽与帆动力的船。它们看起来与高桅横帆船差别不大，有两到三个桅杆，船体设计和普通帆船无异。它与服役多年的普通帆船的不同之处在于混合动力帆船多了蒸汽机和侧悬挂式的桨轮。起风时，为了节省燃料，引擎会关闭。如果风速减弱，蒸汽动力则开启，推动船只前进。高效是要付出代价的。蒸汽机占了相当大的空间，狭窄的船体意味着更拥挤的空间和更小的有效载货量。

虽然如此，这项新技术仍是成功有效的。1819年，"萨凡纳号"（the Savannah）声称自己是第一艘横跨大西洋的汽船。可是，问题在于船只几乎全靠风帆提供动力，蒸汽机只是形式上在运行，为的就是能让大家看到。

很多汽船相继横跨大西洋，但是它们中没有一个激起想象或引发深思——把蒸汽动力视为跨洋航行的可行技术。[57]即便是在1833年"皇家威廉号"（the Royal William）以桨轮动力从新斯科舍航行至伦敦，也没能在大家的脑海里激起想象的火花。[58]

终于在1838年，事情迎来了转变。名叫"天狼星号"（the Sirius）和"伟大西方号"（the Great Western）的两艘船比赛谁能够更快往返，结果引发了"汽船热"，并捕获头版头条报道。不久后，塞缪尔·丘纳德（Samuel Cunard，1787—1865）和他的商业伙伴——一个来自格拉斯哥的名叫罗伯特·内皮尔（Robert Napier，1791—1876）的造船工一道推出了定期的汽船跨大西洋运送邮件服务。[59]航线也搭载乘客，但住宿环境相当不错。

看到了奢华住所潜藏的商机，美国人爱德华·K.柯林斯（Edward K. Collins，1802—1878）推出了一条以"更好的房间，更大的空间"为卖点的航线。他的船很快就被称为"海上宫殿"。与此同时，他甚至达成了美国政府与运输邮件的丘纳德公司竞争的合同，以期增加客运业务。问题在于这些奢侈的房间需要花费大量金钱，即使有政府补贴，柯林斯终究还是敌不过丘纳德公司。柯林斯的"太平洋号"（the Pacific）在1852年4月19日成为第一艘十天内横跨大西洋的船只，但这已然不重要了，柯林斯航线在1858年停业。

在某种程度上，失败几乎没有什么影响：竞争带来了更大的舒适性。简陋的客房、漫长痛苦的航程已经成为过去。[60]然而，奢华和速度是有代价的。迫切需要改良技术以容纳更多的乘客，尤其是提高下等客舱的载客量——下等客舱乘客众多，又几乎对娱乐设施没有要求。搭载金属船身的船只规模更大，引擎更高效可靠，同时线路更多，而且不仅仅有跨大西洋航线，还有国际航线。这些改进，使载客量有所上升。[61]

19世纪的最后30年的变化更大。螺旋桨代替了桨轮，为更高更大的船只提供动力。复合蒸汽机的动力更加强劲，是老技术无法企及的。[62]涡轮的改变更大，从"压缩、减压涡轮"变成一连串更大的涡轮机环，以实现蒸汽动力最大化。这样，在油量消耗基本不变的前提下，发电瓦数有很大的提高。[63]这些技术造出了有史以来最大的船只。舒适度和速度都呈指数式增长。被海浪打湿的日子成为历史，横跨大西洋的天数从18天减少到8天。

工程师花费了几年时间才完全意识到新技术引发的设计潜力，但当他们意识到时，便产生了惊人的效果。船越造越大。从前船只仅有200英尺长，新的"宫殿"长达1000英尺。过去，帆船的重量不过是2000吨，新船竟超过30000吨。船越来越宽也越来越高，宽度从25英尺变为最大119英尺，甲板从两层变七层。速度更是史无前例的快。历史上最快的汽船是在1952年获得"蓝丝带（the Blue Riband）民间跨大西洋比赛"冠军称号的"美国号"。它仅用了3天10小时40分钟就横跨了大西洋。[64]

技术日臻完善，众多移民想要逃离欧洲，越来越多的精英阶层愿意花大价钱出国旅游，这一切促使汽船公司如雨后春笋般涌现。事实上，每个大国都有至少一家公司在争夺生意。比利时、德国、法国、英国、美国、西班牙和其他国家都参与了这一角逐。

五、奢华的航程

住宿条件从令人恐怖变为宽敞奢华。蒸汽时代最大的船只——"皇后玛丽号"（the Queen Mary）、"卢西塔尼亚号"（the Lusitania）和"诺曼底号"（the Normandie）都是海上的豪华酒店、超级富豪的行宫。在19世纪50年代中期到60年代期间，一些大城市开始兴建奢侈酒店，而设计这些船只的目的就是为了让乘客享受同样的礼遇。[65]汽船为头等舱客户提供最高等级的服务。家具华丽非凡，有精致的木雕，豪华楼梯还有璀璨的灯光装置（灯光先应用于汽船，而后应用于城市街道）。早期的船上没有自来水，但这些海上酒店却配有大理石浴缸。[66]各种娱乐项目一应俱全，有健身房、游泳池、游戏室、底片冲洗房、图书馆和众多酒吧。厨房工作人员竭尽全力提供丰富的餐饮选择。无论何时，都至少有20种食物供客人选择。午餐的选择也很多，有汤和沙拉、各式各样的冷盘和热菜以及丰富多样的蔬菜。晚餐则有10到12道菜。让大厨们倍感自豪的是，只要富豪们想要，他们就能做出来。[67]

这样奢华的旅行，更多的是一种炫耀，而不是一种出行方式。高端消费方式更加说明富家子弟的教育旅行的确无处不在。日常生活也反映了这一点，通过规律的着装变化便能看出一二。除了第一天和最后一天晚上，旅客都要身穿晚礼服享用晚餐。午餐时间，男女都要身穿毛呢布料。女士穿上精致的裙子喝下午茶。给人留下深刻印象的女士还能受邀与船长同桌，这是最高荣誉，也是社交谈资。[68]

当然，不是每一个人都能够坐头等舱。即便在19世纪下半叶，下等客舱（逐渐被称为"三等舱"）的乘客数量仍远超那些在上层甲板的有钱人，为航运公司带来大部分的利润。[69]过去，这些乘客住在开敞式卧铺，分为男士单人卧铺、女士单人卧铺和夫妻卧铺。航行伊始，三等舱的乘客都会拿到一个马口铁杯子、银质餐具和一个金属盘子。他们要携带餐具到长桌上用餐。尽管食物与头等舱有天壤之别，但可以果腹。同样，他们也没有任何娱乐设施，没有折叠躺椅，甚至没有可以坐下来的地方，仅有的几项活动都是他们自发组织的。[70]

图3.2 1915年，皇家邮轮"卢西塔尼亚号"（R.M.S. Lusitania）因在爱尔兰外海被德国潜艇U-20击沉而名声大噪。除此之外，值得注意的是，这艘船是19世纪末至20世纪上半叶跨大西洋运送上等和下等乘客的巨型汽船中的典范。这些汽船特色突出，拥有与富人和名人地位相符的奢华住宿设施。即便如此，船务公司的主要盈利来源还是住在甲板下相对简朴的船舱中的大量移民。照片由乔治·格兰瑟姆·贝恩（George Grantham Bain）拍摄。图片出自美国国会图书馆收藏的乔治·格兰瑟姆·贝恩作品集。

不论是在上层甲板享受奢华的住所,还是在下等舱里只为横渡大洋,这些海上宫殿还是受到各个阶层的青睐。比起小船,巨型汽船鲜有颠簸。晕船症比过去大幅下降。不管你是哪个客舱的乘客,登上汽船这件事本身就足以让人兴奋,对海对岸的美好憧憬也足以让人愉悦。船意味着一个"与大千世界相互连通的世界",是一个独立于起点和终点的地方。多数人乘船是为了到达终点,然后去感受新的景象、声音和语言,然而,船本身还代表着一个重要的"想象之所"。

就旅游业而言,为富人打造的轻松航程使遥远的地方焕发出前所未有的吸引力(三等船票通常为单程)。举个例子,对于美国人来说,去欧洲小住已不是梦。目的地代表着逃离,一个让人们能够更好地了解自己的理想国度。一位旅行者说道:"前往欧洲是当下或者我犹豫不决时的一个很好的选择。美国人犹豫不决时就应该去欧洲逛逛。"人们在旅途中会有所启发,找寻到自己的职业或者决定自己的未来。在18世纪,人们会远行与重要的人见面。对于航海家来说,旅程中的偶遇会成为他们个人成长、职业发展和才智提升的重要组成部分。旅行终究还是自我完善的修行。[71]

豪华的海上宫殿为跨大西洋旅游提供了市场。在20世纪20年代,航线新增了两种舱位:旅客舱和客舱,致力于向年轻而又并不那么富裕的乘客提供长距离的航线服务。这两种舱位比头等舱廉价,相比下等舱位有更多的服务、更好的住宿条件和更多的娱乐设施。[72] 即使只花不到四天的时间,汽船也还是难以吸引社会下层民众。游客舱的票价实惠,但是并不节省时间。对于工薪阶层来说,营生要比享乐重要得多。

六、小结

蒸汽动力让新式休闲旅游成为可能。铁路使工薪阶层能够享受短途远足、短途旅行或者两天一夜之旅。海边无疑是热门目的地。中产阶级则热衷于时间较长的旅行。越来越多的美国人可以实现他们梦中的欧洲之旅,而欧洲人可以到访美国——甚至任何一个19世纪"帝国主义"年代可以到达的地方。这一切要归功于包价旅游公司。他们通过合理安排团队游,利用铁路和汽船将渴望环球旅行的男性和越来越多的女性送到他们想去的地方。旅游逐渐遍布全球,越来越多的旅游指南告诉人们去哪儿玩、做什么、怎么玩。蒸汽为旅游的普及开辟了道路。

第四章　包价旅游

蒸汽时代与工业化并未树立旅游是健康的理念,也没有单独向工人灌输休闲的概念,但它们确实为健康理念与休闲概念的扩散提供了大量的机会。长期以来,大多数的人整日埋头工作,只能偶尔享受休假。宗教节日、季节性节日以及圣徒纪念日是每年的固定节假日。19世纪的前10年,英国共有44个银行假日。虽然这个数字在1839年时已经锐减到了4个,但一些工厂也开始创立自己的节日。那时,周日整天都是休假,后来议会还将周六的半天纳入休假,最后增至周六、周日双休。[1]自19世纪40年代起,劳工立法和实际工资的上涨使得许多(也许不是大多数)工人的生活得到了切实的改善。以上这些都是在铁路兴起的大背景下发展起来的。[2]英国旅游推销商和海滨度假开发商协力合作,帮助工人及乡村中产阶级利用闲暇时间去旅行和冒险。19世纪是旅游发展的重要时期,其特点是继续强调健康的理念,同时提高各方的协调。

一、组织包价旅游

在铁路建成后不久,就出现了一些专门为工人设计的、只有短短一到两天的包价旅游。这些包价旅游,也就是短途旅行,至少在大半个19世纪的英国,都是独一无二的。[3]一些工人团体,比如机械学院与互助会,安排了第一批短途旅行。短途旅行的目的地通常是那些能在一定程度上有助于"自我提升"的地方,其组织者常常希望能够提供一个禁酒的日程表。据旅游历史学家苏珊·巴顿(Susan Barton)描述,大部分的短途旅行包括"欣赏管弦音乐以及参加各种宴会"。如果人们无法接受禁酒的要求,那么乘坐火车出行，参观其他新的地方，体验与旅游计划相关的节日氛围也很能吸引游客的目光。一次简单的旅行就能吸引成百上千的人来参与。至少机械学院早期组织的一个项目就吸引了2400人参与，远远超过了这个学院的实际人数。短途旅行的价格出奇的低——只需2先令，几乎每个有收入的人都能负担得起的旅游。[4]

中产阶级很喜欢早期短途旅行所提供的有节制的"理性娱乐"，并将其视为解决他们眼中"日益凸显的大众休闲'问题'"的一种方法。通过引导那些喧闹的、不敬神的、喜欢酗酒的工人摆脱传统消遣方式和"狂欢聚会"，让他们到乡村去呼吸纯净的空气，中产阶级希望他们能彻底杜绝"那些妻子和孩子不能也不应该参与的喧闹的、混乱的、放纵的场景"。旅游能够让人受到"教化"。[5]

19世纪晚期时，至少有一些公司认为，给员工放假会让员工的生产效率更高。尽管一些规模较小的企业经常赞助各种活动，但像巴斯啤酒厂这样的企业组织的大型旅游活动则更加引人注目。一些此类的短途旅行吸引的雇工和游客多达10000人，因此需要大量的火车来接送。组织此类活动非常辛苦，雇主一定会告诉下属如何行事。如果你在旅游时不按照行为准则行事，那么你很可能会像一些旅游说明所示的那样被"落下"。[6]

参加短途旅行的工人数量的增长也引发了社会的担忧。当成千上万人聚集在一起时，如果其中有一个人生病，就可能会感染其他人。但是，这也未能阻止某些工人为了观看诸如职业拳击赛、赛马和死刑等不光彩的事件而安排的一些集体冒险活动。比如，1848年利物浦监狱为一位连环杀手执行绞刑就吸引了众人围观，成千上万的人乘坐短途火车来观看行刑。1836年博德明和韦德布里奇铁路就发生了类似的旅游事件。这么多人聚在一起，很容易发生暴乱。1838年，伦敦附近的埃普森赛马场就发生了一场暴乱。公共秩序和人群控制是一个严重的问题。[7]

尽管了遇到了许多困难，遭受众多非议，但休闲旅游，特别是工人阶级旅游很快就为铁路公司创造了大量利润。1836—1840年期间，铁路运输了约125万乘客，其中很大一部分都是为了休闲而出行。这些铁路公司并没有记录乘客的出行动机，所以很难说出一个准确的数字，但人们不得不承认，个体的"规模宏大的短途旅行"可能涉及上千名顾客乘坐上百节车厢，最多时需要9辆火车才能运送。[8] 为工人阶级提供短途休闲旅行以及为中产阶级和上层阶级提供长途旅行，最终都给铁路公司带来了巨额利润。

二、托马斯·库克和包价旅游的逐渐兴起

显而易见的盈利潜力促使一些人开始成立公司，专门为游客安排旅行。虽然他们经常会注意到一些早期旅游开发商，比如亨利·加泽（Henry Gaze，1825—1894）和约翰·弗雷姆（John Frame，生卒年不详），但是历史学家只对托马斯·库克（Thomas Cook，1808—1892）以及他的儿子约翰·梅森·库克（John Mason Cook，1834—1899）表现出了强烈的兴趣。一些作家甚至错误地宣称托马斯·库克开创了短途旅行和包价旅游的先河。[9] 虽然加泽和其他人还未引起历史学家的关注有些令人失望，但托马斯·库克的故事为我们了解有组织的旅游在英国以及其他地区的早期发展提供了一个窗口。

研究托马斯·库克父子旅行社的主要历史学者皮尔斯·布兰登（Piers Brendon）认为，库克是时事造出的英雄。这位早期包价旅游推销商的外祖父是普通浸礼派在墨尔本分部圣道堂的一位助理牧师。在18世纪晚期和19世纪早期的卫理公会复兴时期，该教派与其他福音派团体一样，相信人处在持续的转变过程中，并倡导在每一个人生转折点上提升道德。普通浸礼派对卫理公会教徒持批判态度，他们总是很严格，松懈下来就会感到痛苦。作为一个年轻人，库克将这种严肃的世界观铭记于心。

起初，托马斯·库克想要通过训练成为一名印刷工人或木匠，但是他真正的兴趣是布道和倡导禁酒。[10] 19世纪30年代是英国历史上少有的几个盛行禁酒的时期之一。更加温和的改革倡导者设计了1830年的《啤酒法》，阻止人们去酒馆喝烈性酒，并一致认为啤酒是一种更加温和的饮料。这一法案放宽了啤酒零售的资格限制。1831年，英国政府新颁发了31937张零售许可证。然而，这一法案没有取悦那些反对烈性酒的人。"大家都喝得醉醺醺的，"一位对该法案不满的人说，"那些不唱歌的人都在满地乱爬。"[11] 库克认为要想终止这种可怕的转向，还需要加倍努力。

一开始，这位未来的旅游推销商致力于宣传饮酒的害处。随后，在1840年初的某一天，在工人阶级旅游的启发下，他有了一个新想法。[12] 他想用异常受欢迎的新铁路来推进他的事业。库克着手包下了一辆火车，并把票卖给数百个乘客，然后带他们参加禁酒集会。他认为，这会让那些参加集会的人感到精神振奋。这次旅游活动发生在1841年7月5日，共有570名乘客参与其中。每位乘客支付了一个先令，可以享受从莱斯特到拉夫伯勒的往返旅行，在旅途中，他们还可以聆听禁酒演讲，欣赏禁酒乐队的表演。这些票一售而空，还有成千上万的人排队站在铁轨边观看这趟火车的经过。[13]

这次旅游活动的成功举办极大地鼓舞了库克，他组织了更多的禁酒旅行。很快他就发现自己很享受组织活动所带来的挑战。1845年夏天，库克决定拼凑一个更为复杂的旅程来吸引更多的中产阶级游客。这一次，他将游客带到了利物浦，顺便去参观了威尔士的卡纳芬堡以及斯诺登峰。基本票价是：一等座14先令，二等座10先令。因为工人不能离开岗位参加时间较长的旅行，所以库克并没有出售三等座。与上次一样，这次的车票几乎也是一售而空，还有一些票出现在了黑市上。这让库克有了新的想法。[14]

图 4.1 尽管火车刚出现时给人们带来了恐惧，但同时也让人们感到兴奋。许多维多利亚时代的人都跑到铁路沿线去亲眼见证新火车。许多工人阶级团体很快就组织廉价的"远足"游，前往历史景点、风景区、拳击比赛、死刑和其他吸引物。托马斯·库克为禁酒倡导者组织了从莱斯特到拉夫伯勒的往返旅行，以便他们能够参加禁酒大会，他本人也因此一举成名。图片由英国彼得伯勒托马斯·库克档案馆提供。

第四章 包价旅游

第二年，他首次组织游客前往苏格兰旅游。理论上说，这是一个非常好的主意，因为粗犷的风景正是崇高的核心所在。自18世纪晚期到19世纪早期，这些荒凉的群山以及崎岖的风景引起了许多浪漫主义者的广泛兴趣，著名的有沃尔特·司各特、威廉·华兹华斯和多萝西·华兹华斯以及作曲家菲利克斯·门德尔松。不仅如此，苏格兰的风景还让苏格兰和英格兰人长期以来坚信自己是独具异域特色的民族，自身比牛还强壮，并且拥有一种积极的、奇特的文化。[15]与南边的邻居相比，他们严守安息日主义，说盖尔语，穿古怪的格子呢衣服。苏格兰人是不列颠群岛中的"另类"，如果那些有足够的时间和金钱的英格兰人去北部冒险，就能欣赏到苏格兰的另类风景。[16]同样重要的是，维多利亚女王和她挚爱的丈夫艾尔伯特亲王（Prince Albert，1819—1861）在1842年访问了苏格兰，并且深深地爱上了这片土地。有关这次访问的新闻报道以及这对夫妇随后在迪塞德的巴尔莫勒尔附近购置的一套房产，启发了其他人，特别是喜欢户外运动的人，他们也想亲自去那里看看。[17]

组织这样一次旅行面临着重重困难和挑战，这个项目还未真正开始前，就已经快把库克公司拖垮了。与英格兰相比，苏格兰相对欠发达。那时还没有从英格兰发往苏格兰的火车，苏格兰本身铁路干线很少，并且彼此间并不连通。库克组织的苏格兰旅行需要综合利用火车、马车和汽船——这对于组织者而言简直就是一个噩梦。苏格兰的住房没有英格兰那么充足，天气变幻无常，有时甚至在7月份就会下雪。

几乎在旅行一开始之后，问题便立刻出现了。火车上没有厕所，乘客们只能在火车临时停留在曼彻斯特时，下车使用站台内的厕所，但站台内的厕所并不够用。库克计划在普雷斯顿为乘客提供茶水，但最终未能供应上。库克在弗利特伍德为乘客提供了食物，但食物不充足。在登上由英格兰开往苏格兰的汽船后，乘客们发现船舱不够，许多维多利亚时期的中产阶级不得不睡在折叠式躺椅上。尽管条件并不好，但当汽船遭遇暴雨袭击时，室内住宿设施不足就变成了一场灾难。许多游客"被淋成了落汤鸡"并"患上了重病"。直到汽船抵达格拉斯哥，天气才好转，设施和服务才有所改善。乘客们欣赏管弦乐队的演奏，观看鸣枪庆典，聆听禁酒演讲。但是很少有乘客履行禁酒的承诺，并且他们对这些演讲也不太满意。事实上，在艰难地渡过爱尔兰海之后，他们急着要尽快喝点酒舒缓一下（库克最终不再禁止乘客喝酒）。然而，往西前行参观斯特灵、埃尔郡以及罗蒙湖的这段旅程却非常顺利。不幸的是，损失已经发生了。乘客们对于此次旅行的评价一点都不积极。库克首次推出的"苏格兰之旅"让他刚刚成立的公司破产了。

库克心情非常低落，但他并没有放弃。1847年，库克带领两个旅游团前往苏格兰旅游。1848年，库克制订了一个野心勃勃的英国北部短途旅行计划。在解决了之前出现的问题后，苏格兰往返游成为库克的主要旅游业务。[18]

即使库克的长途旅行开始吸引一些中产阶级顾客，但他还是一直注重工人阶级的短途旅行。1851年的伦敦"世界博览会"对于库克来说至关重要。"世界博览会"的构想起源于1849年，至少部分是由维多利亚女王挚爱的丈夫艾尔伯特亲王提出的。举办博览会的目的非常简单，那就是庆祝英国的工业实力和殖民扩张。专门为举办这次博览会而建造的巨大的"水晶宫"就坐落在伦敦的海德公园。参会者在那里观看了各种展览，展览的主题包括"机械和机械发明""装饰品""生产原料、英国殖民地居民和外国人"以及"与一般建筑和塑料艺术相关的雕塑"。[19] 英国工人阶级生产的部分产品在这次博览会上被展出后，极大鼓舞了工人阶级参与的积极性。为了让人们能够观看这场精心策划的公共展览，铁路公司被迫出售打折车票。[20] 但是部分工人以及地方俱乐部依旧不能获得展览的门票，因此一些对展会感兴趣的人会抽出时间，花点钱去伦敦旅游一趟。[21] 此外，像托马斯·库克旅行社这样的短途旅行组织者也出售展会的门票并且安排住宿，这就使得数量空前的游客有机会游览这座世界最大的城市。最终，有600万人出游，大约占全国人口的五分之一。[22] 托马斯·库克旅行社将16.5万人运送到伦敦。[23] 1851年的伦敦"世界博览会"对所有参展者来说都是一次巨大的成功，并且展会也没有破坏公共秩序。这次展会不仅让更多人了解到同时代有声望的人，同时也让更多人接受了短途旅行。[24]

库克的生意越做越大，还吸引了许多新顾客。1860年，库克向苏格兰运送了 5 万名游客。[25] 然而,库克的游客不再以男性或夫妻为主。大量的女性第一次开始独自旅行。库克并不认为"不受保护的女性"应该避免冒险,他反而将其女顾客描述成"除旅途提供的安排和陪伴外,无需任何保护的女英雄。"库克本人就是这些游客的"旅伴"。鉴于库克为论证女性拥有同样的旅行权利而做的诸多努力,"参加库克组织的旅行的女性多于男性也就不足为奇了。托马斯·库克也因此为女性解放做出了卓越贡献。尽管女性还远没有与'人类之主'享有同样的地位,但库克的确帮助她们离开了家"。[26]

1862 年,库克公司发展势头正盛。库克推出的短途旅行继续受到游客的青睐,其他的旅游业务也在持续扩张。但问题也显现出来了,至少在苏格兰旅游业务上就是如此。库克轻视了苏格兰旅游业务。结果,苏格兰铁路公司停止了与库克的合作,并决定自己组织旅游活动。只在一夜之间,库克财富的基石就消失了。如果世界博览会没有巩固库克的短途旅行业务以及其他以有名望的人为目标客户的旅游业务的话,那么这一惊变将会给库克的公司造成沉重的打击。"苏格兰之旅"业务的消失并没有摧毁库克,相反,它还造成了意想不到的结果。库克的儿子约翰·梅森,在 1851 年为了协助世博会短途游加入了库克公司。他们的业务只是将游客带往国外。英国人的实际收入要比世界上其他地方高一些,因此能够负担得起更遥远、投入更多的旅行。[27] 托马斯·库克父子旅行社成为英国领先的旅游公司。在这家公司的努力下,世界上越来越多的人开始接触到英国人。他们向世人展现了当时大概只有英国人才拥有的休闲方式。

三、水和休闲:温泉

几乎从诞生起,旅游的目的就是为了改善自己。旅游让游客获得文化资本,通过欣赏自然风光和历史遗迹,变得思维活跃、心情放松;而且还让游客在旅途中不断提高品位。另一方面,旅游也能提高游客的身体素质,这一点最终促使水和休闲关联在一起,并因而影响到旅游的发展。

世界上大多数宗教都很重视水。基督教《圣经》的开篇与结尾均能找到与水有关的记载。印度的吠陀教将水视为"基本原理和基础"。水对于犹太人以及伊斯兰信仰至关重要，同时也是道教的核心。[28] 众多信仰将水视为生命之源，因此历史学家伊恩·布兰德尼（Ian Bradley）认为"自最早的文明和文化诞生后，水就已经与人们的身心康复有关"也就不足为奇了。[29]

在欧洲，罗马人开发出一个复杂的洗浴体系，但其中大部分却随着罗马帝国在西欧的衰落而消失。[30] 在中世纪晚期，人们慢慢对矿物温泉重新燃起了兴趣。温泉有益于健康这个观念，至少在17世纪的欧洲大陆，已经深入人心。[31]

然而在英国，水疗法却引发了新教徒的担忧，他们将其与罗马天主教惯例联系在一起。但即使在英国，也有一些热衷于温泉浴场的人，至少还有些人会定期横跨英吉利海峡前往西属尼德兰进行水疗。西属尼德兰是一个热衷于审讯异端的天主教国家。这些旅行引起了英国政府和情报机构的担忧，他们警告称天主教的"第五纵队"正在形成，并可能试图侵略英国。为了避免这种风险，并且在那些急于扬名的医生的推动下，英国政府同意在英国推广温泉浴场。[32] 这一政策的改变推动了多种书籍的出版，这些书大多是倡导矿物温泉浴、冷热温泉浴、饮用矿物泉水以及一系列其他水疗法的。随着越来越多的贵族逐渐相信水疗的益处，前往法国、德国、荷兰甚至英格兰和苏格兰享受温泉浴的英国人显著增多。[33]

起初，人们前往温泉浴场的主要目的是为了健康。医生嘱咐大部分游客去矿物温泉浴场并饮用矿物水。但这一处方并不让人感到愉快。正如19世纪一位曾去维希旅游的游客描述的那样"亲爱的朋友，今天早上我去享受了矿物温泉浴，噢，感觉真是糟糕透了！今天早上6点我就到了温泉那里，但是我发现里面全是人，我喝了点泉水，绕着温泉走了走，然后又散了会儿步，之后又喝了更多味道奇怪的水，中午前我一直在重复干这个。"另外一位病人指出，他喝了几杯温泉水后，最大愿望就是"净化自己"。[34]

尽管部分温泉浴场能为那些贫穷的病人缓解些许病痛，但是早期去温泉浴场的人大部分是贵族，这些贵族前往温泉浴场的部分原因是为了追求时尚。[35] 英国皇室的支持让一些贵族迫不及待地想去泡温泉。[36] 但仅仅是时尚并不能让一些有钱人趋之若鹜。温泉浴场与其他类型的旅游一样，都只有有钱人才能担负得起。比如，法国的许多温泉浴场就都坐落在人迹罕见的地方，游客要历经长途跋涉才能到达。到那里之后，需要花费大量的时间——通常是三周——才能达到预期的疗效。那些可怜的需要一份工作才能生存下去的人，不会为了享受这种奢华的温泉浴而长时间离开自己的工作岗位，或者几经周转，长途跋涉去旅游。[37]

随着时间的推移，温泉浴场吸引了越来越多的高端顾客。一些温泉浴场，比如德国的巴登巴登、英国的巴斯以及比利时的斯帕都享有盛誉，但是其他一些温泉浴场却鲜为人知。19世纪早期，大部分温泉浴场的营销方案中都包括定期出版"访客名单"。[38]其中还包括一些细节，比如使用某一特定设施的游客数量、名人来访记录等。其他人自然而然地想要跟随名人的脚步，去他们曾去过的地方旅游。结果就是，越来越多的"中产阶级"也开始前往温泉城。

除了制作名人到访录外，为了吸引更多顾客，温泉浴场还做了诸多努力。增设景点就是其中一项，它不仅能为温泉浴场吸引更多的客流，还能给周边城镇带来更多的社会机会。在途经这些美丽的建筑时，游客可以驻足饮用富含矿物质的泉水，参观大型饮宴大厅，或者在美丽的花园中漫步。[39]简而言之，温泉浴场变成了度假胜地。

铁路的出现降低了交通成本，促使越来越多的人能够负担得起去温泉浴场旅游的费用。至少在法国，资本主义的下层阶级也能享受得起温泉浴场。[40]温泉浴场度假与工人阶级的休闲旅游大不相同，但它却为第二章中所提到的，因审美变化而导致的一种新的度假方式的诞生铺平了道路。这种新的度假方式就是让人们心驰神往的海滨度假。

四、水和休闲：海滨

早在18世纪中期，兰开夏郡就已经有工人泡海水浴的当地传统。但是可以肯定地说，海水浴在上层阶级的日益普及，部分灵感来自温泉浴场的经验，温泉浴在整个海水浴的推广过程中发挥了愈加重要的作用。[41]海水浴能够锻炼身体、促进身体健康这一观念在1715年约翰·弗洛伊（John

Floyer，1649—1734）的著作《冷水浴史》问世后逐渐深入人心。随着时间的推移，在其他评论家的附和下，海水浴的作用越来越偏向治疗。事实上，几乎每个人都认为，洗冷水浴可以安神，并且治愈多种疾病，比如"精神错乱"和"慕男狂"。理查德·罗素（Richard Russell，1687—1759）博士在1750年出版的一本书中提道，海水浴的诀窍就是要适度浸泡，要在训练有素的"浸染工"的统一指导下行事，这些"浸染工"的工作就是不断地把这些浴疗者浸入水里，并设置好泡水的时间。在游泳之前有必要休息一下（"浸泡"事实上是一个更好的术语，因为很少有浴疗者知道该如何游泳，直到19世纪60到70年代，借助水的推力向前游的概念得到普及）[42]，并且最好在日落前就结束海水浴。个别病人学习如何"用力将自己投入大海"。在两次冷得发抖后，就要离开海水，擦干身体，找一张舒服的床好好休息一下。对于大部分病人来说，最合适的海水浴时间为30—40分钟。当然，也有特例。比如，医生建议那些阳痿的男性去海里冲浪，并多吃新鲜的鱼类来养生保健，从而变得"基本上具备生殖能力"。[43]

  海水浴迅速在大不列颠群岛及其他地方的上层社会流行起来。它并没有损害皇室的权威，相反，还为皇室病人热情地开出了新处方。比如，英国的乔治三世（George Ⅲ，1738—1820）自18世纪80年代起就开始患上了一种名叫"卟啉症"的遗传病。这种疾病在普通人中非常罕见，但在欧洲皇室家庭中却常见。这种病会出现一些让人担忧的症状，比如精神错乱——乔治三世坚信温莎公园中生长的树都是外国大使，据称他经常和这些"外国大使"进行外交谈判——以及排出蓝色尿液。[44] 他的医生们尝试了各种治疗方法，希望这位国王能待在韦茅斯接受长期治疗，其中就包括在多塞特海岸线附近水域接受的浸浴治疗。镇上的人对于国王的到来深感激动，并主动献上了一支乐队以陪伴国王进行日常治疗。随后，国王的长子，也就是之后的乔治四世（George Ⅳ，1762—1830）为了治疗痛风及其他健康问题，前往布莱顿进行海水浴。[45] 如果海水浴对皇室成员的病痛非常有效，那么对皇亲国戚也会奏效。不久之后，英国贵族都通过游泳来治疗病痛了。

五、走出工厂，尽情冲浪

不久之后，越来越多受益于工业发展的人"开始要求将目的地选定在海滨"，来自农村的游客也迅速加入了他们的行列。[46] 到了 18 世纪末，"坦率且不精明"的伦敦商人早已发现上层阶级对海滩的青睐。[47] 之后成为英国最受工人阶级欢迎的度假胜地之一的黑潭，在世纪之交就吸引了一部分中产阶级游客。[48]

大量更低阶层的远足者要想将海滩定为目的地，需要花费更长的时间，主要原因是他们需要足够的金钱来支付海滨之旅。因此，工人阶级的休闲文化直到 19 世纪中期才真正开始改变。一些劳工贵族，自 19 世纪 40 年代中期起，就开始进行持续数天的、路途更远的旅行。[49] 到了 19 世纪 70 年代，世界博览会后短途旅行的爆炸式增长、经济的持续繁荣、劳动时间的缩短、周末时间的延长，以及为工人创造了更多度假机会的《1870 年银行假日法案》，都促进了海滨旅游的发展。[50]

据历史学家约翰·K. 沃尔顿（John K. Walton）所说，除了几个地方之外，很难采集到旅游增长的准确数据。然而，他引用了一些兰开夏郡的例子来反映海滨旅游需求的扩大。1854 年，共有 1400 人预订了以达温为出发点的海滨度假旅程。到了 19 世纪 60 年代中期，这个数字上涨到了 7000 人左右，1872 年为 10000 人左右，1889 年为 13000 人。与此同时，海滨度假的时间明显变长。1854 年，只有 500 人预定了为期 4 天的海滨旅游。1866 年，这个数字攀升到了 2328 人。到了 19 世纪 80 年代，"许多兰开夏郡的工人休假一周去海滨度假"。但是最为重要的变化却来得稍晚。1905 年，30000 名海滨度假者中有 15000 名海滨度假者的度假时间为 7 天或更长一些。[51]

休闲文化迅速分化出明显差别，它们大体上可以根据社会阶层区分开来。首先，游泳者接近水的方式不一样。那些有名望的人认为，在入水和上岸时确保没有人在旁边偷窥非常重要。解决这个问题的方法就是"游泳更衣车"。"游泳更衣车"是一个带轮子的小木屋，并不需要用马来拉引或者借助绳子和滑轮在海中进出。1735 年，斯卡伯勒出现了这样一个装置，但其发明者不详。人们通常认为这个装置的发明者是本杰明·比尔

（Benjamin Beale，生卒年不详）。1735年，他在马尔盖特首次推出了写有"游泳更衣车"字样的机器。这个机器的特点是，带有一个额外的可以张开或收缩的雨伞，以便在游泳者入水时进一步防止他人的窥视。多年以来，"游泳更衣车"几乎已经扩散到了英国所有的海滨度假胜地，甚至还被一些欧洲游泳者所采用。比利时人创造了独一无二的真正奢华版的"游泳更衣车"，带有豪华的装饰、美丽的漆绘以及大量的雕刻。

尽管"游泳更衣车"深受游泳者的欢迎，但其使用过程却并不让人感到愉快。大多数的"游泳更衣车"没有窗户，里面一片漆黑。沿着海滩往下入海时，更衣车可能会颠簸。在摇晃的车内换泳衣也是一大挑战。木头腐烂的味道以及海水的咸腥味混杂在一起，让这个原本就尴尬的经历更加令人厌烦。这些"游泳更衣车"因不断与水接触而变得潮湿。但是对于那些想要急于保持自身社会地位和礼仪的人来说，这些代价都是微不足道的。

然而，工人们却一致拒绝使用这个巧妙的装置。因为他们关注的是金钱，而不是社会地位。那些急于盈利的公司控制了"游泳更衣车"的使用。[52] 即使短途旅行的费用很低，工人们也已经没有余钱去租借"游泳更衣车"，无法坐在幽闭的、散发着恶臭的木屋车中入海。他们想要的只是花钱去游览海洋风光。

这并不是唯一的阶级差异。在维多利亚统治下的大部分时间里，中产阶级的愿望可以用塞缪尔·斯迈尔斯（Samuel Smiles，1812—1904）的畅销书《自救》这个书名来恰当地加以概括。旅游的目的是为了实现自我完善，并且旅游的足迹逐渐延伸到了海岸线。海滩让人们有机会探索自然，采集科学样本，并且研究地形地貌。对于那些喜欢艺术的人来说，海滨有着斑斓的阳光以及值得用颜料和画布描绘的壮观岩石。[53]

一般而言，工人阶级对这类事物并不太感兴趣。他们已经习惯了一种更具群体导向的文化。[54] 工人们需要休闲娱乐。因此，随着时间的推移，许多满足工人需求的设施不断涌现。海滩边出现了游乐园、娱乐码头、炸鱼和薯条店、酒吧、畸形秀和哈哈镜。骑驴活动在当时非常流行，并且到了20世纪依旧备受游客青睐。[55] 与那些研究潮汐池的人相比，工人阶级有着明显的不同，他们的穿着没那么考究，也乐于"大声喧哗"。[56]

那些习惯去海边度假的富翁，并不想与中产阶级或者工人阶级接触。因此，上层社会的人常常横跨英吉利海峡，去游览欧洲其他景点。比如，一些游客前往自教育旅行时代起就吸引无数游客的普罗旺斯旅游，一些游客前往位于法国和意大利交界处的里维埃拉旅游，一些游客选择去欧洲温泉浴场泡澡，还有一些游客则利用休闲时间去瑞士或其他地方的山林中探险。[57]

在这样的社会背景下，即使各个海滨胜地之间因为某些特定的建筑和娱乐方式而相互类似，但海滨胜地依旧发展成为一种独特的环境。起初，中产阶级感兴趣的景点比如游泳更衣机、图书馆、剧院遍布了整个景区。[58]码头是早期增设的一类景点，第一个码头始建于1814年，坐落在怀特岛的莱德。一开始，这些码头是用来停泊船只和进行商贸活动的，但是工人阶级游客的大量涌入让这些码头逐渐发展成为营利性的机构。码头要收取入场费，游客可以在码头游玩、散步及品尝小吃。19世纪80到90年代，码头上开始提供各种休闲大帐篷，吸引了众多游客前来观光。[59]这些大帐篷很快风靡英国，并出现在美国的众多海滨胜地（与其英国祖先非常类似），比如新泽西州的大西洋城、纽约的科尼岛、加利福尼亚州的圣克鲁斯以及缅因州的老果园海滩。甚至位于密歇根湖边的芝加哥都在20世纪的前几年里建造了一个海军码头。随着各类游客的涌入，海滨胜地的景点变得更加多样，出现了休闲公园、水族馆、蜡像馆、保龄球场以及音乐厅等。[60]

不同休闲文化间的交汇必然会导致某种程度的阶级冲突。当旅游不是"理性的"，或者不能实现"自我完善"时，中产阶级就会犹豫不决。当景点提供"促进教育"的设施时，中产阶级很少抱怨，但是当成千上万的工人阶级游客涌入同一个景点寻求快乐时，这些中产阶级就会强烈抗议。据约翰·K.沃尔顿描述，"无论是富人还是穷人，有名望的人还是不敬畏神灵的人，稳重的人还是粗鲁的人，安静的人还是吵闹的人"，"在大多数情况下，在大部分时间里，都会在一些小城镇或者小村庄的中心地带摩肩接踵。同时，他们还会为了靠近或者使用休憩空间而相互竞争"。[61]众多海滨胜地的演变反映了这样的区分。自18世纪90年代起，靠海的绍森德就是深受伦敦贵族们喜爱的旅游目的地。在19世纪50年代，那里游客增多，包括越来越多的工人阶级短途旅行者。这座城镇的空间布局折射出互相竞争的传统：富有的人居住在城镇的一边，贫穷的东伦敦人则居住在城镇的另外一边。当工人们发现了这个城镇，并开始大量涌入，那些社会地位较高的人便"撤退到由'新南端计划'建造的西部悬崖的顶端，将这些地势较低的海滨区让给那些新涌入的游客"。结果就导致了一场由"中上阶层"主导的旷日持久的镇议会斗争。这些"中上阶层"成员竭力在宣传手册及其他营销资料中强调他们在城镇中的优先权，而那些名望不高的度假者就没有这种待遇。他们针对土地使用、建筑风格以及"黄金地带"沿线的活动类型展开了激烈的辩论。[62] 这种分歧不仅体现在建筑风格上。对于那些"稳重、认真以及急于让他们的孩子远离海滨游乐场可能带来的道德危险甚至人身危险"的人来说，整片绵延的海滩都是禁区。[63]

海滨度假尽管诞生于英国，但并没有长期被英国垄断。在比亚里茨的巴斯克，当地的村民有一个古老的传统。他们会在温暖的月份去海滨度假，在清凉的海水中畅游。在贵族的推动下，这个地方成为一个知名的、备受富人青睐的旅游胜地。1808年拿破仑曾两次来到这里，这启发了那些住在波尔多以及里昂的法国上层阶级，他们模仿英国富商的做法，在当地租下了一些房产。随后不久，一大批迫切想要去海边放松身心的"西班牙公爵、英国上议院以及法国政府官员"接踵而至。[64] 法国的迪耶普与巴斯克类似，不久之后就吸引了许多想要在夏天去海边度假的巴黎贵族。[65] 在德国各州、荷兰以及比利时，商人们在设立游泳设施方面发挥着越来越重要的作用，但是那些富人迅速搬到海边并定居下来。[66]

许多英国海滨胜地沿着海岸线修建了步行街，以便游客观赏景色并成为他人观赏的对象。一些欧洲的海滨景点，比如迪耶普，也是这样。当然，二者之间还是有所不同的。设计师借鉴更具本土色彩的欧洲典范，他们向那不勒斯、威尼斯以及巴勒莫的建筑取经，设计出具有欧洲特色的人行道。当巴勒莫人乘坐马车沿着游船停靠区前行时，很快便会"寻觅到新鲜空气和凉爽"；"步行街很快就变成了一个集中展示绅士风度的舞台。据说没有任何一位丈夫能阻止他的妻子在夜晚去阴凉的游船停靠区散步。"[67]

在英国，尽管存在着地区差异，但在工人们找到自己喜欢的海滨后不久，就会产生阶级冲突。比如，德国工人与上层社会就在性这个问题上存在着巨大的分歧。体面的上层人士认为，工人阶级在性生活上太混乱了。因此，景区为不同性别的人划分了不同的游泳区域，并针对裸泳制定了严格的管理条例。与之相比，巴斯克就刚好允许露出一点肌肤，景区也没有按性别划分男女泳区。[68]

到了19世纪末，类似的事情也在美国贵族云集的地方上演，比如罗德岛的新港、缅因州的巴尔港以及马萨诸塞州的马布尔黑德。这些下层民众涌向45个位于新泽西州和特拉华州之间100英里内的海港城市中，这些城市为游客提供各种海滨娱乐。许多前往海滩旅游的美国工人，和他们的英国同伴一样信奉"抛开限制"。[69]那些富有的人则保守得多。

六、游泳和阳光浴

游客的行为随着海滨胜地的持续演变而不断改变。一开始，前往海滨旅游的游客大多是出于健康考虑。他们奋力冲浪，在海水中冻得发抖，希望这些海浪能将他们身体上的各种小病痛带走。到了19世纪60和70年代，海上冲浪实际上已成为一种时尚。1861年，布莱顿的游泳俱乐部举办了第一次游泳竞赛。其他地方也纷纷效仿，举办了各种比赛。1875年，马修·韦伯（Matthew Webb，1848—1883）上尉成为世界上第一个游泳横渡英吉利海峡的人。随后，海滨胜地的官方机构迅速向游客传授相关游泳经验。在19世纪70年代，哈里·帕克（Harry Parker，1849—1932）教授及其儿子小哈里（Harry Junior，生卒年不详）还提供一些"花式游泳"展览。随后又出现了潜水及其他表演，鼓励公众试着站远一些后，再跳进水中。

此外，还有一些其他新的消遣方式。1778年，在前往夏威夷群岛的途中，詹姆斯·库克船长的船员遇到了一些穿梭在海浪中、满怀好奇心张望甲板的原住民。1867年，一些英国游泳者制作了冲浪板，并前往各大海滨胜地，在起伏的浪潮中证明自己。尽管冲浪在第一次世界大战后才开始真正流行起来，但重要的是越来越多的人不断地以各种方式亲近水。

移动方式的不同使人们对服装款式有了新的需求。尽管18世纪有许多男性裸泳，但到了19世纪中期，维多利亚人还是用"一块裹住脖子和袖口的杂乱无形的小麻布"来打扮自己。这种服装显然不便于人们移动。游泳、潜水以及冲浪需要一些更便于人们随意运动的装备。相应地,在19世纪末,白皮肤的人更容易晒黑这一观念逐渐消失。日光浴逐渐成为一种时尚,在厚厚的布料的遮挡下,皮肤并不能生成黑色素。泳装变得越来越暴露,以便让皮肤更多地接触到紫外线。因此,伴随着新世纪而来的,是一个由维多利亚时代的紧身衣到更受20世纪沙滩游客喜爱的、更加暴露的泳衣的演变。[70]

七、小结

当然,如何旅游以及去哪里旅游之间的区别并非完全由社会阶级或性别界定。随着一些类似托马斯·库克父子旅行社的公司将更多的目的地列入短途旅行及其他旅行的范围内,随着交通的发展增加了游客可参观的地方,以及随着海滨胜地和温泉浴场提供的体验种类的增加,毫无疑问,个人选择在旅游决策中发挥着尤为重要的作用。但是,决策不是凭空而造的。旅游并非自然而然,人们必须学会如何进行旅游。

许多组织和个人都急于向其他人传授如何旅游。短途旅行的组织者希望能对游客进行道德教育,并阻止人们酗酒。医生通常会开出非常详细的处方,让病人在海滨或者温泉浴场疗养一段时间。中产阶级希望工人们学会在旅途中应该具有怎样的举止行为,但通常情况下都没有效果。贵族们成功地以身作则,争相前往新建的或更偏远的地方旅游,希望能逃离他们自己制造出来的怪物。

旅行指南与旅游及健康相关的文学和小说的创作,甚至那些为了确定游客行为和理解而创造的形象都是通过所谓的技术控制来实现的。许多人将其视为一项重要的工作,迫切想要生产或者消费这种技术。虽然旅游指南算不上一项新发明,但1815年拿破仑战争结束后旅游的发展催生出种类繁多的旅游指南。例如,卡尔·贝德克尔(Karl Baedeker)和约翰·默里(John Murray)经营的那些出版社就出版了很多旅游指南。所有这些,都对人们如何看待世界、如何保存过去、如何看待当下以及如何展望未来产生了深远的影响。

第五章　旅游指南与观光的重要性

要写出伟大的文学作品,绝不是讲好一个故事、塑造几个有趣的人物那么简单,伟大的文学作品能够让读者联想到现实生活,能反映某个时代、某个地方或某人的真实情况。在英国作家爱德华·摩根·福斯特(E.M. Forster,1879—1970)《看得见风景的房间》(1908)那部小说中,有关主人公露西·霍尼彻奇(Lucy Honeychurch)在意大利佛罗伦萨圣十字大殿外哭泣的那段文字就值得我们关注。没有了旅游指南:"她如何找到回家的路?如何在圣十字大殿不迷路?"走进著名的圣弗朗西斯科教堂,露西迷失了方向。乔托(Giotto)最有名的壁画在哪里?"拉斯金(Ruskin)大加赞赏"的又是哪座墓碑?不过幸好,在出游前的准备阶段,在更喜爱冒险的好友拉维什(Lavish)小姐为让露西"随遇而安"而偷走旅游指南之前,露西已经从头到尾认真阅读了旅游指南,还细心地记下了佛罗伦萨重大历史事件发生的日期。[1]在旅行前做好准备工作是值得尊敬的旅行者应尽的义务。

这个情节向我们传达了两个关键信息。其一,在福斯特创作这部作品的20世纪初,旅行指南是人们外出旅行时的必备,是随身携带的重要装备。旅行指南不仅提供路线指引,还提供其他重要信息。例如,有的指南中会列出"必看景点"以供游客参考。[2]其二,从故事中我们发现,许多旅行者出门在外都完全依赖于旅游指南,要是没有这么一本指南,可能连家门都跨不出。书中的一个角色知道了露西被抛下,还没有旅游手册的事情,担心她会错过重要景点,漫无目的地到处乱撞,就对她说:"你要是没有旅游手册,还是跟我们一起走吧。"[3]

旅行的意义在于它能提升人的整体素质:旅行能提升气质,增长知识,放松身心,有益健康。不管旅行者出于什么目的旅行,为了自我提升,抑或单纯地给自己放个假，他们都需要获得指导。提供指导的可以是人，也可以是东西，就像19和20世纪时有些东西可以为旅游者提供指导。描绘特定地点或景色的绘画作品或图片、文学作品、游记以及书籍都能清楚地告诉旅行者该看些什么，该住在哪里，行为举止上有什么要求，这些都能够帮助旅行者更好地享受他们的旅程。用某位作家的话来说，这些图片和文字对"旅行凝视"[4]的形成至关重要，在它们的帮助下，原本可能会四处乱转、焦头烂额的观光客升级成为"合格"的旅行者，从而实现了自我提升。虽然旅行指南会主要关注游客的食宿问题，但它最重要的作用还是告诉游客该看什么、具体该怎么游览。这些手册会告诉你该站在哪儿用什么方式看。有了这些指导，旅客们能更好地了解当地的景观、社会、文化与历史。

一、旅游指南

早在19世纪前，就出现了各式各样的旅行指南。罗马时期的希腊人保塞尼亚斯（Pausanias，约公元110—约180）在公元150年编写了第一本带有路线规划的旅游手册，其目的就在于帮助罗马人参观"古希腊的庙宇和宗教圣地"并获得更好的旅行体验。随后，中世纪朝圣者也开始借助旅游找寻正确的朝圣路线，并在沿途搜寻所有可供参观的圣地，从而获得最佳的旅游体验，使自己的罪孽得到最大程度的宽恕。当时，这些手册中的内容有很多是"不准确的，甚至完全是虚构的"，但这也没什么大碍，因为对朝圣者而言，只要这些手册能帮助他们按时抵达教堂就够了。早期上流社会外出游学的富家子弟也有自己的指南：一部六卷本的大部头，重五千克，不便于旅行时随身携带，更适合在家翻阅。于是，内容更精简、更便于携带的旅游手册应运而生，为没有导师随行的旅行者提供指导。[5]

虽说旅游手册的存在和发展已有一段时间，但它真正在数量和种类上出现急剧增长是在19世纪铁路尚未发展之前。例如，在1807年，一本名为《苏格兰新图片》的旅游手册出版，手册中给出了"许多有趣而简单的方法，游客们可以通过这些方法来欣赏当地奇异的景观"。在19世纪20年代，蒸汽船的船长也紧跟潮流，在船上提供苏格兰西部岛屿的旅行指南以

第五章 旅游指南与观光的重要性

供乘客使用。[6]

然而，旅游指南真正爆炸式的增长出现在铁路运输兴起之后。工业飞速发展，中产阶级群体急剧增长，旅游指南的作者和出版商看到了旅游市场增长的需求和潜在的商机（抑或是他们想趁机制造商机）。[7]19世纪的资产阶级如同18世纪的精英群体，他们热爱旅行。对他们而言，自我提升是必不可少的。他们还崇尚"自救"。此外，体面是资产阶级一个重要的身份特征。[8]新时期的旅游手册主要基于铁路路线来编写，其内容主要有"基本的五个部分：序言、导言、一两篇关于当地（高雅）文化的专业评论文章、地图（包括铁路网、城市规划图、城市全景图等）、索引（主要是有关地理位置的，方便读者对照参考）"。手册的大小便于携带，还印制了多种语言版本，以满足越来越多来自欧洲其他国家游客的需求。[9]总而言之，旅游指南代替了18世纪传统的导师，为维多利亚时代的英国中产阶级提供了前往必到之处的清晰线路，培养了他们对于英国周边国家敏锐的文化和景观意识。

在这一新潮流中，约翰·默里（John Murray，1778—1843）在1836年出版了面向中产阶级人群的最早的一批旅游指南。紧接着，卡尔·贝德克尔（Karl Baedeker，1801—1859）紧随其后。[10]很快，又有许多人参与到这股热潮中，这其中就包括组织包价旅游的托马斯·库克和亨利·盖斯。[11]这股热潮甚至影响了铁路公司。最初不想冒太大风险，不愿主动提升旅游服务的铁路公司，也开始提供旅游手册。[12]随着时间推移，人们的兴趣不断分化，新的旅游形式不断涌现，不同种类的旅游手册也相继推出。比如，有面向登山爱好者的[13]，有针对参观宗教圣地的教徒的[14]，还有面向数量不断增加的非欧洲国家的旅行指南[15]。值得一提的是，尽管旅游指南最大的消费人群还是中产阶级，但市面上出现了越来越多面向工人阶级的旅游指南。这类旅游指南通常只围绕特定城市或地区来编写，而不会把整个国家都完整编写出来，这样做的意图是让那些时间和经费有限的游客可以在短时间内参观最重要的景点。[16]

露西·霍尼彻奇的故事向我们说明，旅游指南也为女性外出旅游提供了大量的机会和便利条件。旅行指南就像一根"伟大的知识与文化"的杠杆。当时有很多女性无法接受与男性同等的教育，在文化知识上存在一定差距，但只要有了旅行指南，女性一样可以踏上探险之旅，一样可以在旅途中获取知识。露西能记住佛罗伦萨重大历史事件的日期，那么别的女性也一样能够欣赏著名艺术家的作品，了解当地文化和历史，并鉴赏文学著作。因此，当时的女性享有前所未有的"操控的自由"。[17]

然而，旅游指南的流行也有弊端。历史学家鲁迪·考什尔（Rudy Koshar）在撰写研究德国旅游指南发展史的论文时，开头引用了19世纪美国旅行作家巴亚·泰勒（Bayard Taylor，1825—1878）的一件逸事。泰勒乘船游览莱茵河，被美景深深打动，但与此同时，他的目光被英国游客的怪异举动所吸引："他们人手一本默里旅游手册，低着头读着旅游手册上对他们所在的城镇或是他们面前这座塔的描述，却不抬头看眼前真实的美景，他们只是偶尔抬头，对照一下旅游手册上的描述，表示：'嗯，不错。'"[18] 透过这个现象我们可以看到现代旅游的一个特点：旅游的人数越来越多，但许多人在旅途中都中规中矩地照搬旅游手册给出的"常规路线"[19]；甚至有的人只顾着看手里的旅行手册，却没有抬眼去看身边真实的景色。旅行手册为旅行者列举了所谓的必看景点，为他们规划好了路线，所以许多人都按照给出的路线游览，而无法做到像露西那样无拘无束地游玩。贝第科和默里编写的旅游指南被看作是旅途中的"圣经"，所以没人质疑它的内容。[20] 作为游客，他们的任务就是按照指南中提供的信息，站在特定的地方用特定的方法去观赏景点，欣赏指定的景点或景观，以先入为主的方式去理解他们所凝视的文化——用特定的方式去消费周遭事物。在某些方面，旅游指南就是一本产品目录，有如皈依者的圣书一般。[21]

这一现象至少产生了两方面的影响。其一，旅行指南是针对某一群体编写的，内容上会有意迎合该群体而带有某些偏见，但是，当该群体阅读旅行指南时，就会更加强化他们的那些偏见。一些旅行指南让读者在潜意识里划清国与国的界限，认清自己和别人的差别（旅行指南在这一点上确实起到了很大作用，在之后章节会有更清晰的阐述）。[22] 默里编写的旅游指南表现出维多利亚时代和爱德华七世时代英国人的偏狭保守，而贝德克尔编写的旅游指南则完全体现的是"德国作风"。[23] 这些偏见以及其中隐约可见的欧洲种族主义和帝国主义的影子会带来可怕的后果。旅游者大放厥词，对他们所凝视的事物而言，那些不假思索做出的评论是一种冒犯甚至更糟。比如，贝德克尔的某本手册中给出了一些"与东方人交往"的建议。手册里一方面冠冕堂皇地写着要尊重不同种族的人，另一方面却有所嘲讽。[24] 实际上，翻阅整本手册，你会发现，字里行间无不是殖民统治者的口吻和居高临下的姿态；不仅如此，这些带有殖民色彩的手册还远销海外，这看起来就更像是殖民者的侵略扩张了。总之，在这些旅游手册里，当地人都幼稚无知，只有欧洲人见多识广；而那些殖民地的发展，比方说印度，在每个关键时期都离不开欧洲父母般慈爱的指导。[25]

其二，这一现象还反映出 19 世纪的旅游，至少对于中产阶级来说，无非就是按照固定的方式看看固定的景点。旅游手册会引导读者观看景观、特定建筑或历史遗迹，还会让他们以著名作家的视角来观察某个地方，甚至还会让读者为此去了解这些作家的生平。因此，19 世纪的旅游涉及的主要内容就是将特定的自然景观、建成环境以及典故中提及的地方制作成商品。

二、自然景观、历史和建成环境

18 世纪人们对庄严、美丽和浪漫的事物怀有特殊的情怀，这种情怀在 19 世纪也依旧存在，自然风光和历史遗址一直都是最受欢迎的景点。相应的旅游指南会告诉游客应该如何参观这些景点，编指南的人一般会自己先从某个角度观察，再把看到的景象用文字向读者描述出来。亚当与查理斯·布莱克公司（Adam and Charles Black）是 19 世纪苏格兰最大的出版商之一，其在为苏格兰的洛蒙德湖出版的旅游指南中，就包括历史故事、游览建议和对景点的描述。在指南中，读者能读到：

> 因什凯洛斯岛（女人岛）之所以叫这个名字，是因为过去在这里有一座女修道院。岛上还有按照布坎南区教堂命名的地方，也有按照地主或者苏格兰王室后代的名字命名的墓地等。

如果关于历史的话题不多，指南就会描述一下洛蒙德湖旁美丽的山丘，并建议游客去爬一爬能够欣赏"最佳湖景"的那座山。指南还会建议体格好的游客亲自攀登一下本洛蒙德山，因为

> 从山顶眺望到的景象很难用言语表达。景色美丽壮观，站在山顶，你能看到格兰坪山脉向西不断延伸，连绵起伏望不到头；西边是阿盖尔郡山丘；南边和东边分布着苏格兰的低地区，这儿的山峦相对来说要低一些。[26]

这样的记述并不是只在亚当与查理斯·布莱克公司出版的或苏格兰的旅游指南中出现过，卡尔·贝第科在1861年出版的英文版《从瑞士到荷兰：莱茵河旅行者手册》中也出现过相似的内容。编者还推荐游客去黑森林爬一爬布劳恩山。布劳恩山位居该地区最高的五座山峰之列，海拔1094米，距莱茵河很近，书中说"在山顶您用裸眼就能欣赏到四座山脉延绵的景色"。书中还列出了其他值得一游的山脉，给出了往返的交通方式，并且保证让您大饱眼福。[27]

市面上的旅游手册推荐的景点基本大同小异，所以出现独特的旅游者视角就不足为奇了。[28] 有些游客对指南编者的一些美学偏好无法苟同，比如有的编者会重点推荐游客去工业城或煤矿这样的"生产型"景点游玩。但很少有人提出异议，因为在那样的时代背景下，提出异议就相当于诋毁崇高和美，这是人们无法接受的。在1786年，身为艺术家和作家的威廉·吉尔平（William Gilpin，1724—1804）开始倡导自然为本的旅行理念，这一理念后来在19世纪一直被人们所尊崇。在一本探讨英格兰湖泊景区相关问题的书中，吉尔平在脚注中写下了他对当地一个地主的不满，因为"他做得过头了，但游客希望看到的却没做出来"。那些不符合"纯粹自然美景主义者"喜好的景观受到了谴责，它们被指责"诱使某些游客重新主张旧式的功用与便利，反对采用画家的眼光去评价绅士们的庄园这一新时尚"。[29]

其实保护自然景观和建筑的理念早在这之前就提出了，但这一理念是在旅游业发展后才开始流行的。在15世纪，教皇皮乌斯二世（Pius Ⅱ，1405—1464）通过了历史上第一条环境保护法令。1770年，德国思想家

歌德（Johann Wolfgang von Goethe，1749—1832）提出保护历史建筑的观念。《巴黎圣母院》（1831）作者、法国作家维克多·雨果（Victor Hugo，1802—1885）也对自然景观和历史建筑的保护表示赞同，认为"悠久的历史造就伟大的人民"。那些建筑将作为见证历史的标志永恒地矗立。[30]前去参观历史古迹的游客越多，保护自然和历史景观的观念也传播得更广。由此可见，旅游与保护是共生的、相互促进的。[31]

因此，19世纪末的环境保护主义者把自然环境和建成环境的保护放在首位。在英国，在保护景观观念的盛行下，国民托管组织诞生了。这是一个完全英式作风的组织，主要托管一些庄园、历史遗迹和田园景观。1884年，奥克塔维亚·希尔（Octavia Hill，1838—1912）提出成立一个保护英国历史古迹机构的想法，她很快结识了志同道合的伙伴罗伯特·亨特（Robert Hunter，1844—1913）、哈德威克·朗斯里（Hardwicke Rawnsley，1851—1920）和休·卢普斯·格罗夫纳（Hugh Lupus Grosvenor，1825—1899），获得了他们的支持和帮助。[32]随后，他们把这个组织取名为国民托管组织。一年后，该组织托管了第一处房产，还参与了1898年伦敦齐普赛街圣玛丽教堂的修复工作。1900年，又托管了一座城堡。[33]他们这种保护景观的观念被传播到世界各地，包括爱尔兰（1948）[34]、西澳大利亚（1959）[35]、美国（1949）[36]，也正是因为这种观念的流行，美国国家公园才得以建成。

看一眼国民托管的保护名单就可以发现，历史遗迹和景观一样受到重视。吉尔平和诗人华兹华斯等艺术家让丁登寺变得颇负盛名。丁登寺拥有的就是那种"理想中天然去雕饰的如画美景……探讨美学的作家曾如此清晰而又苛刻地想象着此番景色"。此处可供人们驻足凝视，浮想联翩。18世纪末，慕名而来的游客络绎不绝，以至于许多乞丐都来这里"做生意"。[37]到了19世纪，欧洲人已经不满足于仅仅参观历史遗迹了，他们还希望获取有关建筑结构、历史价值等方面的知识。这一变化也反映在旅游指南当中，可以看到19世纪的旅游指南中有了更多介绍建筑结构和历史背景的篇幅。[38]

19世纪是民族主义情绪高涨的年代，关于这一点在随后章节中会有详细阐述。伴随着法国大革命和第一次工业革命出现的这种新的意识形态促使原先松散杂居的人口不断向新兴城市聚拢。[39] 历史在这一形势变化中发挥着重要作用，让整个民族共同体清楚地认识自己民族的过去；国家历史能够"形成并维持国家认同以及对民族国家的忠诚"。[40] 历史遗迹的起源被写入新的旅游指南中。国内游客在参观时能一览民族先辈留下的伟大遗产；外国游客能够从中体会到民族差异。游览历史遗迹时，旅游手册发挥了重要的作用，也让人们更加重视对历史的保护。

三、文学旅游

19世纪的作家还促成了一种新式旅游——文学旅游的出现。这种旅游形式涉及自然景观、建成景观和历史遗迹。其实，与知名作家相会这种形式自古就有。詹姆斯·鲍斯威尔游学的大部分时间都花在探寻启蒙运动时期像卢梭（Jean-Jacques Rousseau，1712—1778）、伏尔泰（Voltaire，1694—1778）这样的哲学家上了。[41] 但19世纪末出现的这种具有书卷气的观光方式却并非如此。19世纪关注的作家一般都已不在世，有些甚至过世很久了。文学旅游者想要体验这个作家曾经的生活，呼吸他曾呼吸过的空气，走一走他曾漫步过的小路，或是站在他曾站立过的建筑里。以一种不同于阅读的方式去感受诗歌、小说或戏剧等文学作品让旅游者心向往之。你能"去亲眼看看这个作家出生、长大、结婚、生活和故去的地方，看看你最喜爱的作品是在哪里写成的，看看作品中描绘的场景是以何处为原型，还能买到印有这些场景的明信片"。[42]

埃文河畔的斯特拉特福小镇坐落在英国的中部，正是这个小镇招徕了第一批钟情文学的游客，开启了文学旅游的热潮。这是英国最负盛名的剧作家威廉·莎士比亚（William Shakespeare，1564—1616）的出生地，这儿的许多建筑都留有他过去生活的印记。《哈姆雷特》和《麦克白》的剧迷们能在这儿看到莎士比亚出生、结婚以及埋葬的具体地点。1769年，庆祝莎士比亚两百年诞辰的庆典为小镇招徕了第一批游客，此后游客更是纷至沓来，从未间断。[43] 小镇最受游客青睐的一直是"一座16世纪建造的三层木制建筑"。据说这里可能就是莎士比亚出生的地方。至于这到底是不是真

第五章　旅游指南与观光的重要性

正的出生地，没人会纠结这种问题，蜂拥而至的游客不是为了弄清楚这种细枝末节的事情才来的，他们只是需要一栋建筑，让他们感觉到自己真的触碰到了莎士比亚的过去。一家私人信托公司为纪念莎士比亚，在1847年买下了这栋建筑，不到五年光景，此处的文学旅游就异常火爆，每年都有超过2000名游客慕名前来。1874年，还有人专门成立了莎士比亚纪念信托，并以它的名义建造了一个剧场。此后，莎士比亚的妻子安妮·海瑟薇（Anne Hathaway）居住过的小屋，他的母亲玛丽·阿登（Mary Arden）的房子等也相继成为游客的必到之处。游客们来到这个小镇，想要的是全套"莎士比亚同款"的体验，看他所看到的景致，呼吸他呼吸过的空气。于是城镇规划者为了迎合游客，在城镇规划和建设时只关心与莎士比亚有关的部分，而对其他16世纪甚至中世纪的那些同样具有历史价值的建筑鲜有关注，甚至还拆除了其中的一部分。[44]与此同时，游客们的游览方式也愈加趋于程式化，他们就像是前来朝圣的虔诚的教徒一般，完全听从旅游指南的指令，指南里怎么说，他们就怎么做。旅游手册里给出的游览路线一般是这样的：先去看看莎士比亚出生的那栋小木屋，自莎士比亚时期那木屋的结构就基本"没变过"。从屋子里出来，沿着主干道走，经过一栋莎士比亚也曾经经常经过的伊丽莎白时期的古建筑，就来到了市政厅，在那儿你能欣赏莎士比亚的一座雕像和几幅画像。出了市政厅，再沿着教堂街走，就到了"莎士比亚晚年回到小镇后居住的房屋，这也是他1616年4月23日与世长辞的地方"。再按照路线往前走，看到一棵桑树，那就是莎士比亚的埋葬地了。在那儿，你还能欣赏埃文河美丽的景色，瞻仰莎士比亚的雕塑。实际上，这雕塑也就是旅游指南出版前不久才制作完成的，放在那里显得十分突兀。[45]

斯特拉特福小镇算是成功开创了文学旅游的先河，但文学旅游的热潮并未就此止步。一本1887年出版的贝第科旅游手册中写道：每年去斯特拉特福小镇的游客有13000到14000人，"而每年去苏格兰艾尔附近参观诗人彭斯（Robert Burns，1759—1796）出生地的游客超过30000人"[46]——艾尔也由此成为英国当时第二大旅游地。彭斯是一名苏格兰诗人，1759年1月25日出生在艾尔郡的阿洛韦教区，此地处于苏格兰低地，人们主要从事农业生产。彭斯生前移居过不少地方，1796 年 7 月去世，被葬在邓弗里斯墓园。[47] 彭斯的诗富有地方色彩，他擅长刻画充满魅力的角色，描绘如诗如画的景色，他的诗是 18 世纪末期和 19 世纪少有的令人痴迷的文学作品。因此，在彭斯去世后仅几年，艾尔郡和周边地区就吸引了大批游客。彭斯的诗歌中有一个总戴着苏格兰宽顶圆帽的酒鬼角色很有名，诗中他在教堂墓园看见一群聚会的女巫，后来从桥上摔下来掉进河里淹死了。彭斯的诗迷在走过教堂墓园的时候，就仿佛能看到酒鬼碰上女巫的场景；在走过他淹死的桥时，会在心里希望这个可怜人能侥幸逃脱死神的召唤。艾尔郡是彭斯的诗迷最想去的地方，而斯特拉特福小镇作为莎士比亚的出生地，也是他的剧迷最先考虑去游览的地方。彭斯去世三年后，诗人理查德·加尔（Richard Gall，1776—1801）去了艾尔郡，写下了《1799 年秋记：游彭斯故乡所感及观景之所怀》，在这首诗中，他把艾尔郡称作"孕育天才的土地"，并写下了他那次造访的所思所感。[48] 1805 年，苏格兰杂志社在艾尔郡某处摆放了一幅彭斯曾住小屋的雕刻。1818 年，游客能看到，和彭斯生前有关联的地方都精心摆放着他的画像。1838 年，彭斯旧宅的地主做了一本相片集，里面都是经常去那里参观的"常客"照片，从这本相片集中能看出，光是当年 9 月就有 350 名游客游览了彭斯的出生地。之后，彭斯故居游的旅游指南开始出版，指南中印有精心绘制的旅游线路，[49] 在适当的地方会附上从彭斯诗歌中节选的佳句。奥利弗和波伊德的《苏格兰旅游》（1852）里不仅有彭斯作品的节选，还详细标注出彭斯家所有的农场，写明他居住过的地方租金分别是多少，他的诗中出现过哪些地方，哪首诗是在什么地方写的，等等。[50]

当然，也有人乘兴而来，败兴而归。英国诗人约翰·济慈（John Keats，1795—1821）在 1818 年去苏格兰追寻偶像的足迹。他满心期待地去彭斯的出生地，"想要获得美妙的体验"，却被浇了一盆冷水。彭斯家的农场现在变成了一个酒馆，"那儿的地主是彭斯生前的酒伴，他对济慈讲述的有关彭斯生前的故事让济慈感到恼火、大失所望"。他本想在彭斯的旧宅里写一首自己满意的诗，而现在他只能责怪喝醉的地主胡说八道，笔下的文字也都流露出失望。[51] 再比如，美国著名作家霍桑（Nathaniel Hawthorne，1804—

1864），在1857年探访彭斯故居时也失望而归。或许霍桑忘了彭斯是出生于贫苦的佃农家庭，他丝毫不留情面地抱怨说："这屋子真是小到难以置信，和想象中相差得太多了！"糟糕的是还有屋里的气味！[52]

热衷于文学旅游的人开发出了更多的旅游线路。朝圣者们可以前往威廉·华兹华斯生前隐居的格拉斯米尔湖区[53]，可以探访沃尔特·司各特的故居阿伯兹福德[54]，可以拜访勃朗特姐妹（Brontës）出生的约克郡[55]，也可以一探狄更斯（Dickens）笔下的伦敦贫民窟[56]。文学旅游的形式还跨越大西洋传到了美国。比切斯托夫人（Harriet Beecher Stowe，1811—1896）的名声招徕了游客[57]，哈格德（Rider Haggard，1856—1925）在《所罗门王的宝藏》（1885）中生动的描写吸引读者去南非一探究竟。[58]

与游览自然景观和历史遗迹一样，游客在文学旅游地也需要进入关于崇高与美的想象世界。对开发商而言，文学旅游地可以成为一种可利用的资源，就像铁路公司想要吸引游客一样。朗费罗（Henry Wadsworth Longfellow，1807—1882）在1847年写下的那首名为《伊万杰琳：一个阿卡迪亚的故事》就是一个很好的例子。这首诗以加拿大新斯科舍省的乡下为背景，讲述一个少女失恋的故事。除了故事情节扣人心弦，景色描写也十分生动形象。在朗费罗笔下，原始森林成了"穿着绿衣裳，蓄着苔藓胡须的男人"，村庄里茅草顶棚的小屋星罗棋布，看起来"整个村庄好像一座大房子，有着茅草做的大屋檐"，里面"装满"了阿卡迪亚的农民。这就叫作好的文学作品，你读的时候不想身临其境都难。安纳波利斯铁路公司——后来更名为多米尼大西洋铁路公司——认准这篇优秀的诗作一定能吸引大量游客，就着手为接待大批游客做准备。首先，在19世纪80年代初，他们把新斯科舍省作为"伊万杰琳之乡"来宣传。之后，他们用诗里出现的词句来给自己的每辆火车来命名，还让一位可爱的少女形象出现在宣传资料中，然后载着游客在"伊万杰琳之乡"的旅游线路上飞驰。总之，这个公司想要给游客传达一个信息，那就是"我们的火车经过的地方就是你在诗里读到的那个地方"。正如济慈在探访彭斯故居时发现他所想象的现实与真正的现实大相径庭一样，"新斯科舍省的实际情况与朗费罗的想象也存在很大出入"。[59]有一些细节倒是符合的，但整体来看就大不相同了。不过这也不要紧，因为现实可以被创造，想象可以弥补鸿沟。

四、希望你也在此地

　　旅游在很大程度上要依靠视觉。尽管明信片是 19 世纪的产物[60]，但早在这之前，人们就对收集廉价的插画艺术有浓厚的兴趣，各个国家都是这样，这背后存在着很深的根源。早在 18 世纪，印版画就开始吸引公众的视线，像威廉·荷加斯（William Hogarth, 1697—1764）这样的版画复制匠不仅靠此赚得盆满钵满，他们印出的画还生动地记录了他们生活的那个时代。比如，18 世纪有一段时间，伦敦琴酒的消费量惊人，有时候人们把它称作"琴酒热"。"琴酒热"刚降温，荷加斯就印制了两张让人过目不忘的版画，分别叫《啤酒街》和《琴酒路》。《琴酒路》画的是一个女人迫于生计把婴儿从楼梯上扔了下去。画中，"琴酒路"上只有棺材铺和当铺生意火爆，令人唏嘘。相反，《啤酒街》中，人们为自己的生活辛勤劳碌，每天充实而又快乐。当时这两张版画引发了上流社会，尤其是上流社会女性的恐慌，她们看到了工人阶级生活的窘迫，也认识到了酒精对人的危害。而如今，这些印版画成为历史学家研究历史不可或缺的第一手资料。[61] 再说回明信片，在 17 世纪，印版画是人人都能欣赏得起的廉价艺术，这和 19 世纪的明信片十分相似。

　　海因里希·史蒂芬博士（Heinrich von Stephen, 1831—1897）是德国的一位邮政局长，他在 1865 年首次提议把明信片收寄作为一种通信方式。当时这个提议立刻被驳回了。三年后，奥地利人重新提出了这种想法，不到一个月，他们就成功卖出了 150 万张不带图片的明信片。寄明信片比寄信要便宜，有了明信片，人们可以随时和朋友、爱人保持联系，也不用担心会付不起邮费。到 1870 年 10 月，所有欧洲国家都提供明信片收寄服务。1873 年，美国也出现了此类服务。

　　研究明信片历史的专家们对明信片上什么时候开始出现图片争执不下。瑞士早在 1872 年就将瑞士的山景印到明信片上。而德国可能要更早，在 1871 年统一的时候就在明信片印上了自己国家的风景照。不管谁更早一些，我们发现，无论在哪个国家，明信片一旦开始普及，很快就会被印上民族主义色彩鲜明的图片。这么一来，明信片就不单纯是一件商品了。在卖出明信片的同时，国家形象也得到了认同。19世纪80年代，德国人用明信片来宣传重要的国家纪念碑，例如格罗滕堡附近的赫尔曼纪念碑。这是一座巨大的象征"德国先生"的纪念碑，纪念护国英雄赫尔曼在公元9年的条顿堡森林战役中击败罗马人取得胜利。法国人更是把明信片的宣传作用发挥到了极致。他们在1889年巴黎世博会的时候印发了带有埃菲尔铁塔的明信片。除此之外，大会工作人员还在埃菲尔铁塔的观景台设置了服务点，游客可以在那里买明信片，写明信片，寄明信片，一步到位。也许"你绝对想不到我在哪儿给你写明信片"的套路句式就是从那里开始流行的。不过在当时，在铁塔上写明信片，也确实是"想不到"。后来，其他景点也开始参考埃菲尔铁塔的成功案例。威尔士的斯诺登峰也提供了类似的服务，不同的是，他们还会给你的明信片盖个邮戳，证明你在写明信片的时候确实在斯诺登峰上。

一开始，政府限制明信片的使用，不允许跨国收寄。但定下了国际公认标准后，明信片的使用人数急剧增加，就无法限制了。国际公认标准规定了明信片的大小，图片能否使用和图片的面积。早期，国际上对明信片大小定下的标准是5.5英寸×3.5英寸。英国一开始还是坚持使用4.5英寸×3.5英寸的规格，直到1894年才开始使用国际标准尺寸。[62] 有一段时间，政府不允许寄信人把留言内容和收件人地址写在明信片的同一面上。这意味着图片就不能占据明信片的整个正面，得留出写字的地方。后来英国人想出一个办法，他们在反面印一条线，把内容和地址隔开来，这样，正面的图片就能占一整面了。对于英国的这种创新，其他国家不太接受，他们只在1905年到1907年这段时间同意接受这一做法，这样，英国明信片总算能寄到国外了。[63]

等到各国政府终于在通行标准上达成了一致，明信片才真正开始流行。开始有人收集明信片，把它们放在剪贴簿里小心保管。明信片上印的图片多种多样，有照片，有绘画，有国家象征，有秀丽风光，也有政治信息。[64] 但也有海滨度假区会卖一些开低俗玩笑的明信片。[65] 比如有一张绝对通不过审查的明信片，画的是一个男人在沙滩上，一个年轻貌美的女人靠在他肩膀上。男人说："我还得给我老婆寄张明信片，但我跟她没什么好说的。"画面的左上角，男人的妻子火冒三丈，手里还抄着家伙。[66]

人种学家洛夫格伦（Orvar Löfgren）认为，明信片是"一种强有力的形成并展示度假偏好、品味和景点的媒介"。明信片使人们观赏风景的方式也变得程式化，洛夫格伦把这叫作"保守主义式观景法"。明信片流行后，人们都倾向于从明信片给出的有利视角去观赏风景，让明信片上的景观和视野再现出来："风景一旦借助各种媒体得以程式化地呈现，那这片景色最美的时刻就被永远封存起来，而不会受到时间的侵蚀"。[67] 最美的风景就是明信片照片上的风景，观赏的最佳角度就是旅游指南上给出的角度。他们会产生这样的想法不是因为明信片的图片从来不换，也不是因为一个摄影师拍出一张好看的照片印在明信片上后就可以大卖，然后别的摄影师就不会找新的拍摄角度了，一切只是因为明信片中出现了一些特定的修辞或是游客们把明信片神圣化了。明信片上的这些图片记录了旅游者的体验，这种体验起初只能通过欣赏绘画作品获得，后来随着技术的发展，通过便携式相机拍摄的旅行照片也能获得。

五、小结

尽管旅游指南、明信片以及一些其他技术能告诉我们在旅游的时候该看些什么，该用什么方式看，但消费者还会有自己的发言权。明信片照片的拍摄和旅游指南的编写必须以游客的需求为出发点，并根据游客的反馈随时做出调整。要想做出对游客具有指导意义的明信片和旅游指南，制作者要下大功夫。约翰·辛德工作室就是个很好的例子，这间爱尔兰工作室从20世纪50年代就开始从事明信片生产。虽说市面上早就有了彩色明信片，不过经过20世纪30至40年代摄影技术和影印技术的进步，明信片上能运用更丰富的色彩和更鲜亮的色调，这是一项令人惊喜的改变。约翰·辛德（John Hinde，1916—1997）认为，人们想在明信片上看到更丰富的颜色。借由技术的发展，他设计制作出新风格的明信片："通过采用鲜亮的前景色……他用三原色来填充明信片的前景，以此向观者强调，是的，他们看到的是彩色照片……他很精明，他知道已经看惯了黑白图片的人们，现在想看的不是黑白背景板上散布的零星的着色，而是真正的彩色照片"。[68]然而，光靠他对顾客的揣测是不够的，他还需要了解顾客的真实需求和感受。为此，他在香农机场花了一整个晚上，专门用来倾听顾客的真实想法，还认真地拿笔记本记下来。[69]了解了客户的意见后，他开始在明信片上大胆地使用色彩：深蓝色的天空、翠绿色的草地，花朵和衣服上的斑点都是鲜艳的大红色。虽说他用色大胆，但考虑到构图和颜色上的搭配，他在颜色的选择上是十分谨慎的，谨慎到他在决定花要用哪一种红色、哪一种紫色之前，必须先拿来各种红色、紫色的花，和真实的背景相比较才行。[70]

约翰·辛德和他的摄影师们都认为，满足顾客的需求是最重要的，为此他们可以付出很多。从下面这个故事中，他们的理念可见一斑。有一回，工作室想要拍出一张怀念过去田园生活，并且对吃苦耐劳的爱尔兰渔夫具有浪漫情怀的照片。他们初步设想捕捉到这样一个情景：在阿兰群岛上，一个渔夫在织布渔网，背景是海滩上三个人抬着一艘渔船下海。去过阿兰群岛的游客都会觉得，这样一个富有浪漫情怀的渔夫穿的应该是正宗的阿兰群岛上的毛衣（就是爱尔兰旅游纪念品商店里常见的那种毛衣）才对。可问题是，这张照片的主角平时并不注重穿衣打扮，也没有这种毛衣。整个岛上只有一件这种毛衣，又小又破。没办法，摄影师想要完成拍摄任务，他让渔夫穿上这件毛衣，让他侧面朝向镜头，衣服上的破洞就看不见了；在拍之前摄影师还帮渔夫扯了扯袖子，让顾客不至于一眼就看出这件毛衣短了一大截。拍摄中的困难还不止这个，拍摄当天是星期天，背景里的三个男人刚从教堂出来就抬着船过来了，所以身上还穿着西装，平时他们可不会穿成这样出海，这种景象难得一见，再加上他们走得很快，摄影师就只能抓住时机按下快门来定格这个画面，不然错过了就没机会再来一遍了。事实证明，摄影师的努力付出是值得的，这张明信片很受欢迎，卖明信片的商店里，顾客蜂拥而至，这张明信片被抢购一空。[71]

Fishermen on the Aran Islands, Co. Galway, Ireland.

图 5.1　约翰·辛德在做明信片的时候不仅善于使用色彩，还擅长捕捉让顾客满意的画面。仔细欣赏照片就会发现，画面中有三个男人穿着礼拜日的西装抬着渔船在沙滩上走，一个渔夫在补着网，身上套的毛衣怎么看都感觉太小了。但这幅照片捕捉到了爱尔兰阿兰群岛生活很有魅力的一个场景，这张明信片非常受旅游者欢迎也说明了这一点。图片来自约翰·辛德档案馆；版权和商标权均归约翰·辛德档案馆所有。

最终，旅游不仅关涉特定地方和空间，还关涉人们的观念。不同景点的意义以及应该以何种方式去体验这些景点是在旅游指南出版商、作家、摄影师和艺术家的长期协商中形成的。这体现了现代旅游的一大特征，并且确保休闲旅行能够增强集体认同感，让人们体会到各民族文化特征的相似和差异。这些都源于并且建立在人们的差异感之上。难怪旅游在国家认同的形成和保持上起着重要的作用，关于这点，在之后的章节中会详细阐述。

然而，旅游指南本身存在着这样一个悖论，那就是旅游指南到底是把人变成了"观光客"还是"旅行者"？关于这两种身份的争论，很早之前就出现过。在英国富家子弟去欧洲别国游学盛行的年代，有部分贵族对这些富家子弟表示质疑：在旅游中学习知识、充实自我是合格的"旅行者"的标志，但这些富家子弟在去法国或意大利之前，不学当地的语言，也不去了解当地的文化，去了也只会惹麻烦，这和普通的"观光客"没什么两样，所以他们看不出这种所谓的游学旅行有什么意义。富家子弟要雇一个好点的老师，游学才会比较顺利。19世纪，人们开始广泛使用旅游指南后，只要有一本好的旅游指南，旅途就会变得顺利。旅游指南存在的目的，就是让"观光客"提前获取必要的知识，做好相关准备，成为一名合格的"旅行者"，但随着越来越多来自各个社会阶层的人外出旅游，越来越多的人开始使用旅游指南，人们也似乎忘记了自己使用旅游指南的初衷。人人都按照旅游指南上写的，走着一模一样的旅游路线，看着一模一样的景点，最后旅游结束，获得的也是一模一样的体验。[72] 历史学家詹姆斯·布扎德（James Buzard）将旅游指南引发的这一现象称为"常规套路"。对于那些想把自己和其他阶层区分开来的人而言，他们就连和其他阶层在同一片沙滩上度假都不情愿，更不可能会接受这种"一模一样"了，所以无论对于贵族、中产阶级还是对工人阶级来说，这都是一个严重的问题。也正因如此，在哪儿度假以及如何度假就成为一个重要问题。

在旅行中，独具慧眼、另辟蹊径而不受限于固定路线、固定思路的人往往更容易获得社会尊严，但要做到这些很困难，因为这要求人们彰显个人主义。《看得见风景的房间》的故事伊始，露西完全依赖于旅游指南。而到了故事结尾，她已经完全不依靠旅游指南，带着新婚丈夫到了意大利。这本小说写的就是露西成长的故事，我们看到她变得独立自主，开始反抗社会传统观念。她失去旅游指南这件事就是促使她成长的转折点，从这以后她认识到了自己的独一无二，也学会了打破常规。

也有许多旅游时仔细阅读每一页旅游指南的人声称自己是"旅行者"。他们特立独行，卓尔不群，脱离了乌合之众。去什么地方旅游，选择什么主题的旅游就像选择买什么车一样，都是一种个性表达的形式。像约翰·辛德工作室这样的明信片制造商、约翰·默里之后的旅游指南出版商，虽然他们负责指导游客如何审视世界，但他们应该都认同这一点。旅游能够展现有关自己和他人的权威信息，它与自我表达的相辅相成使休闲旅行成为潜力无穷的政治工具——这是旅游演变过程中的一大主题。

第六章　帝国时代与民族主义时期的旅游

19世纪被称为"帝国时代"。[1]彼时，以英国为首的欧洲国家在世界范围内进行大规模殖民。同时，有关殖民地的新闻、旅行笔记、探险小说以及来自其他地方的艺术也在广泛流传。[2]也正是因为这些原因，欧洲和美国的人民越来越想去世界的其他角落探索。有些人自愿去殖民地工作；有些人热爱看书看报，尤其是那些在异国他乡的探险故事，例如亨利·莫顿·史丹利（Henry Morton Stanley）描写的他去寻找大卫·利文斯通（David Livingstone）的故事。[3]也有些人，他们选择单独一人，或三两成群地亲自去探索世界。

同时，19世纪也是民族主义发展迅速的时期。最初，民族主义意味着形成突破阶级的、自由社会的意识，形成个体是群体的一部分、个体为群体做出的贡献远高于工资的观念。现代工业社会需要"某种平等主义"，因为"如果人们早已被习俗变成了僵尸，那么他们可以忍受严重的不平等"。[4]但同时，一个民族的成员是平等的，这是因为"不管个人真正承受了多少不平等和剥削，民族总是代表着一种深厚的、阶级平等的情谊"。[5]但是，在19世纪下半叶，这一概念改变了。民族主义开始变得更加排外，关注的是谁是自己人、谁是外人，以及各民族间的差异。[6]19世纪下半叶出现的种族科学[7]为"他者"以及等级制度寻求借口，认为白种人高于其他人种，甚至在白人内部也有等级高低，像昂格鲁-撒克逊人就优于凯尔特人[8]。对帝国主义国家来说，一旦把领土扩张和人种优劣相联系起来，侵略就变得更容易接受了。种族、国籍和君权的合并，用欧洲白种人的优越感来审视遥远的殖民地，甚至像英国殖民者屠杀塔斯马尼亚岛上的原住民一样，消灭其他种族，这些事情对帝国主义者来说，并非难事。[9]

旅游提供了一种区分群体成员和他者的方式，这种"个人与外界的互动"使"欧洲精神"得到了"提炼"，"寻求知识与力量，以及自我认知……然后通过苦苦寻求去接触世界"。[10]大约在1850年至一战期间，蒸汽火车开始出现，这使得很多人可以去世界各地旅行。但在此之前，只有少数人能够跨出欧洲进行长途旅行。[11]出售包价产品的旅行社甚至给出了中产阶级也能负担得起的价格，如亨利·加泽的旅游公司及其更知名的竞争对手托马斯·库克父子公司。然而，"出国"旅行也可以在离家不远的地方实现。自1851年起，欧洲的许多城市开始定期举办"世界博览会"，展示世界各地、远近各国的风土人情。这种博览会的出现，让人们获得无需远游就能探索多个国家的机会。

于是，旅游在欧洲以外的其他地方传播开来。非欧洲政府通过与旅游批发商合作来积累资本。推广休闲旅游不仅可以获得巨大收益，还可以让更多的人了解民族之间的差异。正如前面的章节所提到的，旅游指南的撰写者在指南中将国外旅游团区别对待，认为他们低人一等。但正如随后所探讨的，景点是形成积极的国家印象以及想象共同体的一种途径。例如，早些年前，美国就建设了一系列有特色的景点，以展示美国的与众不同和地大物博，让国民为之感到骄傲。旅游牵涉到阶级政治，这一点在海滨浴场就会一目了然。旅游还牵涉到国内和国际政治，它在经济、文化和社会方面的影响力越来越大。

一、世界博览会：世界聚一地

1850年，大英帝国举办了第一届世界博览会。虽然并不是所有国家都为此感到兴奋，但在那些为大英帝国深感荣幸的人当中，艾尔伯特亲王——维多利亚女王的丈夫——应该是最高兴的一位。委员会的成员们——亨利·科尔（Henry Cole，1808—1882）、约翰·斯考特·拉塞尔（John Scott Russell，1802—1882）、托马斯·库比特（Thomas Cubitt，1788—1855）以及弗兰西斯·富勒（Francis Fuller，1807—1887）——在1849年6月会见艾尔伯特亲王并提议在1851年举办国家展览会。他们想展示英国的实力，同时推动"展览、竞争、激励"的思想。亲王对此热情满满，立刻批准了这一提议，并积极为展览会的顺利召开进行筹备。[12] 他相信，展览会可以"向世人展现出大家喜爱的事物具有相似性，并希望以此来减少国际社会的敌意"。当然，这一盛会也可以在国内外将英国的宗旨发扬光大，同时又无需张扬英国取得的卓越成就。[13]

1851 年的大型展览在伦敦海德公园宏伟的"水晶宫"内举行，展览获得了巨大的成功。如前文提到的那样，托马斯·库克旅行社和其他的一些旅游批发商为伦敦的博览会带来了众多的旅行者。有近 6 万名外国游客来到伦敦参加展会，与此同时，在夏季的几个月中，参观人数每天都超过 10 万人。[14] 展会的成功举办在全球范围内引起轰动，各国都纷纷效仿英国。纽约在 1853 年举办展览，巴黎在 1855、1867、1878、1889 和 1900 年举办展览，维也纳也在 1873 年举办展览，然后是 1876 年的费城，1879 年的悉尼和 1880 年的墨尔本。1883 年一场类似的展览在波士顿召开，1893 年芝加哥更是举办了一场史诗级盛会。[15] 展览的参观人数甚高。1900 年的巴黎世博会创下了记录，它吸引了超过 5000 万游客。[16] 在 1851 年到 1937 年间，仅在欧洲就有两亿人参观展览。[17] 这也是有史以来"第一次全球性的大型集会"，也有人称之为"现代最重要的国际大型集会"。[18]

对参会者来说，世界博览会可以为他们带来独一无二的体验：只去一个地方就能领略世界各地的风土人情。正如一位游客津津乐道的那样：

中央大街成了英法国界线，只需轻轻一跃便可从英国到达墨西哥或者北美内陆的小木屋。"我与朋友约好在摩洛哥见面，您方便给我指一下路吗？""很荣幸，您从北美走到意大利，从突尼斯和埃及中间穿过去，然后沿路走，叙利亚就在您的右手边，在埃德富寺庙处转向中国的方向，当你看到罗马尼亚的塔时就转到街上，这条街直通摩洛哥。不出半小时，你就能回俄罗斯。"我不得不承认这样的路线看上去很奇特，不熟悉路线却能跨越全球，接触到各不相同的语言、传统和习俗，去某人家中拜访，或是越过某个国家的国界。[19]

第六章　帝国时代与民族主义时期的旅游

旅行者可以"在一个地方，甚至在一个城市就游览'全世界'"。各个国家都争相展示自己的特色。民族"村落"彰显出不同民族的独特风俗和建筑。参展者可以看到来自美国的"真正的"印第安棚屋，体验"东方"街道的景象，[20]甚至可以看到爱尔兰乡间的美丽少女在为爱尔兰奶牛挤奶。[21]来自亚洲、非洲和北美的原住民"与欧洲观众交织在一起，尽管欧洲人认为非白色人种的'他者'意味着异类、低等和落后"。[22]展会上还提供来自世界各地的食物，包含当时在欧洲餐桌上十分罕见的辣味食物。[23]此外，游客还可以欣赏到来自遥远他乡的神秘面具和舞蹈，品尝异域的好茶并探访外国建筑。与此同时，外语也相继出现，甚至还出现了新的语言——世界语，它在1900年的巴黎博览会上首次亮相于国际舞台。[24]甚至来参观的所有观众也算作盛会的一部分，虽然精英们的着装打扮和1900年时基本相同。"人们仍然希望不同国家的资产阶级能穿出自己的民族特色。1900年农民涌进巴黎，个个都身着当地民族服装。"[25]

由于各国都想向国际社会展示自己的富强，所以展示最新的科技成果成为每届世博会上的固定项目。每届博览会都会借鉴上届博览会的成功经验。[26]运作得比较好的展览也会在目的地日常营销中得到推广："改变……从国家延伸到地区，又进一步延伸到地方"。[27]换句话说，通过展会竞相获得认可的过程有助于明确如何呈现国家、地方和民族：为创立现代欧洲国家及其海外殖民地添砖加瓦。

这个过程有时可能并不直接，而且竞争也不仅仅存在于国家之间，也有可能存在于一个国家的内部。比如，在1893年的芝加哥世博会上，有两位女士共同承担爱尔兰展馆的建设。她们在展览中呈现出来的内容有一部分是一致的，但大部分都完全不同。一位女士带来的是传统的多尼哥村庄，另一位则自称要涵盖爱尔兰的全部。她们"用不同的方式去展现爱尔兰本国产业和贫困农村的景象"，而这两种不同的观点来源于她们各自持有的社会观点。爱丽丝·哈特（Alice Hart，1848—1931）是一位商人的女儿。艾伯登（Aberdeen，1847—1939）小姐则是一位贵族妇女，她对自己的苏格兰爵位和血统颇感自豪。[28]这显示了当人们对传统没有达成共识时，想要开发一个本国独有产品是很难的。[29]

上文提到的所有这些都具有重要意义。正如史学家克里斯蒂娜·德拉·科莱塔（Cristina Della Coletta）说的那样："世博会催化了流行趋势并促进了大众文化。它用资产阶级价值观将所有社会阶层聚集在一起，并把社会更低层的人拉进现代市场经济和消费系统中。"当然，举办世博会相当耗费心血。它们传递给人们的"美学和教育方面的信息是精心设计出来的"，并且通过详细的规划流程才得以串联在一起。世博会是"具有可读性的乌托邦"，参观世博会的人"有权……在整齐有序的微缩世界里进行探寻、勘察、按图索骥的时候充当全球解说者的角色"。

世博会拥有巨大的说服力。游客"相信他们参观的浓缩在几平方千米之内的景观就是货真价实的世界缩影"。这种展览让世界变得"可知"。[30] 仿佛游客真去了那么远的地方旅行一样。在崇尚旅游的风气引领下，游客会产生一种成就感，因为他们在短时间内就把世界都"读"了一遍。他们中的很多人将不会再远游。他们也负担不起远游的费用。但是无论如何，世博会推动了出国旅游的发展。同时，在蒸汽动力的推动下，全球化成为世界发展的一大趋势，在这样的发展背景下，世博会强调了自我与他者的观念。

二、殖民主义、包价旅游和全球旅游业伊始

帝国与旅游之间的关系由来已久。例如，奥斯曼帝国的稳定促进了人们的移动。[31] 人们为了达成交易，或是走亲访友，抑或是进行宗教朝圣而四处走动。上层精英也许只是为了消遣而外出旅行。[32] 但19世纪的帝国主义时期与此不同。19世纪的旅游活动涉及的范围更广，涵盖了全球很多地区。而且，在帝国主义成长阶段，欧洲和美国的旅游业也在迅速发展，人民生活水平提高，交通也更为迅捷和便利。一些人发现了其中的商机并想从中赚钱，比如埃及的穆罕默德·阿里（Muhammad Ali，1769—1849）。他在拿破仑战争的末年（1815年）至1848年间致力于完善交通和基础设施建设，以吸引更多游客来埃及旅行。[33] 在同一时期，大英帝国等帝国势力有时会利用旅游业来提升皇室权威，并创建维持政治和军事力量所需的基础设施，

甚至在势力范围内与他国建立积极的关系。英国与埃及之间的休闲旅游可以增进两国的友好，这对于英国来说在日后可能会大有好处。这种协同效应意味着"旅游与西方侵略中东密不可分"[34]，对于世界上其他地区而言，西方帝国可能也是出于此想法而开展旅游活动的。

令人惊讶的是，虽然对旅游和帝国进行单独描写的文学作品日益增多，但是历史学家们并没有对这两者之间的关系进行深入探究。[35]现有研究大多关注于加拿大、牙买加和埃及，以及托马斯·库克父子公司的商业活动和美国休闲旅游的变革。作为英国曾经的殖民地，美国利用旅游业营造出一个独一无二的国家名片。历史学家埃里克·T.詹宁斯（Eric T. Jennings）梳理分析了法兰西帝国主义与旅行及健康之间的关系。[36]也有一部分的研究成果是关于"山区避暑小镇"的，它们由在印度殖民的英国精英修建而成，舒适凉爽，远离低地的酷热，而且不在官员的管辖范围之内。[37]虽然成果有限，但是从中我们依旧可以看出旅游在不同时空背景下的发展轨迹和模式。殖民地，甚至是前殖民地提供了一系列的景点/景观以满足不同的品味需求。这种多样性意味着人们可以通过他们访问的地方以及他们在那里看到的人来界定自己。同时，旅游目的地在努力创建自己名片的过程中也能够注重自身独一无二的特质。

（一）野外狩猎之地：加拿大

18和19世纪的精英阶层将打猎看作男性力量与尊严的标志。想要得体地进行狩猎活动，需要遵循既定的仪式和习惯。英国的高级贵族学校，如伊顿公学、哈罗公学和拉格比公学都教过这些。[38]而贵族也小心翼翼地维护着打猎这项传统。在英国，依照《取缔流浪者条例》，在私人领地非法捕猎的人将判处死刑。[39]在印度，为避免当地人参与狩猎活动，还制定了相关法律，处心积虑地宣称印度人都是"娘娘腔"，因此不得持有武器，这项条例被大量印刷并广为宣传，几乎人尽皆知。[40]

19世纪期间，英国鼓励冒险家去更远的地方探险、狩猎，在可能出现的惊险中展现出自我控制和约束。猎取大型猎物的人使"英国人拥有高贵、正直的品行和理想"的形象得以确认。写下的冒险故事可以"让英国读者相信，白人狩猎者即便在野蛮文化和野蛮人面前仍会保持文明"。[41] 同时，狩猎战利品越大、越多，狩猎者就越能彰显"男子气概"，[42] 而且在当时的英国，身份是权力的象征。

印度、非洲和加拿大都是进行狩猎游戏的最佳目的地。正因如此，鲁伯特亲王（Prince Rupert）在哈德逊湾周边的领地无疑是在北美地区的最佳选择。虽然苏格兰地区地理位置更近，还可以追逐马鹿，[43] 但是加拿大的狩猎地域面积更大，在那里猎杀到强壮的驼鹿也可以获得更高的赏金。一开始去加拿大的人很少，大部分都是上层社会的精英，但自从19世纪80年代加拿大开通了太平洋铁路后，由于广告效应更多人知道了这个美丽的国家，同时也更想体会在那里打猎的乐趣。[44]

与此同时，无论是加拿大人还是加拿大的野生动物，都让游客们感受到与原始异域风情的碰撞。这个国家大片未开垦的土地代表着远离"文明世界"的野外风情。原住民的存在则让游客看到了正在快速消失的过去。[45] 一位游客这样描述："这种奇怪的感觉就像从文明世界逃出来一段时间。"[46] 下了蒸汽船后，映入眼帘的是当地的欧及布威族印第安人，他们可以"目睹当地人的生活，但也仅是从表面上看一看，有时甚至会干扰当地人的生活"。虽然原住民可以通过售卖工艺品以及提供商品和服务赚钱，但是他们更重要的作用是让那些欧洲旅游者感受到"他者"的存在，强化了他们逃离欧洲的体验，并且有助于加强对自身文化的认同。

这是一种双向的交流：游客被野性之美吸引；加拿大的新生国家身份与自然界和艰苦的条件关联在一起。在19世纪大部分时间里，加拿大都与英国关系密切。加拿大尽管在1867年获得自治权，但在国际政治上仍受英国议会的领导，这种情况一直持续到第二次世界大战前夕。[47] 但这并不能抹除两国之间的差异。加拿大面临的挑战是"用什么标志和符号作为民族身份的象征"。对于加拿大人来说，这意味着要区分开"如画的英国美景"与"构成加拿大民族意义和情感的前寒武纪原始美"，让二者形成对比。[48] 而民族身份并不是一蹴而就的，它需要大量时间，更需要对其在群体内部和外部的意义进行观点交流。[49] 很显然，那些前往加拿大探险的游客也推动了这一进程。

（二）热带旅游：牙买加

在 19 世纪，加拿大代表的是崇高的、充满异国情调的冒险胜地，但对于牙买加和其他热带地区来说就不是这样了。在大部分欧洲人的思想里，牙买加一直以来就是一个通过制糖赚钱的地方。但之后，当制糖业生意萧条，且许多种植园主返回欧洲后，昔日曾遭受到奴隶主虐待的黑奴们奋起反抗，用暴力手段于 1831 年获得了属于他们自己的土地。对英国人来说，牙买加变成了一个政治和军事的噩梦。[50]

更重要的是，人们认为牙买加及其周边地区是"白人的坟墓"，欧洲人很容易在此染上疟疾、黄热病、精神紊乱、水肿、痢疾、麻风病、霍乱、伤寒和雅司病等，更别说度假休闲了。在 1817 年到 1836 年间，英国在此驻扎的军队死亡率高达 121.3‰。[51] 非洲黑奴的存活率较高，他们大多在家乡就已经对疟疾等疾病免疫了，也就是说即使他们身在新大陆，就算被携带病毒的蚊子叮咬也会具有免疫力。但白色人种的奴隶主就没那么幸运了，他们很多还没获得免疫力就已经死了。[52] 甚至在制糖工业崩塌时，对于欧洲人来说，牙买加仍是一个避之不及的地方，没有人会对那里充满幻想，或是去那里游览。

虽然那时大多数人相信那些疾病无法治愈，但是随着 19 世纪下半叶人们对病原更加深入的研究，患病率和致死率越来越少。比如，当科学家发现污水可能引起霍乱、伤寒和痢疾等疾病时，人们就把饮用水的质量提高，放弃使用已经被污染了的井，转而使用卫生的水库，而且过滤后通过管道来运水。政府也致力于建立排水系统，改善住宿设施，远离蚊子滋生的地区，并在人口聚集地加强卫生措施。[53]

减少疾病发生为发展旅游创造了一个重要条件，但是企业家和英国殖民者们还面临着其他挑战，一个是住宿条件恶劣，另一个是当地居民对殖民国家的敌意。尽管有这些困难，但是依然有人认为旅游是有利可图的事业。美洲的香蕉商是这方面的领路人。这些水果公司经营的蒸汽船在波士顿、纽约、费城以及巴尔的摩等地的港口和牙买加之间往返，只要在牙买加有接待游客的旅店，他们就可以轻而易举地开展往返游。于是，看到商机的种植者在牙买加建起了一座拥有 150 个房间的旅店，取名为蒂奇菲尔德酒店。[54]

殖民政府也同样关心住宿问题。除了蒂奇菲尔德酒店外，大部分住宿设施条件都很差。它们大多位于小客栈内，屋内朽腐虫蚀，毫无卫生条件可言。为鼓励人们修建条件更好的住宿设施，政府在 1890 年通过了《牙买加旅店法》。紧接着成立了很多酒店企业，并随后建起了众多的酒店大厦。然而，这些酒店的入住率并不高，利润也没有达到预期的水平。但这一改观也为未来的旅游发展铺平了道路。[55]

如果想要吸引更多的人来旅游，就必须转变欧洲人对热带地区的态度，而不是一想到热带就想到疾病和危险。潜在观光客需要相信他们所要去的地方是值得一去的，并确定即将到来的冒险之旅不会是致命的。宣传方式有两种：一方面，牙买加政府在 1891 年举办了国际博览会，以鼓励投资并吸引游客；[56] 另一方面，商品交易所在 1904 年 2 月举行了会议以推动旅游局的成立，从而为游客提供帮助，同时制作各种旅游指南和广告。但这件事进展缓慢，牙买加旅游协会直到 1910 年 9 月才正式成立。[57]

在 1906 年以前，没有确切的数据来记录前往牙买加旅游的人数。1906 年当年有 7000 名游客。之后的数据也并不亮眼，1911 年至 1912 年有 4023 人，1913 年有 11318 人，在 1914 年只有 3000 人。有传言说去牙买加旅游的费用对普通人而言太贵，而且旅游途中经常会受到剥削。[58] 但在一战前夕，殖民者和私人企业采取了很多措施，如增强岛上的安保、修建基础设施，这些措施显著地改变了人们对阳光明媚的热带目的地的看法。一战后，来牙买加群岛的游客显著增加，从 1926 年的 11000 人，到 1930 的 26000 多人，再到 1937 年的 65000 多人，[59] 这些数据表明人们对热带的看法已经改变。

（三）全球包价游：澳大利亚、埃及等

在坚持不懈的努力下，来自加拿大和牙买加的旅游项目开发者逐渐吸引了越来越多的游客前来游览。在这场全球化的旅游浪潮中，发挥最大助推作用的就是包价旅游公司。这些机构受到当地政府的支持和鼓励，而且不辞劳苦地扩建基础设施、发放宣传材料，并推出宣传和旅行计划，从而吸引大量的游客前往埃及、巴勒斯坦和澳大利亚等地区观光。他们长期的

努力带来了丰厚的回报。一位历史学家认为，在19世纪70年代初，托马斯·库克公司几乎凭一己之力带动了整个澳大利亚旅游业的发展。[60]

但包价旅游商并非凭空就能开创埃及的旅游业。其他地区的人几乎在很早以前就对古埃及兴致勃勃。古希腊的第一位历史学家希罗多德对"法老的陵寝"有着浓厚的兴趣。有记载显示，古罗马的旅行者都向往去埃及旅游，因为埃及拥有令人震撼的文明和美景。18世纪至19世纪早期，英国和法国的精英人士也被埃及深深吸引。因此，拿破仑在1798年入侵埃及时，让埃及古物学者与他同行，以便尽可能多地收集古埃及的文物。[61]维多利亚时期的人同样热爱埃及文明，如果你在19世纪的英国或美国庄园内闲逛，你会看到许多埃及文物，甚至是木乃伊；在一些偏远的墓地，比如伦敦的海格特公墓或是剑桥的奥本山公墓，就有许多建造成金字塔以及狮身人面像等样式的墓碑。

拿破仑战争结束后，土耳其帝国的势力逐渐减弱，因此英国逐渐取得了埃及的控制权。从1805年到1848年，埃及的统治者穆罕默德·阿里一直被英国人操控。自1855年苏伊士运河工程开工后（于1869年完工），英国首先假意支持土耳其帝国，但是其根本目的是取得对运河更多的直接控制权。1875年，即便英国皇室购买了苏伊士运河的绝大部分股份，但英国当局仍坚持埃及自治，伦敦的殖民部门不得不在埃及和其邻近的苏丹扩大英国势力，从而确保投资安全。[62]

在解决财政危机的过程中，阿里意识到旅游经济的可能性，于是在拿破仑1815年失败后，埃及立刻向世界游客开放。到1819年，埃及是一个相对和平而且十分吸引人的目的地，[63]给外人留下了深刻的印象。亚历山大·克劳福德（Alexander Crawford，1812—1880）曾评论道："不管帕夏的对内政策怎样，旅行者都应该感谢他。在他的统治区域内（至少在埃及和叙利亚），人们可以自由安全地旅游。"[64]阿里执政后，"旅游成为这个国家的一大特色……旅游各要素都得到了发展，旅游景点和旅游路线越来越多，旅游文学、旅游指南以及从事饰品销售和旅游观光服务的当地人也随处可见。因此，越来越多的欧洲人前往埃及旅行。到1850年，每年的游客数量都能达到2万人"。[65]

包价旅游公司，尤其是托马斯·库克父子公司就更不会放过这个大好机会。1868 年，库克和他的儿子约翰·梅森[66]首先调查了中东地区、土耳其、叙利亚/巴勒斯坦和埃及的情况。一年之后，在 1869 年春天，库克带领他的第一个旅游团队出游。他遇到了许多挑战：首先是难以找到合适的翻译，其次是汇率问题，还有部分政府官员的人为阻碍。库克很快就注意到与有权势的人培养亲密关系的重要性。他并没有浪费时间，很快，他就与埃及和巴勒斯坦的总督及其他重要官员成了朋友。库克尤其注重跟殖民者搞好关系，因为

如果没有强国力量做后盾，没有因陷入财政危机而愈加依赖欧洲强国的埃及政府的支持和帮助，没有英帝国扩张而带来的利润和威望，托马斯·库克父子公司就无法实现其在尼罗河岸开展旅游业务的目标。

图 6.1 在 19 世纪下半叶，托马斯·库克父子公司在埃及构建起一个涵盖范围很广的旅游网络，吸引着大量女性以及男性，让他们渴望亲眼见到埃及的古迹。

自此以后，公司在埃及和中东的旅行业务发展得顺风顺水。有一次，库克旅行社在耶路撒冷被抢走了一顶帐篷。在当地政府的全力协助下，最后几乎所有被偷走的东西都迅速被收缴回来。[67]

第六章 帝国时代与民族主义时期的旅游

当然库克也面临着现实的考验，特别是在一开始的时候。埃及的旅游业发展得很顺利，因为通过尼罗河可以抵达大多数景点，该公司只需要利用其所拥有的轮船，或从其他地方租赁的轮船就可以毫不费力地运送游客。将旅游业扩展到圣地则更具挑战性，因为团队不得不待在帐篷里，而且从一个地方到另一个地方更是需要花费几天时间才能骑马抵达。每次旅行带的补给都必须按照同样的方式运送，并且需要配备众多随行人员。每次旅行的完成都意味公司打赢了一场硬仗，而这也恰恰是库克给客户的承诺——一次精心策划的、无所不包的前往难以企及之地的旅行。[68] 尽管后来出现了政治冲突，但是在1889—1890年间有11000名游客前往开罗，其中1300人沿着尼罗河下游航行参观，而且这个数字还在逐年增加。到1893年冬天，仅仅在一周内，这个城市就接待了1000名游客。到20世纪初，该公司构建了一个从开罗延伸到喀土穆的接力式网络，其中包含了位于尼罗河沿岸的度假村以及住宿和基础设施。它包括由轮船连接的五个旅游"车站"，旅客可以在车站之间自由穿梭，在每个站点都可以享受"一系列便利"。在开罗，这一服务涵盖了从小旅馆到大酒店的各种住宿设施，并且游客可以轻松进出教堂，享受电报、邮政和欧洲医生所提供的健康保健服务，还可以进行城市观光等活动。他们可以轻松获得所需的任何东西。[69]

该公司的客户可以去任何地方。在1872—1873年，库克旅行社最大的挑战就是环球旅行。它们提供的线路包含了澳大利亚、欧洲、印度、南亚和美国。环球旅行进行了一次又一次。当托马斯·库克在1892年去世时，超过20多个团体，共计约1000人，在托马斯·库克父子公司的带领下进行过环球旅行。[70] 对于其中的一些国家而言，托马斯·库克父子公司的出现标志着现代旅游的开始。休闲旅客可能想要一些冒险活动，但在管理上必须简便易行，必须有正规的时间表和住宿设施。便利的交通必不可少，旅游指南也不可缺。景点也需要抓住人们的眼球并且调动起人们对旅游的兴趣。1872—1873年间的第一轮环球旅行使澳大利亚开发商受到启发，他们从这些方面开始着手建设，使新兴的旅游业得以迅猛发展，同时也造福了澳大利亚公民。[71]

由于英帝国的支持以及交通便捷度的提升，旅游业在全球遍地开花，这也在很大程度上导致差异的形成。旅游促使营销人员去构造新的东西，将一个国家与另一个国家区别开来，重新建立起人们对牙买加等地的看法，同时也使得像加拿大这样的国家有了自己独特的民族认同感。[72]

三、发展美国的旅游业

与欧洲一样，美国的旅游也在19世纪形成。一部分原因是那时美国刚刚独立，另一部分原因则是由于19世纪60年代发生的内战在美国内部造成了可怕的分歧，旅游这种新的消遣方式在很大程度上塑造了美国民众的民族认同感。

美国游客中的先行者对旅行并不陌生；他们往返于新大陆的第一块居住地和欧洲之间。[73] 这种行为显得他们很有品位，因为他们把自己国家的小众精英和大西洋两岸备受上流人士所珍视的文化传统连接了起来。这些旅行并不容易，但人们对它们的需求却越来越大。随着轮船愈加快速而舒适，教育旅行也变得越来越容易。与此同时，美国独立促使人们产生将美国与欧洲区分开的愿望，同时也推动人们创造出独特的"美国"旅游。[74] 美国人凭借什么引以为豪呢？欧洲历史悠久，可以追溯到古代甚至更久远的过去，因拥有浪漫的城堡和遗址而自豪。但美国没有，美国没有悠久的历史，至少没有白人所崇尚的有文字记载的历史，也没有古老的遗址或建筑奇观。

当具有旅游意识的美国爱国者环顾四周时，他们寻求独特而令人印象深刻的景点。历史学家约翰·F. 西尔斯（John F. Sears）说，这里的男人和女人是不同的。他们沉浸在宗教传统中。早期的美国其实比世界上任何地方都拥有更多的宗教派别，几乎每个人都根据他们与上帝以及上帝的土地之间的联系来理解自己。从这个角度来看，美国实际上是伊甸园，上帝的作品无处不在。它存在于巨幅瀑布和大型峭壁中，而基督徒们所信奉的上帝也存在于广阔的森林、湖泊、沙漠和洞穴中。欧洲拥有自然之美，但美国的美与崇高却拥有更大的规模。美国的密西西比州没有城堡，辛辛那提也没有古老的竞技场，但欧洲也没有能与尼亚加拉瀑布或猛犸洞规模相当的景点，这些地方都是美国的"殿堂级"景观。在新大陆，这样伟大的自然奇观独一无二，美国游客（和旅游开发商）对此非常满意，这种自豪感最终演变成了美国民族神话和民族认同的核心部分。[75]

与欧洲一样，落后的交通最初阻碍了美国旅游业的发展，道路的短缺给旅行带来了许多风险。当然，新的交通方式的确给潜在旅游者带来了便利。哈德森河上的第一艘汽船服务开始于1807年。[76] 19世纪30年代，东北部修建了铁路。[77]便捷的交通使旅游变得更具吸引力，并为美国各大旅游胜地的发展提供了条件。

早在19世纪的第一个十年，尼亚加拉瀑布——这个在17世纪时被欧洲人发现的奇观——就发展成为旅游胜地。[78]当时人们认为尼亚加拉瀑布是"上帝最伟大的创作之一"。1861年教皇派厄斯九世（Pope Pius Ⅸ，1792—1878）在那里建立了一个朝圣者的神社，使得尼亚加拉瀑布得到正式认可。有人把那个地方视为"大教堂"。一位宗教狂写道："我觉得我进入了一座鲜活的永恒之庙。"爱尔兰诗人托马斯·摩尔（Thomas Moore，1779—1852）甚至认为瀑布中倾泻而下的圣水可以让那些最坚定的无神论者皈依。[79]

大多数美国宗教教派坚信信仰皈依的意义，正如摩尔所说，尼亚加拉瀑布可以让人们感受到神意。游客不仅仅要靠近上帝，更要感受到那种与神性的狂喜相似的深刻与满足。问题是许多去过尼亚加拉瀑布的人没有经历过这样的事情。他们看着瀑布，大声感叹着翻滚而下的水流是多么美丽壮观，但他们没有感受到神意。所以人们花更长的时间站在瀑布边，希望上帝可以显灵，让他们"看到圣光"。[80]而瀑布附近的酒店爆满，兜售纪念品的商家激增，导游也承诺旅途中会有"神遇"。几乎所有描写尼亚加拉瀑布的伟大文学作品都追捧这一目的，例如小说家纳撒尼尔·霍桑指出："旁观者必须保持简单的心境站在尼亚加拉瀑布旁边，直面这一令人震撼的场景，从而留下印象。"[81]这与中世纪宗教朝圣和礼拜仪式中信徒们所持的态度相似，二者都包含调整节奏与凝视。

尼亚加拉瀑布甚至还有隐士——一个来此寻求皈依，后来发现自己无法离开的人。参观者为这个故事而着迷，手册中也有详细的介绍：

他那时还是个年轻人，高大苗条，但面容憔悴；他举止从容并具有绅士风度，但他的外表十分怪异，引得陌生人对他侧目而视。

他身穿棕色长袍，手臂下夹着一卷毯子、一本书、一个画夹和一支长笛。他去了一家狭小又幽闭的旅馆。在那里，他开了一个房间，并把自己完全封闭在里面，只有一部分食物由旅馆提供。不久以后，他参观了村图书馆，以自己的名字借了书。大约在同一时间，他又买了一把小提琴。一星期后，还书的时间到了，他回到图书馆，在那里与人谈话。他对瀑布的话题很感兴趣，并表示打算再留在这里一段时间。

不久以后，他请求这些岛屿的所有者允许他在莫斯岛上建一个小屋，这样他就会有一个比村里更好的隐居环境。当请求被拒绝后，他搬到了山羊岛前面的一座木屋里。接下来的两年里，他继续生活，没有同伴，只有他的狗、书和音乐，这样做几乎无人知晓，也无可厚非。在这个岛上，当人迹罕至时，他高兴地漫步，闲逛，忘乎所以，甚至忽视了危险的存在。那时，有一根大约八英寸见方的木头从水龟桥上伸出悬崖外八英尺。几乎每天晚上都有人看见他顶着月光在木头上来回踱步，没有丝毫恐惧和迟疑。有时，他会不自觉地坐在木头的最末端——有时他把手和脚悬在木头下面。虽然他对社交习惯非常敏感，但他似乎在遇到危险时毫不担心。在山羊岛度过了两个冬天后，他穿过巴斯岛大桥，并在瀑布附近建造了一个简陋的小屋。虽然他离附近的村民很近，但他们交往甚少，有时候他会拒绝和别人进行一切口头交流，但有时，他会对大家很友善，并热衷于与他们攀谈。他的言辞遵从传统主义，表达既准确又优雅，即使在很琐碎的话题上你都可以感受到他的魅力。[82]

这位隐士的名字叫弗朗西斯·阿博特（Francis Abbot，1800—1831），他赋予瀑布象征意义，就像理查德·希尔在舍罗普郡的庄园里雇佣隐士住在石窟内所要达到的效果一样。而人们在瀑布下的岩石中发现这位奇人的尸体则更强化了这种感觉。没有人知道那是自杀还是意外，但那都不重要。重要的是阿博特的死加强了这个地方的神力。[83]

这些事故增加了尼亚加拉的神秘感。旅游指南的写手们也极力去复述隐士们的故事。在一个故事中，22岁的查理斯·艾丁顿（Charles Addington，1827—1849）和他负责照料的8岁女孩安托瓦内特·德弗雷斯特（Antoinette DeForest，1841—1849）在水边野餐。突然，德弗雷斯特掉进了河里，艾丁顿紧随其后，最终两人都溺水而亡。在另一个可怕的故事中，一群人在瀑布上方的一座每年冬天都会冻结的桥上徘徊，当冰块破裂时，有三个人被困在浮冰上。据报道，在其中一个人所站的浮冰落入万丈深渊时，他正跪在冰上祈祷。[84]悲剧加强了尼亚加拉崇高的神性，游客都深深地被它吸引。

但神圣不是永恒的。早在1829年，杂技表演者就开始为游客带来特技，走钢丝的人跨越峡谷，寻求刺激的人用圆桶滚过瀑布边缘。纪念品摊位和娱乐设施也安置在不远处。[85]随着更多的人来到尼亚加拉，水景酒店很快就占据了主导地位。工程师们发现可以通过洪流的冲击力来发电。工业设施越来越多，但自然景观遭受破坏。

不久之后，尼亚加拉的意义开始改变，旅游的负面效应浮出水面。1879年，弗雷德里克·劳·奥姆斯特德（Frederick Law Olmsted，1822—1903），19世纪最伟大的美国风景建筑师之一，受聘负责解决这个问题。他种下树木，堆起小山，构造出特定的风景。景观必须受到保护。这种认识对美国旅游业的后续发展产生了深远的影响。[86]

虽然美国还有其他自然景点，例如猛犸洞和怀特山，但美国还有其他"天赐"之地，可能人们最初是出于好奇才去游览的：精神病院、监狱和专门接收盲人和聋人的医院。生活在19世纪的人对科技极其感兴趣。所以，针对社会边缘人士的新式治疗法与火车或轮船并没有什么区别，它们都被视为新科技。这类机构在其他国家却不是这样。美国人治疗精神病人、对待罪犯和残疾人的方法不同于欧洲人，他们似乎更人性化，更符合基督教教义，至少美国人和日益增多的欧洲游客是这么想的。[87]

像欧洲一样，旅游在美国逐渐民主化，美国社会各界人士也更容易接触到旅游。在玛莎葡萄园中的橡树崖镇边，每年都会举行年度卫理公会复兴会议。与会的人们逐渐将会议时间延长，来进行更多的布道和宗教研究。他们来得早一点，或在宗教活动结束后晚一点走，这样就可以去享受一下美景和海滩。随着时间的推移，开发商添加了诸如旋转木马之类的娱乐活动来吸引度假的卫理公会教徒。这个葡萄园曾经是一个捕鲸和养殖社区，但它正在成为一个越来越受欢迎的度假胜地。[88]

图 6.2　尼亚加拉瀑布是美国和加拿大最早的重要旅游地之一。起初，游客希望领略崇高并获得神圣体验。但后来开发商增加了其他吸引物，修建了酒店，使那里变成了受欢迎的蜜月地。图片由理查德·G. 朱洛（Richard G. Zuelow）提供。

公园的发展为工人阶级提供了另外一种休闲选择。像英国一样，美国的城市人口不断增长，污染愈发严重，引起了人们对健康的担忧。一个解决方法就是效仿法国巴黎的拉雪兹公墓，将拥挤的墓地迁移到距离城市中心三四英里的地方。这些新墓地经过精心的布置和设计，看起来很平静很有田园风味。其中许多墓地有湖泊，有精心策划的迷宫通道，但地面铺装如同公园一般。这就是"花园墓地"，也是最初的公园。在美国，开发商在马萨诸塞州剑桥的奥本山（1831 年）、宾夕法尼亚州费城的劳雷尔山（1836 年）和纽约布鲁克林的格林伍德（1837 年）及其他地方都建造了这样的墓地。

第六章 帝国时代与民族主义时期的旅游

这些新的墓地相当受欢迎。仅 1860 年,就有 14 万人访问了劳雷尔山,有 40 万到 50 万人漫步在格林伍德的小路上。"花园墓地"的灭亡并不是因为想在墓地里度过一个安静的下午的人越来越少。相反,"花园墓地"的成功改变了人们的休闲习惯,于是许多人开始怀疑在坟场中享受休闲时光是否合适,这是不是对死者不敬。

解决这个问题的方法是创建专门的城市休闲区:公园。纽约的中央公园是最著名的公园之一。它是由弗雷德里克·劳·奥姆斯特德设计的,设计的初衷就是要自然,这点与墓地相似,但没有尸体。游客应该忘记周边繁华的闹市,在公园中尽情享受,让时间失去意义。公园意在成为一个民主空间,无论是穷人还是富人都可以在没有阶级界限的公园里放松娱乐。[89]

早期公园的建立影响深远。人们由此意识到自然空间的重要性,意识到人应该接近自然。许多美国人开始相信他们有责任使想法变成现实,于是他们创建了第一个国家公园。

白人殖民者最早"发现"了约塞米蒂(Yosemite),它距离美国加利福尼亚州的旧金山约 150 英里,是 1833 年某军队追逐一群美洲原住民进入山区时发现的。山谷很快被遗忘了,直到 1851 年才被"重新发现"。[90] 那里有大块花岗岩悬崖,令人印象深刻的岩层和壮观的瀑布,一位名叫哈钦斯(J. M. Hutchings,1820—1902)的人惊异于眼前的美景,于是记述了他所看到的一切。他倾诉着他的内心,赞美着约塞米蒂的"奇妙与壮观"。[91] 尽管尼亚加拉十分壮观,但是约塞米蒂拥有更雄伟的瀑布以及世上最叹为观止的山景。哈钦斯不是唯一一个沉迷于约塞米蒂美景的人。那里的第一家旅店和第一条徒步旅行路线出现于 1855 年。就在同年,托马斯·艾尔斯(Thomas A. Ayres,1828—1913)开始对悬崖峭壁进行素描。第一位摄影师在 1859 年到达约塞米蒂。[92] 虽然那时"国家公园"的概念还并未提出,但创建国家公园的想法不久后就成形了。[93]

即使美国内战爆发(1861—1865),但国会仍意识到约塞米蒂的旅游潜力。这是一个独特而又明确的例子,用以告诉我们究竟是什么使美国分裂。甚至在战斗停止后,它还能在重整河山中发挥一定的作用。当旧金山开通了轮船服务,并且美国人了解到国家要修建一条跨大西洋铁路时,国家公园的想法受到了公众的广泛关注。尼亚加拉旅游开发所引发的不安则影响到整个计划的关注点。

约塞米蒂于 1864 年 6 月 30 日被正式宣布成为美国第一个国家公园。几乎很快，一系列新的绘画、素描和照片就出现在市面上。公园的第一本旅游指南于 1868 年出版。少数负担得起旅游费用的人相信他们要去的地方就是伊甸园——一个比尼亚加拉更美丽的地方。[94]

对于铁路公司来说，建立约塞米蒂国家公园在经济上很有前景，但是还不足以确保盈利。如果人们被吸引到西部，那里必须有一系列独特的美式景点才行。铁路运营者把铁路沿线看作"天定命运"的体现，所以他们想向美国人展示，尽管内战不幸，但这个国家还是紧密团结在一起的。从铁路公司的角度而言，这项任务就是要创造更多的国家标志性景点，形成一个网络，利用这些景点激发出的民族自豪感以及强烈的参观愿望来团结美国人。[95] 因此，约塞米蒂国家公园建成后不久，铁路公司便游说政府修建更多的国家公园。

约塞米蒂国家公园之后就是黄石国家公园。到了 19 世纪 70 年代，人口众多的东部也开始迷恋起了西部的美景，就像小说里写得那样。铁路公司的任务是利用人们想象中的"西部"来激发美国和其他地区的众多民众的浪漫情怀。[96] 黄石是完美的，它具有令人惊叹的各种景观，包括崎岖的山脉风光、无尽的森林、多种多样的野生动物，以及其他的间歇泉、冒泡泥坑和温泉。但如果从 19 世纪的角度来看，黄石不像是寺庙，反而更像是一场畸形秀。如果约塞米蒂代表伊甸园，那么黄石就是地狱。由于横贯大陆铁路的诞生，黄石周边的交通极为便利。

与约塞米蒂一样，要想建立公园，就得向国会发送图片。支持者认为，创建第二个国家公园代表爱国主义达到新高度。而且这将有助于保护重要的景观，并使美国人民可以身临其境去体验他们的遗产。这招很有效。国会于 1872 年 3 月 1 日正式指定黄石为国家公园。[97]

紧随其后的还有更多：雷尼尔山（1899 年）、冰川（1910 年）、大峡谷（1919 年）等。这所有的一切都向外界传达了一个信号："如果有必要的话，去欧洲，但必须先来美国看看。"旅游可以创收，而且它会鼓励人们走向西部，它所展示出的那种紧密的联系将有助于这个国家在内战后愈合，同时让美国变得特殊、独特、宝贵。[98]

图6.2　1872年，美国国会创立了黄石国家公园。那里的间歇泉——最著名的就是"老忠实泉"——和其他火山地貌代表了"地狱"，与约塞米蒂国家公园的"天堂"相呼应。图片由理查德·G. 朱洛（Richard G. Zuelow）提供。

四、小结

欧洲国家在19世纪建立起的全球帝国在20世纪逐渐崩溃。但与那个时代的许多其他遗产一样，休闲旅游范围的扩大以及旅游与认同的关联仍在持续。在本世纪末，旅游呈现出民主化趋势，成为人人都可以参与的活动。对于需要拥护者并且大力宣扬民族主义的政府而言，休闲机会的扩大以及国民民族认同的问题是具有政治含义的。

然而，在拥护者创造出真正的大众旅游之前，出现了技术发展的新阶段：那就是自行车、汽车和飞机的发明。蒸汽使工人们有机会进行远足旅游，使旅游扩展到与欧洲帝国相关的远方。自行车和汽车使人们离家出游更便宜、便捷。随着廉价车辆的出现，有车的人越来越多，他们几乎可以随时去任何他们想去的地方，而且不需要提前安排。飞机和过去的轮船相比，大大缩短了长距离旅途的时间，提高了效率。旅游在19世纪越来越受欢迎，吸引了越来越多的人。在20世纪，它将发展成为一种真正的大众现象。

第七章　自行车、汽车、飞机

19世纪末，旅游的范围已经扩展到全球并且在越来越多的社会成员中普及。新发明在这一过程中起到了重大的作用，它降低了旅游成本，增加了参与旅行活动的人数。在20世纪初期，三种新技术为大众旅游的发展做出巨大贡献，它们是：自行车、汽车和飞机。每一种新交通工具都有着相似的发展轨迹。首先它们在精英阶层范围内被使用。继而新技术和新发明增强了可进入性，也拥有了更多的用途，例如汽车露营。最终，每一种运输工具都成为时代潮流，成为人们日常生活的一部分，加速了大众旅游的繁荣。

一、自行车

人工驱动的机械化的交通工具的概念对19世纪来说并不新奇。一名法国数学家雅克·奥扎拉姆（Jacques Ozanam，1640—1718），早在1696年便提出了这个概念。问题的关键是如何将想法落实为可应用的设计。最初，人们能想到的最好方法是在两个轮子之间放置一张垫板，人们称之为"老式脚踏车"（draisine）[以其发明者卡尔·冯·德拉伊（Karl von Drais，1785—1851）的名字命名]或"自行车"（velocipede）（拉丁语中意为"飞腿"）。骑车的人在板子上坐着，轮子能够很快加速，尤其在下坡的时候，向前行驶也比较简便。这一装置得到了大众的注意，但并不是奥扎拉姆最初设想的高效的人力驱动型交通工具。[1]

1860年，一种后轮转动型自行车问世。这一新发明比老式脚踏车要更有效率，但也更复杂且昂贵。当这一自行车界的重大突破于1867年在巴黎亮相时，它"完全改变了交通工具的特征"。两个轮子一起旋转着，"仿佛是活的一般，看起来灵活、优雅又美丽。"[2]对于富有且讲究体面的欧洲人来说，这种自行车是必不可少的玩具。但遗憾的是，当时生产力仍然低下，自行车难以制造且价格昂贵。直到19世纪90年代，一辆自行车大概价值500法郎，与当时一名教师三个月的薪水相当。[3]在19世纪最后十年，众多欧洲发明家改进了这一设计，增添了铃铛、新的造型、橡胶轮胎还有其他的一些设计，这使自行车更加舒适便捷。19世纪90年代早期，制造业兴起的流水线革命降低了自行车的价格。[4]普通人可以买得起自行车了。到1909年，一台实用的自行车在巴黎仅卖50法郎。在美国的售价也以同样的比例下降。[5]

  自行车的普及至少有两个显著的影响。一方面，自行车赛在大西洋两岸呈爆炸式增长，新式比赛的出现满足了人们观看"路中巨人"[6]的愿望，并且还圆了他们骑自行车的梦。在美国，轨道自行车吸引了大批追随者。纽约市麦迪逊广场花园的自行车赛场吸引了大批观众，大多数美国城市都有类似的赛场。毫不夸张地说，自行车比赛取代了垒球和美式足球，成为19世纪末一项全国性运动。[7]虽然还有其他的职业运动，但"能够获得丰厚收入的却是自行车赛手"。[8]公路自行车，特别是持续多日的"阶段赛"，将大批粉丝带到举办比赛的地点。要不是比赛的话，他们可能永远都不会知道那些地方，更不会去那些地方游览。例如，随着1903年环法自行车赛的举办，法国人了解到自己国家的各种地貌。[9]

  另一方面，廉价的自行车几乎让各界人士都可以超越狭窄的地理范围去旅行。这些机器使工人们可以住在离他们工作地点更远的地方。同样重要的是，从社会金字塔顶层到底层的所有人都有机会骑车前往乡下或邻近的城镇去探险，或者加入自行车俱乐部，定期参加有组织的外出游览，甚至会进行长途旅游，前往一些重要的景区景点。随之而来的"骑行热"让一些精英深感恐惧，就像曾经的铁路一样，但也激励人们不断推陈出新。如果工人可以被要求以特定的方式骑车，像一个尊贵的骑士那般，去享受健康的户外运动所带来的益处，并且能够更多地了解国家遗址，那么骑车产生的政治和社会影响就是非常积极的，[10]远远超过了铁路时代所带来的影响。从一个地方移动到另一个地方的能力是个性化的："个人移动性、独立的铁路时刻表和车站，这些都是以往能够支付得起马车费用的少数人才能做到的。但即便是马车，在灵活性和距离方面也有局限性。而自行车则轻而易举地克服了这些局限性。"[11] 而且，它并不局限于男性。到了19世纪90年代中期，有上千名女性，尤其是来自资产阶级的女性，都能骑车上路。[12] 自行车所带来的自由和自治是前所未有的，[13] 即便在库克旅行社的帮助下也无法企及。

对于美国人而言，骑行热持续的时间较为短暂，而在欧洲，人们对于自行车的迷恋则一直持续到今天。自行车开启了一个新观念，那就是：休闲游几乎无所不及，而且人人都可以参与。这一观念一直延续到今天。

二、汽车革命

和自行车相似的是，汽车也给人们带来自由和独立的希望。正如人类学家奥维·洛夫格伦总结的那样："蒸汽机让人们能够集体出游。现在，汽车让人们获得了一种新式的个人主义和想去哪儿就去哪儿的自由。"[14] 汽车使驾驶者发生了改变（至少在他们自己的头脑中是这样的），"从性格到个性；从内在引导型到他人引导型；从功利主义到表现型个人主义；从最高统治者到社会个体"，完成了自我形象的重塑。汽车"赋予驾驶者机会，让他们可以获得以往通过长途跋涉才能获得的性格磨练，尽管这种磨练出现在休闲文化中"。驾驶汽车"不仅意味着运输，还意味着转变"。[15] 铁路有时间表，有固定的路线，目的地仅限于少数几个地方，严重限制了灵活性。汽车创造出新的休闲形式，促成公园的建立，促使过夜住宿转型，让更多的人去更多的地方旅行，并激发人们以全新的方式去观赏景观并想象身份。

机动车陆地旅行的想法至少可追溯到18世纪。瑞士工程师尼古拉斯－约瑟夫·库诺（Nicholas-Joseph Cugnot）从法国政府获得补贴，在1765年到1770年间建造蒸汽动力卡车，想让这种卡车能够携带重型货物。而事实证明马匹要更高效一些。正如第三章所述，理查德·特里维西克建造了一台蒸汽机车，于1801年至1803年间在康沃尔郡的道路上行驶，最终掉进沟里，让潜在投资者不屑一顾。大约在同一时间，奥利弗·埃文斯（Oliver Evans，1755—1819）试图在美国建造蒸汽动力车，但也失败了，这证明蒸汽根本不适合作为动力来源。[16]

大西洋两岸的发明家们在一段时间内开发了内燃机，当时一些人认为这个新生物可能会为陆上车辆提供动力。人们在内燃机的基础上建造了五花八门的机器，但只有工程师卡尔·奔驰（Karl Benz，1844—1929）和埃米尔·康斯坦特·勒瓦瑟（Émile Constant Levassor，1843—1897）建造的汽车具有"商业可行性"。这还要归功于 1885 年到 1895 年间举办的一系列的"汽车活动"。"这些单缸三轮车出现在巴黎展览会，很快就开始小规模生产。只有非常富有的人可以买得起，对于那些高贵的人，汽车代表的是一种华丽的新玩意。"[17]

驾驶汽车不是一项没有挑战性的爱好。道路建设者为马匹和小贩设计的路线并不一定适合快车。许多人担心将无马的四轮车与马式发动机合二为一会产生不良后果。他们所关心的问题是真实存在的，而且铁路游说团很强势，最终英国立法者于 1865 年通过了机车法案，限制"公路机车"在城市内不能超过每小时 2 英里，在乡村道路不能超过每小时 4 英里。法律没有就此结束。它要求任何马达驱动的无马车雇用一名服务员，在前方六十码携带一个红灯笼警告大家汽车要来了。在美国，铁路巨头为了劝阻人们使用公共马车，就让人们相信道路还需要进一步的维修补救。[18]

这种禁令没有持续太长时间。汽车爱好者们组成俱乐部的速度几乎和他们买车一样快。1895 年，早期的汽车爱好者哈利·劳森（Harry Lawson，1852—1925）组建了汽车俱乐部。在他的协助下，一年之内就通过了机动车高速公路法，英国道路终于面向汽车开放。议会将限速提高到每小时 12 英里。1903 年，限速再次提升，这次是每小时 20 英里。汽车爱好者们备受鼓舞，成立了其他汽车组织。例如，机动交通协会出版了一本名为《汽车》的杂志，并推广皇家赞助的活动。[19] 在劳森成立俱乐部的同一年，法国爱好者成立了法国汽车俱乐部，主要目的是促进远程比赛，如巴黎–波尔多折返汽车赛。[20] 1899 年，美国的汽车积极参与者在巴黎成立了一家总部位于纽约的集团。1902 年，澳大利亚如法炮制，成立了汽车俱乐部并于 1903

第七章　自行车、汽车、飞机

年开始活动。从 1904 年起，欧洲甚至出现了跨国汽车集团。其他国家紧随其后。阿根廷有两家俱乐部（1904 年，1907 年）；南非的开普敦在 1901 年成立了一家俱乐部；28 名汽车驾驶员在 1908 年启动了纳塔尔汽车俱乐部。1923 年，罗得西亚汽车俱乐部成立。[21] 1909 年，丹麦旅行俱乐部开始开展活动。[22] 汽车俱乐部的名单还在继续。

起初，这些俱乐部当中有许多专注于推广远程赛事——新闻界很快便乐此不疲。《芝加哥时代先驱报》1895 年赞助了在美国举办的第一场汽车赛。[23] 比赛在天寒地冻中行进了 55 英里，"赛车需要穿越厚厚的积雪，努力开到最大速度"。[24] 如此糟糕的天气使汽车经常出现故障，在比赛完成前司机们都要重新点火启动好多次。[25]

对司机们来说，这样的挑战提供了一个机会来检验车辆和自己的能力。早期的汽车一点都不可靠，道路也会频繁受损，任何崭露头角的驾驶员也必须是一名精通技术的工人，甚至是一个铁匠。驾驶汽车就是一场冒险，具有很强的感染力。那个时代的许多人觉得开车对驾车者来说是有益的，它更类似于在马背上进行锻炼，而不是在铁路车厢内。正如一位学者所说："早期的汽车技术像马一样任性不靠谱，许多起动机曲柄出现损坏，并且许多汽车出现转向过度的情况，结果冲进了沟里。"驾驶汽车使人们更好、更强大、更坚韧。[26]

历史学家鲁迪·科沙将汽车史的这一最初阶段描述为"先驱模式"。在这一阶段，"司机经常被迫自己开辟道路，甚至小径，以穿越汽车从未穿越的地方"。[27] 报纸则向痴迷于汽车的公众报道了一个个关于汽车的新壮举。例如，在 1900 年，三名法国人首次成功驾驶汽车从纽约抵达克朗代，他们因此登上了报纸的头条新闻。[28] 1903 年 8 月，一对波士顿夫妇成功开车抵达北极圈地区。[29] 这一壮举在报纸上并不常见。另一对夫妇因 1903 年驾驶汽车通过阿迪朗达克山脉而成为报纸头条。[30] 所有这一切都很了不起，但有一个更大的奖品唾手可得。正如拓荒者通过征服边疆而激起美国人的想象力一样，现在车主们发现了同样值得争取的事情：开车穿越美洲大陆。约翰·戴维斯（John D. Davis，生卒年不详）和他的妻子路易斯·希区柯克·戴维斯（Louise Hitchcock Davis，生卒年不详）在 1899 年做出了首次尝试。他们从纽约出发，希望能够抵达旧金山。但汽车不断出现问题，最终他们在芝加哥终止了旅程。但与他们所受到的欢迎相比，这个结果并不重要。有一家汽车公司赞助了这次旅行，美好道路协会制作了地图来帮助他们，像《科学美国人》这样的出版物也对其进行了宣传。这本杂志上写道："没有什么比坐在汽车舒适的座椅上观看国家漂亮的景色更让人愉悦的了。"[31] 到现场来给这对夫妇送行的多半都是"黄毛小子"，这也许意味着汽车时代将造就一类新式的英雄。[32]

霍尔蒂奥·纳尔逊·杰克逊博士（Horatio Nelson Jackson，1872—1955）是第一个成功从东海岸驾车行驶到西海岸的人。1903年，他驾驶一辆名为"佛蒙特州"的汽车，并配有一名叫休厄尔·克罗克（Sewall K. Crocker，1881—1913）的技工（曾经是自行车赛车手）和一只名叫布得（Bud）的牛头犬。佛蒙特州的这位博士从旧金山出发，仅仅63天后便抵达纽约，击败了另外两辆车。这并不是一次容易的旅行。他们要通过干旱的河床和蜿蜒的山脉，但是制动器过热，只能在山泉中冷却。轮胎破了，他们便将生橡胶和绳索包裹在一起，继续向前进。美国那时还没有加油站，第一座加油站直到1905年才在圣路易斯建成。没有加油站，杰克逊就在便利店购买燃料，有时还会遇到不法商户趁机抬高价格。

第七章 自行车、汽车、飞机

图 7.1 和图 7.2 霍尔蒂奥·纳尔逊·杰克逊、他的技工休厄尔·克罗克和斗牛犬布得最早成功驾车穿越美国。他们的经历获得了历史上特有的认可，但他们只是众多想要进行汽车耐久性测试者中的三个。早期驾驶要求驾驶者的驾驶技能、对机械的敏锐度、较强的导航能力以及一点勇气。在世界各地，汽车协会协助印刷地图、游说修建道路、推广节事活动等。照片由佛蒙特大学特约提供。

他们经常需要等待零件，有时史密斯自己制造零件。那一年是相关记录中最潮湿的一年。三个冒险家经常被迫从泥土中把汽车拖出来，有时候甚至要雇用当地的马匹来拖车。总之，这是一次非常困难的旅程，但是他们最终成功抵达了纽约市。[33]

尽管洲际赛车超出了多数人的能力范围，但有很多美国人急迫地想要开车上路。到 1910 年时，在美国登记的汽车已有 45.85 万辆。[34] "虽然最初由男性主宰，但妇女也慢慢加入了驾驶者这一群体。"起初，人们鼓励女士驾驶电动车，因为电动车行驶较慢，但更可靠一些。但电力启动器的出现结束了这种性别差异。此外，妇女也希望像男人那样驾驶汽车，享受自由和冒险，而且汽车还能够帮助她们塑造性格。汽车市场也相应增长。[35] 女性因汽车而改变了自己在家庭生活中的地位，至少在美国是这样的，因为汽车"有助于缓解家庭关系，降低家长对孩子的权威，为妇女提供娱乐、浪漫以及在外面工作的新机会。总之，扩大了两性之间的社会交往"。[36]

英国汽车制造数量比不上美国，但人们渴望拥有汽车的愿望毫不逊色。

到 1906 年，有 23000 多辆汽车行驶在路上，翻山越岭。到 1925 年，已有近 200 万注册车辆行驶在路上。[37] 各国存在显著差异，并不是每个国家都能快速接受汽车。例如，德国人对汽车文化的火热势头就表现出比较犹豫的态度。但历史趋势向科沙所称的汽车史中更加"民主"的时期发展——在这一时期，越来越多的人，无论男女、社会精英或底层人士都开始驾驶汽车。[38]

生产技术的创新、产品线的扩大、生产低成本车辆能力的提升扩大了汽车的供应量。有趣的是，最早反对汽车，将其视为富人"豪华"玩具的声音随着汽车价格的下降基本销声匿迹了。[39] 许多学者认为这一点应归功于亨利·福特（Henry Ford，1863—1947）。他在 1903 年成立了福特汽车公司，推断汽车很快就会"取代马车"。[40] 事实的确如此。福特公司于 1908 年推出 T 型车，最初售价仅为 850 美元。公司推广这款车时是这样说的："没有低于 2000 美元的汽车能比我们的汽车具有更高性能，而高于 2000 美元的汽车除了装饰物之外也比不上我们的性能。"福特及他的工程师团队致力于将已经较低的汽车价格继续降低。他们的目标是尽可能多地生产汽车，最终他们开发了流水线，使公司能够以此前难以想象的速度生产汽车。福特公司在 1910 年生产了 32053 辆车。在 1916 年达到了 734811 辆，并且数字在不断攀升。到 1916 年，T 型车的售价只有 345 美元。一个体型较大的旅游款汽车售价仅为 360 美元。[41] 最后一辆 T 型车于 1927 年 5 月 27 日从密歇根州的迪尔伯恩工厂出货，这款性能良好的小车仅售 290 美元，它是已生产的 1500 多万辆 T 型车中的一辆。[42]

虽然美国人在汽车时代头几十年建造的汽车比任何国家都要多，但制造更可靠实惠的车辆并不是美国的专利。1911 年，福特在特拉福德公园开设了一家工厂，它位于英国的曼彻斯特地区，将来自密歇根州的零件组装后运到英国和欧洲市场。到 1913 年，福特公司的产量是其最强劲的英国竞争对手沃尔斯利公司产量的两倍。但英国企业并未放弃这一角逐。莫里斯汽车公司于 1913 年开业，致力于建造莫里斯牛津——也就是广为人知的"牛鼻莫里斯"（Bullnose Morris），其费用大致和 T 型车相同。尽管产量无法和福特相比，但这并不妨碍新公司的发展。到 20 世纪 20 年代，莫里斯成为英国最大的汽车公司,并且不断生产出销量很好的汽车。[43] 最成功的车型是 1931 年推出的小莫里斯。像 T 型车一样,小莫里斯最终成为不计其数的度假回忆的一部分。[44]

驾驶者增多意味着拥有的政治影响力更大。在欧洲和美国,人们对于道路的需求迅速增长。例如,在美国,汽车爱好者在"先看看美国"这一理念的基础上力挺美国,使驾驶汽车与民族主义关联在一起,发挥着相辅相成的作用。倡导者声称,良好的道路将改善商业环境,商人、农民和其他人能够快速、轻松地在各地往来。1916 年,伍德罗·威尔逊总统（Woodrow Wilson, 1856—1924）在美国发表了"美好道路"演说,提到道路建设会确保经济发展,瓦解省级主义,为国家利益服务。[45] 道路不止带来这些,还会教导人民。历史学家玛格丽特·沙弗（Marguerite Shaffer）援引了一位热心支持者的话:"母亲必须帮助孩子树立良好的道路观,这样孩子们作为未来的公民会受到教育,明白良好的道路是文明进步的基石这个道理。"此外,道路使美国人深入了解祖国,成为更好的国民,从而让整个国家变得更为团结。[46]

仅仅呼吁完善道路建设未必会带来立竿见影的行动。1907 年,活动家威廉姆·皮瑞波特·怀特（William Pierrepont White, 1867—1938）总结了这个问题的部分原因:

> 每个人都对改善高速公路感兴趣,但是镇上的居民想要县里承担费用,县里的居民想要州里承担费用,州里的居民则想要国家承担费用;但是国家要用这笔费用来改善河流和港口,所以每个人都要重新开始思考,努力寻找能够承担改善道路费用的人。[47]

这些问题似乎永远存在。当然,美国政府不愿意花钱,也不愿去研究这个问题。这一重任多半落在了私人组织、高速公路协会和州政府身上。至少在 1916 年通过"联邦公路法"之前,它们拿出"7500 万美元的联邦援助款用在未来五年建设州内高速公路网"。第一次世界大战推迟了资金的发放,但战后资金更充足,还通过了另外几个高速公路法。这样,国家高速公路网逐渐建立起来。[48]

推动高速公路建设也曾引起争议，特别是建设道路可能会危及受保护景区的美景。许多人想要看到河流流入美国最为壮观的景象，但这是一个有争议的想法。汽车会破坏风景吗？它们会产生危害吗？它们与非机动交通会怎样相互作用？1908年，华盛顿州的雷尼尔国家公园首先允许汽车进入，但其他地方更为谨慎。那些与铁路相关的设备，例如冰川国家公园，担心汽车会将游客的访问时间减少到"一日游"。观光者乘坐汽车快速通过时会错过很多风景，也无法充分享受回归土地的教育价值。它会"降低人们在公园的体验"。约塞米蒂国家公园强烈反对汽车，但即便如此，到1912年，也不得不承认汽车俱乐部的影响力很大。当然，汽车爱好者大力主张将道路延伸到美国神圣之地的心脏。政治家们理解这些需求，内政部为此忙得不可开交。道路将促进汽车销售，推动建设更多的道路，从而振兴经济。毋庸多言，驾驶者代表着一个强大且不断增长的投票群体。[49]公路快速渗透到每个美国国家公园的内部，为了让驾驶者欣赏到美景，这些道路都经过精心的设计。它们旨在展示公园，不仅仅是吸引人们进来。因此，游客只能通过汽车的挡风玻璃看到外面的景色。[50]

争论不仅仅关于谁将支付道路建设费用或者道路会对景区产生什么影响。其他人急于确保他们的城镇或州会从中受益。最有名的也是重量级的横贯大陆的林肯高速公路就是一个范例。1911年，印第安纳州商人卡尔·格雷厄姆·费舍尔（Carl Graham Fisher，1874—1939）提出了修建一条横贯美国之路的想法。[51]费舍尔意识到这样一个项目所面临的财务挑战，因此希望找到捐助者来承担费用。随即，许诺与支持蜂拥而至。帕卡德汽车公司总裁是一位忠实的爱国者，也是第十六任总统的粉丝。他所做的贡献之一就是建议将这条道路命名为"林肯高速公路"，这个名字比之前的"海岸至海岸岩石公路"要好得多。

虽然费舍尔提出了这个想法，并提出了一种资助方式，但他对普通的日常规划不怎么感兴趣，也不愿意提供一条明确的路线，而只是说这条路应该从纽约修到旧金山。问题就在于此。密苏里州、堪萨斯州、科罗拉多州都急于看到林肯公路从他们所在的州穿行而过。堪萨斯州和科罗拉多州的州长承诺选民道路即将修好。就像当年的铁路一样，这些政客知道一条重要的高速公路意味着工作、金钱和发展。费舍尔很乐于看到这样的局面，因为他相信这样他的提议就会经常出现在新闻中，引起公众关注，并激励更多的捐赠。当路线最终公布时，科罗拉多州却没有在上面。州长为此大发雷霆。其他小一点的州也感到十分愤怒。因此，这条路线又增加了许多长一些的支路以及风景优美的高速公路。费舍尔设想的横跨美国的笔直大道如今变得曲折蜿蜒。[52]

第一次世界大战后修建了众多主干道。在冲突期间，因战事需要，铁路无奈陷入停滞状态。道路成为解决瓶颈的一个方法。同样，农民也清楚地知道，商业的成功需要可以运送产品的道路。道路就是解决方案。从1923年开始，公共道路局倡导并最终建立起绵延数千里的国家高速公路。到20世纪20年代中期，"众多州际公路"存在良莠不齐的状况。指示牌编码、道路标号以及改善路面状况这些标准化工作随即而至。[53]

绿化道代表着另一种道路，这种道路在20世纪二三十年代颇受欢迎，但持续的时间却不长。美国的这一发明建立在欧洲林荫大道基础之上，将景观和碎石沥青路面融合在一起，这样就避免了因商业和景区发展而出现汽车泛滥的场面。这些道路比传统道路更快、更安全，很快就被其他国家纷纷效仿。[54]

随着时间的推移，就像当年将道路延伸到美国国家公园内所引发的争论一样，沥青和混凝土的全球扩张也引起了人们强烈的反应。在苏格兰，批评家担心这些材料会威胁人和动物的安全，产生灰尘和污泥，对城乡居民产生影响，还担心重型汽车会对道路造成破坏。那谁会为这些危害买单呢？[55] 实际上这种担忧在美国也同样存在，但还有另外一种焦虑。早在20世纪第二个十年到30年代期间就有人问过：如果道路无处不在，代表着不停歇的进步，那人们怎样才能摆脱这一切呢？人们怎样才能逃离文明？差不多从上世纪初开始，逃离文明就是人们旅游的初衷之一。

最后，这一抵制促成了荒野保护协会的成立，一个形成于20世纪30年代的组织。该协会认为："在现代世界，荒野是一个避难所，一个不受人类干预的自在之地。如果想要在地球上保留这样原始的地方以供人们体验，那就必须不惜一切代价抵制汽车和高速公路。"汽车和汽车携带的游客可能会破坏最后几处为数不多的荒野之地。[56]诚然，大众旅游还没有完全实现，但技术、数字和自然的结合仍提出了可持续发展的问题。而且辩论一旦开始，便会一直持续。

汽车以及拥有并驾驶汽车的人与日俱增，他们产生了直接的影响，而且影响力越来越大。虽然有些人开车是为了做生意，但早期的驾驶者主要是为了乐趣而上路。[57]世界各地很多汽车俱乐部和协会都反映出来这种娱乐性，越来越受到旅游指南、地图和旅行杂志的关注。例如，新南威尔士州的国道和驾驶者协会（NRMA）将很多资源投入"旅游"方面。该集团的期刊反映出对于休闲的关注，识别出不同类型的旅游者，并针对冒险家、家庭、渔民、"八小时"度假者的兴趣提供定制文章。[58]丹麦旅游俱乐部出版了一本名为《汽车》的杂志来迎合为乐趣而驾驶的观念，提供去哪儿游览的建议和想法，并且避开了竞争的观念。早期有一件广为流传的逸事，俱乐部副总裁弗雷德里克·巴格（Frederik Bagge，1861—1928）正在与朋友们游览莱茵河谷。当时有一名司机建议大家赛车，巴格回答道："先生们，我们不是为了开车而旅行，我们是为了旅行而开车。"俱乐部的成员为这种说法而深感兴奋，他们会经常重复这个故事。"休闲、自由和冒险"是更符合人们心意的，也是无处不在的车主们所追求的。[59]

就像出现在19世纪的旅游指南一样，那些关于汽车旅行的手册也会告诉游客应该看什么。他们列出住宿设施，给出旅行路线，还推荐最佳景点和景观。一些手册告诉游客应该如何打包，以及如何参与"家庭度假"。人并不是天生的游客，必须学习怎样做游客。指南（和关于汽车旅行的文章）充当了导师的角色。[60]因此，一本1921年出版的由一位特别热心的汽车支持者埃隆·杰瑟普（Elon Jessup，1885—1958）编写的书，向准车手们讲述了"关于车辆准备、露营设备、食物、服装和气质"的事情。然后，他宣称"汽车露营是美国最民主的运动"。[61]这样的兴奋并不局限于美国。在澳大利亚，旅游指南鼓励旅客跨越风景秀丽的乡村，驾驶汽车去探索历史遗迹。[62]在苏格兰，旅游指南指出必看的景点，并在道路、司机和假期之间建立起几乎神秘的关联。[63]

在法国，旅游指南所做的不仅如此。他们告诉驾驶者去哪儿吃以及吃什么。法国美食值得品尝的观念主要归功于米其林橡胶公司。这一组织于19世纪开始制造自行车轮胎，但到了19世纪末，它的主营业务是汽车。两个兄弟掌管着公司。了解广告业务的爱德华·米其林（Edouard Michelin，1859—1940）和精通工程学并痴迷营销的哥哥安德烈（André，1853—1931）一起将米其林发展成为一个全球性的商业帝国。

安德烈在1900年设计出《米其林指南》(*Michelin Guide*)，旨在让驾驶汽车出游的人们记住米其林轮胎。指南是一本小红书，可以轻松放在胸口的口袋中，这样设计是为了让驾驶者可以快速简便地了解到沿途最好的酒店和公路，同时在消费者的头脑中将米其林与驾驶汽车紧密联系在一起。这个想法就是一场赌博，因为在1900年汽车是非常昂贵的商品——是有钱人的爱好。然而，安德烈将小指南集中起来，进行免费分发。他请读者帮忙确认指南中的评价是否准确，并承诺会持续更新这本书，确保书中的内容永远是最新的。

米其林用星级来评定酒店和旅馆的级别。这一做法并不是米其林公司的原创——贝德克尔旅游指南早已采用这种做法——但这样做很实用并且很容易和米其林已经使用的其他符号匹配在一起。例如，米其林用符号代表加油站可用的各种燃料、是否有冲水马桶、是否有淋浴以及是否有冲印照片的暗房。随着这本书的广泛发行，安德烈开始在上面增加城市地图。这些手册和其他手册不同，因为它们更加明确地关注驾驶体验，而不是历史景点。

指南很快成为驾驶者必不可少的装备。尽管这本书很受欢迎，但米其林还是借助每一条林荫大道对指南进行宣传。它购买报纸上的广告，制作海报，甚至报道了一对已婚夫妇无法圆房，因为他们缺少指导他们找到合适酒店的文章。

渐渐地，米其林出版的指南涵盖了越来越多的州。尽管一战期间人们可以轻松进入德国，但米其林却在1915年出版了一本面向德国的指南。为什么要这样做呢？这是一种爱国举动。安德烈希望可以准确地指导他的同胞在突破敌人防线时，应该去哪儿以及怎样去。与之相关的是，当盟军在

1944年攻占诺曼底海滩时，士兵们携带了这本小红书，盟军指挥官相信这些小红书为解放法国提供了最佳导航。

从1925年起，米其林开始用星级系统对餐厅进行排名。最好的餐厅是三星。专家从不解释如何达到三星，但人们很快开始相信这些星级评分。不久，全世界都知道如果你有一本米其林指南，你可以一路吃遍法国各地的美味。大厨们意识到，获得一星或两星是通往名誉和财富的入场券。一个拥有星级餐厅的小镇很快就会出现在指南中的地图上，旅游者也会纷至沓来。只要一个地方有美食，就意味着那里的每个人，从面包师到烛台制造商都会获得好处，这也成了一种新的吸引力。法国的各个餐厅都在不知疲倦地工作，以确保能够获得星级。它们不断改进，经年累月地制作最好的食物，提升食物的呈现方式，并全力以赴营造最令人难忘的就餐经历。最终，法国成为世界闻名的美食地。[64]

还有许多因汽车的出现而引发的巨大变化。住宿方式的改变就是其中之一。在汽车出现之前，酒店都建设在马车和铁路沿线，集中出现在旅游景点附近，或是为富人提供一个场所，让他们能够与同僚们共度一个漫长而奢华的假期。[65] 正如汽车可以让旅行者自由移动一样，它也让酒店老板获得了自由，新式的汽车旅馆可以建在更多的地方。司机可以去任何想去的地方，并且确信那里一定有自己住得起的旅馆。[66]

很多女性都想尝试汽车旅行。一本1925年的杂志得到的结论是：省力的露营设备范围的扩大与露营地中家庭妇女的数量有直接关系。与此密切相关的是，家庭度假成为大西洋两岸颇受欢迎的消遣活动。在英国，工薪阶层开车前往公园野营，在那里他们能够与志同道合的度假者一起露营。[67] 在美国，军队剩下的帐篷、靴子和背包成为必需的装备。还有一些公司急于制造那些很快成为必需品的新商品。例如，科尔曼灯公司（Colman Lantern Company）开始推销露营煤气火炉。到1937年，建造拖车成为美国增长最快的产业，而且已经有10万人开始使用拖车。这也是衡量汽车旅行走进美国人内心深度（和速度之快）的一个指标，甚至在大萧条期间，汽车旅行也只是经历了短时的下降。[68]

所有人都盼望去露营便会出现一个问题：他们无处可去。尽管国家公园显然可以作为露营地，但很多人都没有简便的路径或时间前往远方的景点。在没有其他选择的时候，很多人索性就把车停靠在路边，支起他们的帐篷，然后去放松娱乐。这种营地并不美观，很多人还关心健康和卫生问题。露营者在景区中捡拾木柴，捣烂土壤，践踏植被，污染水源并留下垃圾废弃物。一些指南书甚至教读者如何砍伐树木和灌木，以便建造床和庇护所。垃圾越来越多。就好像圣经中的蝗虫瘟疫来袭一般。当局必须采取行动。国家公园运动就是行动结果之一。政府专员在国家森林中建设专门的露营地。私人设施面向公众开放。[69]当富兰克林·罗斯福（Franklin D. Roosevelt）总统推行新政，努力让美国人在大萧条期间工作时，国家公园和露营地也是当时重要的建设项目之一。[70]

挪威出现了两难的困境。汽车露营博览会吸引了数以万计的人。此外，汽车团体的成员也鼓励他们的朋友尝试这一新鲜事物。最初，有组织的露营地很少，挪威人基本都在"荒野露营"，把车停在路边就去搭帐篷。农民不喜欢"这群吵闹的、不守规矩的醉汉随意将垃圾扔到宝贵的农田里"。政府并未为此出台新政，而是由驾驶者协会解决了这个问题，由他们来启动修建露营地的项目。[71]

当然，就像父母都知道的那样，到达目的地并不意味着大功告成，还有一多半的辛劳在等着他们。但很快他们就获得了帮助。旅游指南建议父母驾车期间定期休息，并游览沿途的景点。[72]在二战前后那段时间，特别是在美国，主要的旅游道路沿途上出现了一种专为驾驶者设计的新型景点，可以让囚禁在汽车里的司机和他们的爱人出来短暂地透透气。路边景点并不需要达到非常高的标准，"因为人们并不需要在这些景点长时间娱乐"。这些地方只是为了使驾驶者能够短暂停留，给孩子们提供一个下车的机会。[73]恐龙公园、棚屋村、巨大的如保罗·班扬（Paul Bunyan）那样的神秘人物和他著名的蓝牛贝贝（Blue ox Babe）的雕像，以及海豹洞穴这些景点都能让驾驶者感到愉悦。[74]甚至有些建筑也能吸引游客。建筑外观像一头胖猪的烧烤店，或是外观像草莓冰激凌的冰激凌店就相当吸引眼球。[75]

最终，汽车让旅游波及越来越多的人和行业。这种新型的交通方式让男人、女人及孩子都能自由上路。它鼓励开发者创造全新的观看方式，前往更多的地方。它创造了新的度假方式，并推动了辅助设施的创生。汽车的到来是一场革命。飞机也是如此。

三、航空旅行的诞生

　　1903年12月17日这一天，北卡罗莱纳州的基蒂霍克十分寒冷。但这样寒冷的天气并未能阻止两个来自俄亥俄州代顿市的自行车店主，奥维尔·莱特（Orville Wright，1871—1948）和威尔伯·莱特（Wilbur Wright，1867—1912），尝试让第一架动力飞机翱翔于天际。他们自1900年起就开始用滑翔机做实验。一部时长一分半钟具有颗粒质感的影片将整个事件记录了下来。一辆略显落伍的马车将这只人造大鸟拉到了指定位置上。两个涡轮发动机的叶片开始旋转启动，接着，巨大的起降架推着飞机向前滑行。这架原始的双翼飞机在空中展翅翱翔。[76] 历史上著名的首飞虽然只持续了12秒、里程仅为120英尺，但它为日后的发展奠定了基础。当天，随后还进行了3次试飞，有一次飞行了852英尺，持续了几乎1分钟。[77] 这只是一段很短的飞行里程，但影响是巨大的。

　　那天以后，在接下来的11年中，飞机最初的改进出奇地缓慢，除了莱特兄弟和诸多的欧洲竞争对手发明的一种新型飞行器，科学技术并没有什么突破性的变化。[78] 但这并不表示未来要发生的事情一点征兆都没有。1911年，飞越英吉利海峡的第一人路易斯·布莱里奥（Louis Bleriot，1872—1936）测试了一款用来搭载乘客的飞机，他将其称为"空中巴士"。几周之后，他在1911年的巴黎国际航空展上首次向公众展示了"航空出租车"，一架民航客机。[79] 历史上第一条定期客运航线，从圣彼得堡飞至坦帕，在1914年1月1日正式投入使用。它向充满好奇的旅行者们提供了一段22英里远、持续20分钟的空中之旅，收费仅为5美元（体重较重的乘客收费高一些）。但仅在短短的几个月内，公司便破产了。[80] 但是，当1914年8月第一次世界大战开始的时候，飞机并不比1903年的飞机先进很多。当时的飞机驾驶操控很差，飞行距离也并不可观。[81]

　　战争改变了一切。敌对双方发现自己都苟活于他们在法国北部挖的战

第七章 自行车、汽车、飞机

壕里。战争遵循着常见的模式，为了解除敌人的实弹机枪，超出想象的炮击持续了将近一个星期。接着，指挥官命令他们的士兵抢先一步，穿越一片荒芜、人迹罕至的"无人之地"，抢先占领敌军的根据地。这是一种徒劳的策略。任何一方所获得的领土都未超过几百英尺，战士的死伤数量也不像以前所想象的那样。在凡尔登战役中，法德两国共有 30 万人战死，75 万人受伤。在索姆河战役中，英军损失了 42 万人，法军损失了 20 万人，德军损失了 45 万至 65 万人。[82] 著名作家格特鲁德·斯泰因（Gertrude Stein，1872—1946）曾提到这一切都是"迷失的一代"（lost generation）所造成的结果。[83]

可怕的是，战争对技术产生了令人意想不到的影响。当士兵和他们的军官们躺在寒冷的泥土中，拼命地避免一种名为"战壕足"的真菌病和被老鼠活活吃掉的时候，[84] 军事战略家们正寻找任何可能打破僵局的优势。而航空似乎是一个可行的选择，官员们投入大量资金去研发足以发动世界上第一场空战的飞机。[85]

当第一架军用飞机飞向天空，这些飞机只擅长一件事：直线飞行。它们没有足够的动力携带炸弹，也不能装配机枪。这些飞机并不具备可以与敌人交战所必须的空中特技飞行能力，所以只能在敌人的战壕上进行短时间的侦察飞行以收集信息，提高炮弹的准确度。飞行员要尽量避免与敌机的接触。[86] 如果这只是军用飞机的唯一用途，那么没有什么设计是必须改变的。当然，历史并不是这样的。比如法国飞行员罗兰·加罗斯（Roland Garros，1888—1918）在他的飞机上带了一个射手，几乎从他飞入敌国领空的第一刻起就卷入了与德国飞行员的混战之中。在与一架装载了机枪的德国飞机对抗之后，加罗斯便效仿此法去武装法国飞机：改变任何可以提高他作战能力的地方。因此，在一个早期工程师实验的基础上，加罗斯研发出一种可以有效抵挡自身机枪射出的子弹的螺旋桨。到 1915 年 3 月，他的创新令他几乎势不可挡，直到德国人发明了一种可以调节机枪的齿轮装置，每当螺旋桨在面前经过时就会停火。[87] 与此同时，飞机设计师建造了很多可以转向、下沉和爬升的飞机，以便飞行员在遇到敌人能够更加有效地进行操控。[88] 几乎没过多久，飞机工程和设计就有了质的飞跃，一种全新的

"王牌"战斗机问世了。

公众们痴迷不已。在犹如地狱一般水深火热的那个时代，飞行员就像是一个"带着机枪在天空中比武的空中骑士"一般。像德国的曼弗雷德·冯·里希特霍芬（Manfred von Richthofen，绰号"红色男爵"，1892—1918）、英国的爱德华·曼诺克（Edward Mannock，1887—1918）和美国的爱德华·里肯巴克（Edward Rickenbacker，1890—1973）这样的男人很快就家喻户晓。公众把这些人想象为骑士的化身，尽管他们可能并非如此，但公众认为他们从来不急于击落受伤的敌人，而总是准备去做正直、道义的事情。记者们竭尽全力去兜售他们的报道，就像体育赛事的报道者吹捧运动员一样。艺术家们描绘了一幅幅飞行员打了胜仗的壮丽场面，最后，英雄在死亡之际被长着翅膀的骏马驮着，随着天使飞向天堂。海报和明信片也紧跟潮流，歌颂飞行员崇高的身份。[89]

这导致了两个结果。首先，第一次世界大战后的飞机是全世界历史上最先进的飞机。飞机在战前和战后有着天壤之别。在战前，飞机只是一种新奇的玩意而已；在战后，飞机才显示出它真正的效用。其次，时下，航空飞行带有一丝浪漫的色彩，特别是在欧洲，飞行对于大众而言很有吸引力。甚至在飞机尚未被浪漫化时，它仍然能够吸引人们的注意。比如，著名作家弗吉尼亚·伍尔夫（Virginia Woolf，1882—1941）用飞机象征一种现代社会的疏离。在《达洛卫夫人》（1925）一书中，伍尔夫描述了一架可以在空中喷放烟雾形成文字的飞机，这架飞机可以在伦敦天空胡乱地喷写广告。她的语言很生动。对伍尔夫而言，飞机并不优雅美丽，也不英勇雄伟。相反，它让"恼人的不祥之音钻进人群的耳朵"。在下一页里，她重复使用"令人厌烦"这一动词，似乎在暗示这种技术将会渗透整个社会，其程度要甚于汽车。汽车首先引起了大人物的关注，但当飞机出现时，它便受到了冷落。[90]然而，无论是积极的还是消极的影响，它们都表明了一个相同的事实：飞机不能被置之不理。

尽管有些人担心这个勇敢的新世界，但大多数人都想要体验飞行的感觉。可是，直到1919年4月，在英国从事商业航空仍旧是非法的，一些退休的皇家空军（RAF）飞行员在解禁之后便开启了帮助公众体验短程飞行

第七章 自行车、汽车、飞机

的新生涯。在那一年的 6 月和 7 月，布莱克浦的空中飞行员带着度假者们搭乘商业空中客机进行短途飞行。在短短两个月内，至少有 10000 人乘坐空中客机旅行。运载量很大的短途旅行很快使许多英国人体验到舒适的飞行所带来的愉悦。没过多久，企业家就让长途旅行变成了现实。在民用飞机解禁之后，曼彻斯特和利物浦之间马上就开通了一条为商人和追求财富之人开放的航线。[91]

自从 1919 年夏末英国以外的航空旅行被解禁那一刻起，飞机旅行和运输公司（AT&T）就在伦敦和巴黎之间开设了一条民用航线，在运营的前十周往返了 147 次航班。秋季发生的铁路罢工运动在一定程度上助力达成了这个卓越的纪录。[92]然而，这还不够令人印象深刻。一战后退役并加以改进的轰炸机作为早期的飞机，花费 21 英镑就可以获得往返机票，只是可选的座位很少。运输邮件是 AT&T 公司的主要收入来源，此外还有一些国家补贴。飞机旅行和运输公司面临的主要问题是，英国政府不愿提供充足的补贴以抵消成本。与比利时、荷兰、丹麦、瑞典和俄罗斯等欧洲国家政府相比，英国政府几乎没有兴趣提供足够的资金用于国内航空公司的投资。

当英国议会还在就如何深入支持民用航空展开辩论的时候，欧洲政府已经证明了它们对航空业的支持，尽管大量航线与运送旅客或运输邮件毫无关系。飞机成为运输方式的象征。像德国这样的国家，因为对一战后签订的凡尔赛条约所施加的严厉制裁感到愤怒，于是开办了一家商业航空公司，以此象征德国的主权。苏联政府表现出对现代化的接纳。而像比利时、荷兰、意大利、西班牙和葡萄牙这样的帝国主义国家，飞机对他们的殖民统治十分有利。因此，这些国家也很快向他们的新航空公司提供了资金。[93]直到 1921 年，英国人才认识到他们的错误，并发起了一场关于如何更好地发展航空业的讨论，最终决定提供更有力度的补贴，甚至在 1924 年还将多家小型航空公司合并成为帝国航空公司。[94]

飞机对很多国家的政府都具有吸引力，大众也痴迷于飞行技术。然而，早期航空旅行的高成本和不适感成为商业航空公司试图吸引付费客户的一大挑战。[95]据一位乘坐早期 AT&T 公司客机飞越英吉利海峡的乘客所描述，那架客机只配备了四个扶手座椅。正如今天一样，乘客们通过海关要花费很长时间，结果导致飞行往后推迟了35分钟。一旦飞机爬升到空中，他发现飞行体验让他狂喜，但也十分痛苦。虽然"没有人真的吐了"，但是飞机在空中并不"稳定"。为了与乘客沟通，飞行员在信纸上涂涂写写，并把它交回给机舱。这驾飞机从豪恩斯洛（伦敦）飞到勒布尔歇（巴黎）用了2小时20分。在返程中，飞机遭遇风暴，导致飞行持续了3小时。尽管遭遇大风，航空公司的早期客户其实没有那么容易"感到不安——因为这些可靠的机器和优秀的飞行员们给了他们充足的安全感"。

有些乘客对新飞机的信心有些过度。他们要求在任何天气状况下以及在夜间也可以进行飞行。最好的天气预报也不是完全准确的，飞行员总是不得不依靠自己的判断，但过于急切的乘客给了他们另外的挑战。一方面，如果飞行员能够成功地在飓风附近载客，他们将赚更多的钱，并获得良好的声誉，这必将带来更大的财务回报。另一方面，如果飞机坠毁，他们的职业生涯和生命可能就终结了。航空公司自身不得不与保险业的发展之间保持平衡，这往往是一个艰难的选择。飞行固有的危险很快促使英国人建立了一个完全与航空相关的机构——英国航空保险集团。[96]

空中旅行隐藏着危险，再加上费用高昂，所以广大公众，特别是在美国，都不愿意放弃像蒸汽火车这样早期出现的技术。妇女在改变各国航空旅行发展史中发挥了重要作用。公众痴迷于"勇敢的鸟人"，飞行员的粉丝们把飞行员想象成一种"另类"的"现代超人"。航空杂志却力劝人们不要持有这样的观点，指出飞行员"不需要特殊的空感或天赋"，但大众对此表示怀疑。正是女性飞行员改变了这样的局面。马尼拉·戴维斯（Manila Davis，1898—1973）是一位特别直言不讳的飞行员。她告诉同胞们："我的体重只有105磅，如果我可以驾驶飞机并且成功着陆，那么几乎任何人都能够做到。"许多女飞行员销售飞机，参加飞行竞赛，并完成旨在提升飞机和其他产品的飞行。她们可能很少得到驾驶客机的工作，因为"公众根本不信任女飞行员"，但女飞行员的存在没有被忽视。她们表现出女性气质，许多都已结婚，"为确保人们相信她们能够以最好的状态飞行，她们做出很多'牺牲'"。付出得到了回报。女性"通过从事女飞行员这一职业让大众接受了飞行"。[97]这些女性飞行员"驯化"了天空。如果女人能做到，那么对于其他人来说肯定是安全的。

需求在不断增长，世界各航空公司都在迅速增设航线。帝国列强迫切希望可以更便捷地前往遥远的殖民地。到 20 世纪 30 年代中期，飞机航线可以让人们从比利时抵达刚果，从德国抵达俄罗斯，甚至从荷兰抵达印度尼西亚的雅加达。[98] 这些航线不仅关涉利益，而且是一种象征，还是一种权力。要想控制殖民地，就需要无障碍地进入殖民地并与殖民地保持快捷的通信——这两者可以通过飞机轻而易举地实现。

早期的远途航线在理论上是站得住脚的，因为飞机在水面上的飞行时间较短，这意味着远途航线的主要挑战来自外交，而不是技术——某国必须允许其他国家可以进入其领空。但远途航行的确也会有一些起起伏伏。一位乘客 1927 年从伦敦飞往印度，在最终抵达德里之前，在"第戎、马赛、比萨、那不勒斯、霍姆斯、班加西、索利、阿布基尔、布什尔、林格、杰斯克、帕斯尼、卡拉奇和焦特布尔"这些城市都经停过，飞行时间总计 65 小时。[99]

即便在美国，驾驶飞机从大陆的一边到另一边也并非轻而易举就能实现。商业航行在美国起步很晚——1926 年之前美国甚至没有公司——但是在那之后，它很快就致力于帮助人们横跨美国。跨大西洋航空运输（TAT）于 1929 年开始提供服务。乘客花 48 小时就可以从纽约直达旧金山。由于飞机不能在晚上飞行，所以飞机需要降落到地面，然后乘客们会登上一列特殊的火车，熬过黑夜，直到太阳升起，光线充足，飞机才能再次起飞。因为飞机不能远距离或在不利的条件下飞行，所以每隔 10 到 20 英里就设有飞机场，以便飞机加油或是等待风暴过境。但飞行自然会变得越来越快。在 TAT 公司首航后仅一年，飞越美国全境的时间就减少到 36 小时。飞行用时的缩短是因为夜间飞行变得更加安全。

虽然航空公司确实在努力提供舒适的远途飞行，但是远途飞行曾经异常费力劳神。例如 TAT 公司，机舱两边装配了特色藤条座椅，因为缺乏隔热保证，它通常很冷；飞机的振幅很大，乘客很难让眼镜乖乖地待在鼻翼上；飞机的噪音太大，乘客要么被迫用羊毛制品堵住耳朵，要么承担变聋的风险。[100] 欧洲航空公司也是如此。在 20 世纪 20 年代，飞行员依照指示路线飞行，在这些路线上乘客们是看不到铁路的，以免他们意识到他们实际上可以通过更快、更舒适的火车出行。[101]

如果航班不能定期着陆，比如从欧洲到美国跨越北大西洋的飞行，远途旅行将变得更加困难。但至少还有两种前景看好的技术。一是飞艇。飞艇是一种实际的选择，但它们并非无需面临任何挑战。特别是飞艇必须不断加油。泛美航空公司则着眼于在岛屿上着陆，或许还有可能在北极地区降落。但两者都不可行。帝国航空公司曾经探索空中加油的可能性，但这种技术未能取得成功。无独有偶，20世纪30年代期间努力研发的适合长距离飞行的飞艇直到二战前夕也未能成型。[102]

在两次世界大战的间隔期，最有前途的跨大西洋飞行技术不是飞机，而是德国的齐柏林飞艇。这些飞艇在大型氢气球的下面安装了一串豪华客舱。乘坐齐柏林飞艇十分舒适。客舱相对较大，乘客可以随意移动，使用餐厅、观景窗、图书馆等设施，甚至还有一个特别设计的吸烟室。散步甲板是最有吸引力的地方。一位美国乘客在若干年后回忆道：

> 公共房间被低矮的栏杆隔开，在这些房间的外面，是由A甲板两边之间的一个十字路口连接的五十英尺的散步甲板。这为跨越大西洋的乘客提供了近200英尺的散步距离，方便人们在甲板上舒展筋骨。散步区域的外侧是六个大型玻璃窗，向外倾斜45度，通常保持开放，因为即使在风速达到80节的时候也没有穿堂风。乘客们在这里眺望或者在低矮的软座上坐几个小时，痴迷于仅仅几百英尺下的汹涌波涛、颠簸船只、森林、城镇、河流和城市。晚上，拉开走廊和公共房间之间的窗帘可以让旅客欣赏到皎洁的月光、闪烁的星辰，而没有人工照明的强光和反射。

最棒的或许是这些飞行器仅仅用了43小时。[103]在当时，看起来最有可能飞跃大西洋的仍然是齐柏林飞艇。

兴登堡灾难结束了美好的幻想。1937年5月6日，最大最豪华的齐柏林飞艇在新泽西州莱克赫斯特登陆时爆炸，造成36人死亡。在一个新闻片段以及赫伯特·莫里森（Herbert Morrison，1905—1989）播报的重要评论中，他们都采用"火球"这个引人注目的词语去描述当时的场面，齐柏林飞艇很快便失去了公众的宠爱。人们迫切需要其他可以跨越大西洋的交通工具。[104]

当1939年9月第二次世界大战爆发时，所有跨大西洋的休闲和商务旅行都被迫停止。然而，第一次和第二次世界大战所引发的技术突破和社会变革最终使大众休闲旅行成为可能。特别是对长距离轰炸的需求创生出了增压座舱。德国工程师开发了一种喷气发动机，这种技术最终能够比螺旋桨驱动的飞机每小时多飞行数百英里。在战争期间广泛使用飞机运载部队锻造了一代熟悉空中飞行和纪律严明的人。使用豪华设施吸引顾客变得越来越不重要，确保合理安排座位将所有乘客都安置在狭窄的空间里才是最重要的。[105]

四、小结

自行车、飞机、火车和汽车（以及轮船）保证了旅游业越来越成为一个大众关注的焦点。它迎合了来自各个阶层的人，让人们享受自由、逃离现实、感受愉悦、保持健康。第一次世界大战以后，西方世界呈现出一种全新的政治景观。三种不同的意识形态相互争夺支配地位，为赢得公众青睐，它们使出浑身解数。而旅游业将成为开启休闲政治化新篇章的一种有效工具。

第八章 两次世界大战间隔期的旅游业

19世纪是一个灿烂辉煌的年代，科技发明、文化创造遍地开花，人们生活水平不断提升，虽然并非所有人都能乐观地看待未来，但至少这种乐观的态度已经广为传播。但在1914—1918年间的第一次世界大战却让这一切发生了巨大变化，欧洲所遭受的冲击尤为严重。以往战争的影响和破坏力与一战根本无法相提并论。这次战争持续时间较长，让人们看不到和平的曙光。伤亡比例也高得惊人，与以往的战争形成了鲜明的对比。科技本应是提高人们生活质量的手段，但在战争的背景之下，它只会造成大量的死伤和无情的分裂。曾经健康阳光的青年群体，在战争阴影的笼罩下变得黯然无光。

当众多历史学家回顾第一次世界大战时，他们看到的是整个世界被卷入一场突如其来的、深刻的社会变革之中。一战是帝国统治走向末日的开端，是美国成为全球经济巨擘的起点，也是许多国家允许妇女参与选举的伊始。它冲击了19世纪的阶级霸权制度，这在很大程度上源于一战期间大量上层精英人士在弗兰德斯战场的阵亡。血腥的战事改变了人们纪念死者的方式，也改变了许多国家政府在治国理政中所扮演的角色，它向各国引入一种观念，认为家长式管理是一种应有的方式。这样的管理角色要求政府能够真正为人民群众考虑，确保人民在战争危机中有房可住、有医可看、有钱可花。虽然一战为世界带来了新的改变，有时加快了既有趋势的发展速度，但它依然是一次可怕的转折。一战将世界带入哲学家以赛亚·伯林（Isaiah Berlin，1909—1997）所谓的"西方史上最糟糕的一个世纪"。诺贝尔文学奖得主威廉·戈尔丁（William Golding，1911—1993）也曾将这个世纪形容为"史上最残暴的世纪"。[1]

第八章 两次世界大战间隔期的旅游业

一战后,世界的确大不一样。比起过去,各国政府都意识到迎合大众的必要性。毕竟世袭制的时代已经过去。根据历史学家马克·马佐尔(Mark Mazower)的说法,关于哪种方法是治理国家及迎合大众的最佳方法,形成了三方争执的局面。主张民主主义的一方、主张法西斯主义的一方,还有主张共产主义的一方,都承诺"他们所信奉的那种乌托邦式的理想社会——普世的共产主义社会、全球性的民主主义社会或千年帝国那样的社会——是历史的最终选择"。[2] 无论哪一方都需要获得大众普遍的支持,需要大众发自内心地相信自己的国家和意识形态。

在这样的争执中,旅游业也成为各方争相抢夺的战场。经过两百年的发展,旅游业已经成为休息、放松、冒险、个性和富有的象征。一战期间,旅游业在不同地方所遭遇的境遇也各不相同。例如,英国西北部海岸的布莱克浦市在战争期间就为那些安全离开前线的士兵们提供了一个逃离战争摧残的避风港。而战争一开始就遭到炸弹袭击的斯卡伯勒小镇就远没有布莱克浦那么幸运了。[3] 在苏格兰,尽管还有少数地区仍旧对游客具有吸引力,但海上航线的中断和食物定量配给政策还是导致了游客数量的严重下降。与此同时,欧洲大陆的休闲游市场也几乎枯竭殆尽。[4] 然而在大洋对岸的美国,前往欧洲旅游目的地受阻却给其带来了深远的益处,尤其是美国境内的各个国家公园获益颇丰,成为美国的"杰出游览胜地",这很大程度上是由于在那样一个爱国主义盛行的时期"游览国家公园成为人们展现自己公民责任感的一种方式"。[5]

且不论战争的各种影响,到1918年,无论是自行车还是汽车都使人们可以外出长途旅行。当时有这样一种观念,出行可以为人们带来文化资本和社会威望。很多人认为通过旅行来改变日常乏味无聊的生活是一种健康的方式,甚至关系到人生的长短和幸福。当然,并不是所有人都秉持这种观点,但所有形式的政府都把休闲游当成一种促进发展并拉拢人心的方法。因此,各国都通过休闲游来达成自己的某个或多个目的,这其中至少有四种不同的目的。首先,许多国家都希望能够通过旅行这种度假方式来改善人口的健康状况。与此密切相连的另一个目的是,通过旅行可以让人民更了解自己的国家,了解本国的山川河流,本国的多样文化,本国的不同种族以及本国的制度和国民优越性。第三是通过旅游可以展现国家的现代性特征。高速公路、机动汽车、豪华邮轮以及度假胜地等都是一个政权现代性的象征。最后一个目的就是要通过这一新兴产业带动经济的增长[6]，这一点无论是对落后地区还是那些急于摆脱贫困状态的国家来说都非常重要。

一、德、意旅游业

法西斯主义的起源和特征问题之所以是现代史中最具争议的问题之一，很大一部分原因在于法西斯主义运动种类繁多、各不相同，并且每一种都反映了其首创国家的独特需求。意大利的法西斯主义形式在巴西不一定管用，德国的和日本或西班牙的也不同。因此，有历史学家建议要从那些广泛的相似性上入手去定义法西斯主义，而不是根据固定的特征清单去一一对号入座。这些法西斯主义运动的民族主义特征特别强烈，都采用"社团主义"经济模式，反对自由主义和共产主义，行事夸张且崇尚暴力等。[7]法西斯主义国家常常对现代化持反对和憎恶的态度，但它们总是自相矛盾地利用现代前沿科技和思想。历史学家杰弗瑞·赫尔夫（Jeffrey Herf）将其称作"反动的现代主义"。[8]

旅游业对于这类政府来说是非常有用的，因为它可以将国家的关注点聚焦于国家的伟大之处上，增加与它们眼中那些落后国家的对比度，并且有助于提高公民的健康状况。[9]同时可以为公民提供度假机会，展示国家真正地在为人民做实事，这就可以与那些管理不善的国家政府形成鲜明的对比。

意大利首先成立法西斯主义政府。有"领袖"称号的贝尼托·墨索里尼（Benito Mussolini，1883—1945），其父亲是一位忠诚的社会主义者，然而就是这样一位社会主义者的儿子成了法西斯主义运动的发起者。尽管他青年时期一直都在阅读马克思主义理论，但偶然读到的一本德国哲学家弗里德里希·尼采（Friedrich Nietzsche，1844—1900）的著作将他引向了另外一条道路。这位未来的独裁者将社会主义思想与尼采的"超人"思想结合起来，在脑海中勾画出一个引领国家运转的强大领导人形象。而一战后

第八章 两次世界大战间隔期的旅游业

的意大利正是践行这一想法的理想之处。政府内部不稳定，没有哪个议会党派是绝对的多数党，因此需要频繁地进行选举。另外，经济问题、大规模罢工、内部分裂以及许多其他问题都非常棘手。于是，经历了一系列精心策划的政治闹剧、街头拉票以及竞选活动后墨索里尼上台，开始逐步贯彻自己新的"法西斯主义"政治。[10]

墨索里尼新的思想体系包括从经济、文化和社会方面将政府与人们的生活紧密地结合在一起。休闲活动成为达成这一目标的途径之一。欧洲工人阶级常常与政治左派联系在一起，而墨索里尼政权则与左派联盟有重大背离，并且工人们也并不总是热情高涨。此时，旅游业和休闲活动则为显示墨索里尼党派可为人们带来实实在在的利益提供了一个途径。国家康乐俱乐部（OND）是意大利一个组织休闲活动的机构，简称为"Dopolavoro"（下班后），主要目的是教授意大利人如何利用业余时间。如果不对人们的闲暇时间加以指导，人们很可能会荒废掉那些空闲时间，并且会参与到对国家不利的活动中。只要对人们加以悉心指导，就能解决这一问题。

国家康乐俱乐部这一主意并不是法西斯主义者首先提出的。这一想法最早出自马里奥·吉亚尼（Mario Giani，生卒年不详）筹办的一个组织，马里奥·吉亚尼是美国西屋电气公司在意大利瓦多利古雷分公司的一名前任经理。他的想法很简单，就是通过精心规划的休闲组织来引领大众"根据'实用、高效和意义深刻的现代性原则'……去挑选那些'健康有益'且'值得称赞'的业余活动"。[11] 同时，这种组织还对商业有利，可以帮助改善工人和经营者之间的关系。这一新式组织可以引领人们开展适当的活动，对现有社团起到领导作用，激发良好行为。

休闲组织的成功并非是一件能够轻易达成的事情。该组织于1923年通过私人募集资金成立，到1924年的年中只发展到13000人。尽管如此，这一组织还是受到了关注。该组织筹办休闲活动的想法吸引了全国法西斯辛迪加联盟的注意，联盟正急于用自己的劳工协会取代现有的工人组织。但工人们总是持怀疑态度，要开发出能够引起他们兴趣的项目的确是一大挑战。在1924年6月一场短暂的政治危机之后，"社会问题"成为政府需要解决的首要问题，这也最终促使墨索里尼和他的支持者们将吉亚尼的组织收归国有。几个月后，国家康乐俱乐部的成立为墨索里尼这位新任独裁者提供了一个使国家政策与地方资助项目相互协作的有效途径。[12]

国家康乐俱乐部的目的就在于"通过俱乐部的工作，使工人的休闲时间能够被更为健康有效地加以利用，从而改善工人的身体状况，提高工人的智力水平和道德意识"。[13] 该俱乐部吞并了许多现有的相关俱乐部，法西斯主义者还利用现成的基础设施，使权力移交变得更为容易。截至1937年，该俱乐部共赞助了包括"徒步行军、一日游和旅行团在内的大约5万次活动"。活动过程中的一些小活动，例如挂彩旗、辩论、演讲、合唱以及合奏乐器等，共同将一次次普普通通的旅行打造得精彩纷呈。

最受欢迎的是那些花费不高的休闲活动。骑行旅游就是一项非常受欢迎的活动（国家康乐俱乐部接管的俱乐部里，意大利旅游俱乐部是一个大型的骑行组织，成立于1892年）。骑行旅游花费不高，"是一种几乎所有俱乐部成员都能负担得起的休闲方式"。国家康乐俱乐部自1931年8月起，开始为成员提供价格平易近人的铁路旅行项目。为了让工人们能够参与短期的集体度假游，俱乐部还为工人提供打折火车票。这样不仅能够使工人享受到实惠的价格，还可以为国家铁路事业做贡献。

然而国家康乐俱乐部的成功并非势如破竹。墨索里尼和他的领导班子对"低俗文化"毫无兴趣，接手国家康乐俱乐部也只是形势所趋，并非出于真心。他们不愿对俱乐部投入太多，去真正发掘旅游业作为一种政治手段的潜能。俱乐部缺少资金，因而无法组织大规模的邮轮旅行或者真正实惠的长时假期。即便是那些低价项目，普通工人也常常承担不起票价。[14]

在德国，纳粹党人成立了一个类似于国家康乐俱乐部的组织，不同的是这个组织得到了更好的资金支持。德意志民族社会主义工人党（NSDAP），即纳粹党，于1933年成为德国唯一执政党。纳粹得以掌权所依靠的是一个来自社会各界的广泛联盟。即便如此，在阿道夫·希特勒（Adolf Hitler，1889—1945）和他的领导班子看来，他们对国内工人阶级的控制还是力度不够。在德国，多数工人支持的是最大的党派，社会民主党（SDP）、德国共产党（KDP）或者规模较小的左翼团体的联合。[15] 这种情况对纳粹党人来说着实是一个威胁，因此他们很快就粉碎了国内其他的政治对手。仅用了六个月的时间就镇压了"世界上规模最大、组织最好的工人运动"。[16]但留下了一个空位需要填补，纳粹党人于是很快建立了自己的工人阶级组织：德国"劳工部队"和"欢乐带来力量"（KdF）。KdF是仿照意大利的休闲团体创建的。[17]

KdF不仅取代了魏玛共和国时期的工人组织，还主张通过短途旅行来改善人民健康状况，提高生活水平。该组织提议每一个德国人都要成为更好的自己，同时将纳粹政权与其所反对的共产主义政府或受市场驱动的政府区分开来。[18]通过KdF，德国的现代性特征得以体现，国家的古老风景和历史传统也得到了彰显。该组织可以促进经济增长，尤其是对诸如巴伐利亚乡村等欠发达地区的经济发展作用更大，同时还有助于打破国内各社会阶层之间的屏障。

罗伯特·莱伊（Robert Ley，1890—1945）是KdF的领导人，早在1932年就前往意大利了解意大利人打发"闲暇时间"的方式。意大利的国家康乐俱乐部给他留下了深刻的印象，但同时他也认为该组织还有进一步完善的空间。在他看来，工作场所的环境应该像休闲场所那样得到改善，并且应该在意大利的国家康乐俱乐部的实践之上增加更多的要素使之更为完善。他还设想增加一些体育赛事、徒步旅行、短途旅行、度假村旅行、邮轮旅行以及其他各种度假方式。除此之外，他还准备生产一款价格实惠的汽车：KdF旅行车，也就是我们所熟知的大众甲壳虫汽车。[19]

他所有的这些想法都是需要资金支持的，他也通过各种渠道来募集资金。首先，他将1933年被纳粹废除的、不复存在的左翼团体留下的现金收为己用。其次，他要求企业向KdF支付会费。最后，为筹集资金，KdF组织的表演和旅行活动都要求参与者交纳一定的费用。该组织会挑选出一些工人获得免费旅行的机会，但大部分工人还是要花钱才能参与到旅行活动中——不过价钱要比其他的商业机构实惠得多。[20]

当时德国大部分工人的工资都极低，平均每周还达不到25马克。这就意味着尽管KdF的旅行价格很低，但很多工人还是负担不起。[21]阻碍工人参与旅行还有另一个更大的原因——文化因素。一战以后接踵而来的是一场长期的经济危机，这让工人形成了一种思想习惯，那就是要将钱省下来花在购买食物、添置家具、交付租金以及其他一些切实有用的东西上。因而，想要说服他们去花钱娱乐着实不易。[22] 但是只要努力还是会有效果的。在 1938—1939 年一年之间，有 27610 家公司提供资金让 463800 名员工参加了 KdF 组织的度假旅行。[23]

一旦开始运营，KdF 就开始朝着既定的经济和意识形态目标奋力前行了。尽管参与到 KdF 旅行中的绝大部分德国人来自城市，但该组织通过旅行这种方式依然可以帮助到那些弱势群体。比如，巴伐利亚州有许多农村地区都非常贫困，该组织就通过包价旅游的方式组织人们来此旅行，从而带动了当地的经济发展。他们利用当地民居和小旅馆接待游客，这样不仅可以降低旅行费用，吸引更多中低收入人群参与旅行，还可以将客源带入当地社区，而不仅仅落入旅游供应商的口袋。[24]

人们常常将德国与以"血与土"为口号的民族主义联系在一起。也就是说，德国人应该拥有纯正的血统并且心系祖国的大好河山。[25] 徒步旅行使心系祖国山河这一特征外化成为一种具体的行为。像黑森林和巴伐利亚这种具有典型德国特征的地区，人们到这些地方旅行可以从当地的传统建筑或服饰中领略到本国独特的传统文化。当然，参观像汉堡这样的国际港口城市同样也可以感受到本国的文化。不同的是，这种旅行的主要目的是向人们展示本国工业化的发展，让人们亲眼见证祖国的繁荣昌盛。[26] 还有一种旅行是让政府官员们走出国门去到更远的地方，通过对比使他们看到德国的先进发达和其他国家的落后平庸。还有一些旅行只有日耳曼民族的人可以参与，而将犹太人和其他被认定为低等的民族排除在外。官方努力向精英种族的人们展示纳粹党人为他们做了多少贡献，与此同时又极力掩盖纳粹政策对其他人种造成的可怕影响。休闲活动在各个种族群体之间起到了挑拨离间的作用。[27]

旅行者们掌握的信息并不是偶然得到的。KdF 通过在杂志上刊登旅行者的旅行感言来向人们宣传他们想要传递的信息。读者所读到那些故事个个都反映着该组织的理念和目标。其中有一篇文章就讲述了 KdF 组织的旅行如何对一位 32 岁的工人产生深刻影响。在纳粹党人眼中，这位工人毫无责任感，因为他一直没有结婚甚至也从未想过要结婚。在一次 KdF 组织的旅行中，他遇到了一名来自柏林的年轻女士。两人一见钟情，但这段感情止步在旅行结束的那一天。他们各自回到家中以后，就再无联系。直到这位女士寄给他一本用同游时拍摄的照片制作的剪贴本，他才克服了内心的挣扎，立刻奔向柏林向女方求了婚。欢乐带来力量组织的这次旅行，使这位工人成为一名负责任的德国人，并开始学着去做一个真正的男人。除此之外，还有一些旅行感言是向人们讲述其他国家的贫穷落后，强调德国的先进发达。[28]

就连卡通动画也在极力渲染着德国的优越地位。其中有一部动画讲述了一位拿着长矛、拖着人骨、全身几乎赤裸只有一块缠腰布的名为"Wahatupa"的非洲酋长。这位酋长告诫本部落成员："部落领地内任何人都不能吃掉参加 KdF 旅游活动的度假者，因为我们也要彰显自己是文明开化的人类。"这部动画不仅反映出德国人是受人尊敬的，同时还以一种委婉的方式教导外出度假者在异国他乡时正确的行为准则——遵守指令，向世界展示德国人端正的行为举止。[29]

KdF 成立仅三个月后就推出了包价旅游产品。一开始 KdF 使用的是租赁的邮轮，后来该组织在 1938—1939 年间购买了两艘邮轮以便组织旅行。选取的目的地也丰富多样，从位于英吉利海峡的怀特岛（希特勒曾应允说等他攻克英国以后就让 KdF 将该岛开发为旅游度假区），到意大利的热那亚、那不勒斯，葡萄牙的里斯本，甚至到埃及的开罗、土耳其的伊斯坦布尔等地。而这些旅行地的选择，目的也不单纯。这些地区都相对贫穷落后，因而更能够突显出本国的发达富裕。如此一来，旅行者们就一定能得出这样一个结论：德国比其他国家更先进，而希特勒为人民争取更广阔的生存空间的愿望也是合情合理的。KdF 的旅行也能反映出希特勒的外交政策目标。在当时的所有旅行地当中，最受欢迎的目的地是大西洋中的马德拉群岛——英国富人的度假地。通过组织工人阶级到这样一个上流阶级的旅行地度假，纳粹党人可以向人们展示他们没有区分阶级的观念，并且还可以显示出他们根本不在乎这里之前是"英国的"领地。[30]

KdF 吸引了众多德国人的参与。1934 年一年内参与该组织文化活动的人数达到 9111663 人，到 1938 年就增加到了 54568467 人。[31]而相关的广告和宣传更是普及到了更广泛的人群中。该组织"使将近4300万名德国人参与到包括一日游、周末郊游及国内外度假旅行在内的各种旅行活动当中"。[32] 换句话说，该组织想要传递的种种信息，包括德国是一个受人尊敬的国家、一个没有阶级界限的社会，具有种族和国家优越性并且经济发展迅猛，都广为人知。

二、苏联旅游业

苏联是一个通过革命建立的国家。[33] 对于当时苏联的知识分子来说，旅游业为他们提供了一条走向理想的乌托邦的康庄大道。尽管有的共产主义者总是把休闲游与资本主义联系在一起，认为这是在浪费时间，削减社会生产力，但他们同样也认为旅游业提供了使人们感受到资本主义和社会主义根本性区别的机会。在他们看来，苏联可以开创一种新式旅游，而且还能提高人民的身心健康。

对苏联人民而言，旅游并非新奇事物。在革命之前，俄国的资产阶级也和西方同阶层的人们一样会去享受温泉水疗和阳光沙滩。他们也爱去探访美景，虽然大多数人有机会探访本国的山川大河，但他们还是更憧憬西欧的风景。[34] 对于那些推翻了沙皇统治的革命者来说，曾经因为懒惰而亡政的沙俄贵族就是一个深刻的教训，而休闲游这样的活动恰恰就是懒惰的产物，也是等级制度的体现。对于弗拉基米尔·列宁（Vladimir Lenin, 1870—1924）以及他的那些追随者们来说，沙俄时期的旅游无法代表无阶级社会。因为彼时的旅游业无任何公平可言。

苏联的旅游必须与之区别开来。历史学家黛安·肯克（Diane P. Koenker）曾总结道：

> 苏联的吸引力和合法性是建立在这样一种理论之上，那就是在社会主义制度下，资本主义社会中的矛盾将会消失。在资本主义社会中，一个人的享乐是以其他人的辛苦劳动为代价的，其中劳动、享乐和学习是彼此分离且相互排斥的，但社会主义并非如此。社会主义社会中

的每一个个体都需要公平地进行所有社会活动。这种想法野心十足：在苏联社会主义社会中，每一个人都需要工作，需要参与到自我提升的活动当中，并且每一天的生活都会获得全新的意义，因为人们每一天的生活都是工作、学习和娱乐的结合。

苏联的理论家们梦想着创造一种独特的"无产阶级旅游"，这种旅游具有集体性，但也能实现个体的自我提升。[35]

实现这样一种旅游需要面对两大难题：第一，关于如何打造出这样一种新式休闲方式，众说纷纭；第二，那些立誓要打造"无产阶级旅游"的理论家们在了解到以消费者为中心的思想后，陷入了深深的无助之中。本书从头至尾都对以消费者为中心的思想有详细的介绍。[36]尽管如此，还是出现了有关旅游的新的经营和思考方式。第一种仅仅关注健康；第二种则希望在商业基础上提供更多样的休闲方式；第三种是在努力保持集体主义组织模式的同时提供各种休闲方式。

一开始，医学专家们在吸取现代"科学"的基础上提出"无论是在肺病疗养院休养六周，还是在一个'气候适宜'的疗养院待上一个月，或者是那些身体健康但情绪低落的城市工人进行一次长途背包旅行，这些都是最佳的休息方式"。带着医生的诊断证明，病人就做好了去度假的准备[37]——无论结婚与否，他们通常都是独自出行，因为谁也不能保证一家人症状相同。甚至还有一些官方人员认为，夫妻之间的小离别会给双方带来益处。[38]在国家宣传方面，这样一种度假模式还可以将苏联与世界其他国家区别开来。宣传影片都在称赞着这种"将医疗、享受、时代性和娱乐结合起来"的旅行模式。一切都是最新的。所有都是现代的。[39]然而这就像苏联的大多数事物一样，其中掺杂着大量夸张的成分。

这种度假方式并非对所有人都具有吸引力。有些人希望去不同的地方并游览新景点，而不是花时间待在同一个地方，尤其是那个地方实际上是一家医院。但对于官员们来说，只要能达到他们的目的，这样的度假方式并没什么不好。苏联的旅游需要强调"目的和精确"，从而与资本主义的休闲方式区别开来。它将"使工人、农民、学生以及知识分子等广大民众成为自觉地积极参加旅游活动的人，提升自己的旅行技能，并且能够为自己的年假行程做出精确的规划"。但其中的挑战就在于要为旅游者建设一个服务设施网络。[40]

苏联旅游者组织，又称"Sovtur"，就是为了满足游客需求而成立的。Sovtur认为旅游为人们提供了教育机会。它试图"通过利用劳动工人休息和休闲时间去开阔他们在生产方面的视野"。[41]这一组织的功能相当于一家旅行社，不仅组织商业性的包价旅游，还负责苏联国内的休闲设施建设，保障落后地区的基础设施建设。

无产阶级的旅游让苏联人民与国家之间建立起关联。就像德国KdF组织人们到农村旅行那样，Sovtur组织的旅行"把人们的爱国热情又提升到了一个新高度"。来自不同背景的人通过该组织的旅行而相遇，游客还能学到一些具有"重要军事意义"的技能，比如地图判读和航海技能。就像历史学家黛安·肯克说的那样："培养人们的爱国情感，可以在必要的时刻激励人们站出来去保护自己的祖国。"[42]有时人们还会参与到被21世纪的旅游学者称为"志愿旅游"的活动当中。人们会到边远地区帮助当地居民修理设备，帮助他们照顾孩子，还为他们带去阅读资料。[43]

然而，Sovtur在意识形态道路上却走得步步惊心。它开发的包价旅游产品与资本主义国家资产阶级的休闲旅游极为类似。忠诚的社会主义信仰者无法容忍包价旅游项目中的商业成分。[44]于是，另一个名叫无产阶级旅游协会的组织于1928年成立，以便开发更贴近左派思想的旅行项目。为达到这一目的，该协会尝试在苏联各工厂内打造一个支持基地，由此形成"旅游细胞"或"构件"。经过四年的努力，到1932年该协会已经发展至80万名会员，并宣称已经为300万名旅行者提供了服务——有33%—60%的苏联"劳苦大众"参与其中。[45]

三、英、法旅游业

民主主义国家对旅游也颇感兴趣，尽管它们发展旅游的途径各不相同。历史学家加里·克罗斯（Gary Cross）曾说过："在备战期间的欧洲，度假并不仅仅是大众逃避现实的一种行为。它还是一种发自内心的需求，度假旅行在战后成为欧洲人最珍视的权利之一。"[46]这其中的一部分原因符合"极权主义"国家的特点。与法西斯国家一样，官方常常把休闲旅游当成"一种达成'政治一致'的工具"。通过休闲旅游，政府向工人展示国家重视并且帮助人们建立一种共同使命感，这样就可以使工人忠诚于国家。[47]带薪假期可以"树立起一种民主文明的风尚，具有社会平等的倾向"。英国哲学家伯特兰·罗素（Bertrand Russell，1872—1970）就曾充分论述过这一观点。他说："不再是'培养出很多达尔文和猎狐者的有闲阶级'……而是'普通的男男女女，拥有机会过上幸福的生活，因而将变得更加友好并且对他人少了几分怀疑'。"[48]因此，旅游使国民"发现祖国之美"，在这一过程中，公民的爱国意识和身份认同感都得到了提升。[49]

许多人认为，带薪休假有助于家庭和睦，增进公民身体健康。度假旅行是一个男人带给家人的礼物。共度假期使夫妻与孩子可以在同一屋檐下共度天伦之乐，而不会被工作打扰，一家人可以一起放松，一起在沙滩玩耍。那些整日忙碌的夫妻，在一整天的工作之后回到家中，劳累甚至让他们无暇去仔细端详对方。对于他们来说，一次家庭度假可以让他们重新找回相爱的感觉。人们还能利用假期去拜访远方的亲人，巩固亲情。[50]除了家庭意义之外，带薪休假对个人来说也有许多好处。适时改变一下自己所处的环境，非常有利于个人的身体健康。[51]这与"度假对自我发展而言必不可少"这一如今早已广为认可的观点是相互一致的。

对于这些观点，几乎没有什么异议，就连一些雇主也承认"在现代社会中，度假是十分必要的"。因为他们希望通过准予员工带薪假期这一举措使员工更遵守工作规章，并且"增强员工的主人翁意识"。在企业的生产淡季为员工安排年假，既不会影响企业利润，同时还能为公司带来以上种种好处。[52]

各国政府都发现，为员工提供带薪假期这一举措不仅仅是本国的专利，还是一项跨国行动。在1919—1925年间"中东欧有6个国家都各自通过立法延长了各类工人带薪休假的时间"。[53]截至1935年，包括巴西、智利、秘鲁、墨西哥、古巴以及诸多欧洲国家在内的共14个国家通过立法给予工人享受带薪假期的权利。[54] 英法两国的领导人也深刻意识到了这样一种趋势。德国分别于 1934、1936、1937 和 1938 年举行了 4 届国际酒店及旅游业大会——这使 KdF 成为 1936 年世界休闲娱乐大会上的"典范"。[55] 这至少说服了一些国家。忙于建立本国旅游业的爱尔兰政府转向纳粹德国求助取经，并派遣官员到德国学习 KdF 的运作方式。[56] 与此同时，法国则看到了一个标新立异的机会，认为旅游应该是"欢乐的""自发的"和"统一的"，它应该打破分隔社会各个阶层的那堵墙。相比之下，KdF 的设立则完全是为了实现"国家自我提升和人民自愿服从"的目的。德国的度假旅行加深了人们之间的负面对比，而法国的度假旅行则有助于社会和平、"减少发生战争的可能性"，这是因为休假"可以丰富生活，使人们热爱生活，从而增进和平"。[57]

在这种背景下，法国具有社会主义倾向的政府在利昂·布卢姆（Léon Blum，1872—1950）的领导下于 1936 年 6 月 20 日通过了一项法律，该法律保障了法国工人每人每年 15 天的法定带薪休假时间。[58] 英国对此则更为慎重，主要依靠雇主为员工提供带薪假期。这一方法效果不错，1935 年就有 150 万名工薪族享受了假期，而且不必担心扣工资。到 1938 年 3 月这一数字就跃升至 775 万——大概占到劳动力总人数的 40%。[59]

在发展旅游业方面，民主主义国家更倾向于依靠私人企业的推动和自由市场的引领，因为他们相信资本主义可以从自身发展中吸取教训并进行自我调整。在法国，各个不同群体，包括工人团体、天主教会以及雇主在内，都参与到了"提供有别于现存旅游和度假产业的低成本度假机会"之中。[60] 在 1936 年以前，法国的休闲旅行主要针对的是社会精英阶层，通常涉及的是豪华酒店。这种酒店就像 1932 年奥斯卡获奖影片《大饭店》（*Grand Hotel*）所描述的那样，可以满足人们的一切需求。酒店中有充足的服务人员为住客提供服务，帮助他们搬运行李、递送餐食、清洗衣物以及安排行程。在酒店的酒吧和餐厅里，住客不仅能够享受到餐食和饮品服务，还可以参与到舞蹈和丰富的娱乐活动之中。然而法国的工人们对此一无所知。在旅游业支持者的推动之下，工人的工作时间有所削减，工人们需要学会如何去享受工作之余的闲暇。[61] 德国工人要学会的是把钱花在休闲娱乐

第八章　两次世界大战间隔期的旅游业

上而不是存起来备用，而法国工人要学会如何去享受他们的闲暇时光。因此，基于阶层的专业旅游集团便开发了一些项目，使人们可以享受到优惠的旅行票价。他们为来自乡村地区的游客量身定制了有导游带领的巴黎之行，还特别为青年群体提供经济型住宿，并修建体育设施。[62]

英国政府也不急于投身于旅游业的发展当中，只借助一些小举措来鼓励私营企业采取行动。因此，在1921年，英国政府通过一项立法，允许度假村"从市属企业利润中抽出不高于便士汇率比例的利润"用于宣传能够带来健康和愉悦的旅游业。[63] 与此相似，一群酒店经营者在1926年发起了一场旨在呼吁海外游客"到英国来"的运动，英国的海外贸易部表明了支持态度，但并未参与或给予资金支持。然而，这些举措无足轻重，那些数字是不会说谎的。法国政府向本国旅游中介机构提供了25000英镑的资金支持，因此广受指责，被公民批评太过吝啬。意大利政府拿出25万英镑用以支持本国旅游业的发展。德国政府仅在宣传方面就提供了6万英镑的资金支持。相比之下，"到英国来"运动仅募集到了1945英镑的资金，最终以失败收场。即便遭遇了如此失败，英国政府对旅游业的赞助也并没有随着时间的推移而增加多少。20世纪30年代欧洲各国都在大力发展本国旅游业，在这样的背景下英国的贸易委员会才一次性拿出可怜的5000英镑用以支持一个名为"旅行协会"（TA）组织的成立。该组织度过了20世纪30年代以及之后的艰难时期，但这一过程中获得的一切成功与英国政府之间毫无瓜葛。简而言之，英国政府不想插手"私营企业的事务"。[64]

对于英法政府的这种不情愿的态度，大众也许已经见怪不怪了。在法国，私人公司或者那些具有发展意识的个人都做了大量的工作。在两次世界大战的间隔期，像英国巴特林公司这样的组织在持续不断地拓展自己的事业，推出了英国第一批假日露营地，为战后英国旅游业的发展打下了基石。同样，工人组织和工会仍旧一如既往地为工人们提供"低价的短途旅行和假日野营"。[65] 像"青年旅社、骑行者旅行俱乐部、假日伙伴、工人旅行协会以及假日合作协会等"这样的非营利性组织也都不遗余力地开拓新项目。[66]

四、欧洲以外的旅游业

对于欧洲以外的那些欠发达国家来说，在两次世界大战间隔期发展旅游的最主要原因是促进本国经济发展。尽管离开欧洲或美国到其他地方旅行的人数依然相对较少，但在许多地区依然有许多人对本地的旅游业抱有期望。对于一些国家来说，旅游业可以带动本国的战后重建。对于另一些国家来说，旅游业是利用本国殖民关系的一个机会。然而，尽管利润是各国发展旅游业的最大动机，但通过发展旅游业，一些国家不仅提升了国民的国家自豪感，同时也改变了国家的国际形象。

墨西哥就是一个很好的例子。从20世纪20年代初开始，墨西哥就面临清除国内暴力和叛乱的漫长斗争。该国于1910年陷入内战，并且在接下来的20年里一直冲突未断。到1928年，取得胜利的政党急于重建伤痕累累的国家，要在保持其革命理想的前提下在国内发展资本主义经济。旅游业对当时的墨西哥来说似乎是一剂灵丹妙药。它不仅能够促进经济增长，还能通过展示本国灿烂的历史文化让国民建立起国家自信，消除被殖民时期的自卑感。

新一届政府于1928年在墨西哥正式实施了一项旅游发展政策，并迅速着手尽可能多地收集其他国家在发展旅游业方面的成功经验。[67]外交部派出代表前往国外收集信息，最终形成了有关"捷克布拉格，美国城市菲尼克斯、圣路易斯、芝加哥、加尔维斯顿、德尔里奥，美国得克萨斯州，加拿大和古巴"的旅游业发展报告。最终的调查结果相当喜人，无论是距离墨西哥较近的加拿大和古巴，还是距离较远的欧洲国家，旅游对各国都产生了积极影响。[68]虽然各地推出的旅游产品种类相去甚远，但总体情况还是非常令人鼓舞的。墨西哥可以通过招揽游客和鼓励旅游的方式发展经济，与此同时，还可以向世界展示出一个新的更为积极的国家形象。

对于墨西哥来说，美国是一个理想的市场。北方的邻居们已经大规模地前往加拿大和古巴旅行，而与美国之间便捷的交通一定也能为墨西哥带来大量美国游客。[69]然而，让美国游客跨越南部边界也存在着重重障碍。首先，墨西哥在外人眼里是一个动荡危险的国家。[70]其次，墨西哥国内缺乏适合接待游客的住宿设施。[71] 新成立的国民革命党（PNR）政府急切地想要解决这些问题，从而改善与美国的关系。它要彰显出墨西哥的现代国家形象，颂扬历史中某些值得一提的地方，并参与到"通过旅游赚取美元这场竞赛的角逐中"。为此，PNR 颁布了一系列政策以打造出一个"便捷安全的旅游环境"。于是，墨西哥开始修建道路、兴建酒店、开发符合欧美游客需求的景区，同时努力提升国家形象。引导游客去参观那些墨西哥的"国家瑰宝"，比如古代遗址、宜人沙滩以及殖民小镇等"令墨西哥人深感自豪的本国独特景观"。[72]

1936 年夏季，墨西哥–新拉雷多高速公路建成通车，这条公路从美国边界通向墨西哥中部。公路通车以后，许多团体开始推动旅游住宿设施的开发。20 世纪 30 年代末至 40 年代初，墨西哥城"通过发展旅游完成了转型"，成为"一个正在崛起的国家"的象征。[73]

不幸的是，一场全球经济危机很快就摧毁了这一切自上而下的努力成果。如同英国和法国那样，私有企业担当起旅游业发展的重任。历史学家迪娜·伯杰（Dina Berger）曾写道："虽然经济危机重创了政府，甚至还重创了新兴的私营旅游组织，但为那些顺势而为的旅游支持者的发展壮大腾出了空间。"这些旅游支持者们在美国举办巡回讲座，在报纸上刊登宣传墨西哥旅游的文章，还不断教导墨西哥人民创造一个生机勃勃的旅游产业意义重大。[74] 因此，当经济危机渐趋消退，墨西哥旅游业的基础工作已完成，新一轮更大规模的发展蓄势待发。

虽然巴厘岛面临的挑战与墨西哥有所不同，但旅游依旧能够带动当地经济的增长，提升国家的公众形象。这座小岛位于爪哇岛东部，是印尼群岛的一部分，在 1908 年沦为荷兰殖民地。但荷兰在征服这座小岛的过程中也遇到了不小的阻碍。在接手当地皇室对该岛的统治权的时候，荷兰军队可谓是受到了不小的惊吓。比起在战场上战败，当地国王选择了另一种方式来守护皇室最后的尊严。他命令宫廷里所有人列队走出皇宫并在荷兰殖民者面前相互杀掉对方。这让荷兰殖民者深感羞耻，面对愤怒的人群，他们开始开枪扫射。这可谓是一场大屠杀。[75]

欧洲大众并未对此感到高兴。相反，越来越多的人对帝国的担忧与日俱增，有关殖民地暴力的报道，例如有关比利时殖民地刚果的报道，让那些良知尚存的人感到深深的羞愧。殖民者在万隆所进行的屠杀与之前那些如出一辙，这并不是政府想要的宣传素材。荷兰不得不重新理解和思考对巴厘岛的统治。与此同时，新的管理者还要想办法在这样一个资源极度短缺的地方获取稳定的收入来源。诚然，岛上有着丰富的鸦片资源，荷兰殖民者们也很乐意售卖，[76] 但售卖毒品对削减殖民者在大众心中的杀戮形象起不到任何作用。在岛上发展旅游业并进行地方营销却是一个既能赚钱又能建立积极公众形象的好办法。

巴厘岛成为殖民地后，岛上欧洲人渐渐开始多了起来，其中大部分是艺术家和探险家。岛上景色宜人，土著居民赤身裸体、魅力十足，这让欧洲游客兴奋不已。在很短的时间里，巴厘岛就凭借前现代天堂的形象赚取了大量现金。这片土地既高贵，同时又性感野蛮。[77]

于是，大规模的开发行动很快就开始了。荷属东印度旅游交通协会于1908年成立。[78] 从1924年开始，该岛有了定期的轮船服务，[79] 此举在短时间内大幅增加了欧洲来此旅行的人数。1928年岛上的第一家酒店正式成立。[80] 1924年仅有213人上岛旅行，但到1929年上岛旅行的人数就增加到了1428人。虽然接下来几年的全球经济低迷状态使上岛游客数量持续减少，但1934年游客数量又有所回升。在那一年，每个月都有250名游客到此旅行，他们享受到的是更为便利的交通和更加舒适的住宿条件。[81] 在1942年日本占领该岛之前，巴厘岛一直都是一个热门的旅游目的地。[82]

五、小结

无论在何种政治制度下，旅游和休闲活动在两次世界大战的间隔期都发挥出了很好的政治作用。各个国家都可以通过旅游来表现对本国公民的关心，彰显本国的独特性，促进国家经济发展，强调国家的现代性，并建立起一种更为强烈的民族主义意识。这所有的一切都使假日旅行愈加受到公众的欢迎。像法国和德国工人阶级这样的人群，他们先前很少能够享受到工作之余的放松时间，但旅游业的发展促使他们开始学着去享受休闲时光。一旦他们学会去享受自己的带薪假期，掌握了用外出旅行的方式去减轻自己的烦恼，度假便会成为他们生活中不可或缺的一部分。

　　第二次世界大战的到来暂时中断了这样的欢愉，但战争同时也催生了新的技术，人们对旅行也有了新的品味和更大的包容度。一切都在战后为世界带来了真正的大众旅游。更重要的是，以上种种使旅游在战后的岁月里继续发挥其政治作用，无论在国家还是国际层面上皆是如此。

第九章　战后旅游业

第二次世界大战波及全球，作战区域遍布海、陆、空。城镇被夷为平地，工厂被损毁，基础设施遭受大面积破坏。柏林、伦敦、德累斯顿、比萨、考文垂、广岛、长崎，这些曾经繁华一时的都市，却变得残垣颓瓦，满目疮痍。生灵涂炭，浴血沙场的军人和不计其数的平民殒命，随处可见无家可归的难民。[1]

在这样的时代背景下，旅游并未止步不前。远途旅行在二战期间基本中止，战争时期邮轮和飞机被政府充公为军用，跨越国界线也是十分危险的举动。对于那些撤离了地面战斗的人来说，假期可能意味着离家更进一步。[2]英国政府"鼓励民众通过休闲活动和传统的旅游娱乐来鼓舞士气。"[3]一战期间，一些城市就因此受益良多，布莱克浦就是个很好的例子。它远离可能的入侵点，没有遭受轰炸，英国皇家空军将新兵安顿在这里，许多公务员甚至也从伦敦搬到这里。军人，尤其是美国军人，都迫不及待地想将工资花在对闲适生活的追求上。[4]这场战争将英国乡村转变为避风港，"对英国城里人而言，乡村是休闲之地，也是安全之地"。[5]相比之下，其他国家对旅游远没有英国的热情。例如在澳大利亚，昂贵的油费、"节俭的文化"和铁丝网围绕的沙滩，无一不说明旅游度假在澳大利亚人心中并非头等大事。[6]而对于美国人来说，他们显然更愿意待在离家近的地方，对越来越多的旅游设施没有兴趣去探索，甚至连一步之遥的墨西哥都不愿意去。[7]对于其他国家来说，例如爱尔兰，作为中立国，它预期战争结束会给旅游基础设施建设提供发展机遇。但是，尽管政府劝说民众游览国内风景名胜，却经常以失败告终。[8]在枪林弹雨、尸横遍野的战争时期，几乎没有国家会把休闲娱乐作为第一要务。

但二战结束后,旅游的发展大相径庭。短短 40 年间,旅游业就成为世界领军产业。到 20 世纪 50 年代末,人民的生活水平达到了前所未有的高度。带薪休假的观念在人们心中更加根深蒂固,许多国家也大大延长了战争爆发前规定的带薪假期。人们拥有旅游所需的时间和金钱,但还存在其他诱因。战争期间研发的新科技使人们的出行成本大大降低。除此之外,旅游业的发展也是出于政治考量,联合国及多国政府都支持发展旅游。一时间,度假胜地数量剧增,私人企业力图拓展景区类型。成百上千的企业争先恐后地想在这一新兴产业中分一杯羹。

一、推动旅游业发展

1945 年底,日本、英国、意大利、德国的众多城市已在空袭的弹雨下满目疮痍,而大西洋彼岸的美国则是唯一免遭战火的世界大国。因此,美国政府抓紧时机进行资本积累,不费吹灰之力就成了和平时期的工业大国,生产的产品从重型设备到家用奢侈品应有尽有,但消费者只能望而却步。尤其是欧洲,战后急需美国商品和原材料供应,对食品的需求也极为迫切。美国的流行文化和产品也享誉欧洲大陆。然而,战后的欧洲一贫如洗,尽管美国想要跨越大西洋将产品销售到欧洲,但欧洲各国政府和大多数欧洲人都手头拮据。[9]

除了经济上的问题,许多政治家和知识分子口中的"极权主义"也成了美国及欧洲政要们的心头大患。英国前首相温斯顿·丘吉尔(Winston Churchill, 1874—1965)曾坦言自己对"铁幕"的忧虑。他认为"世界的安定……需要欧洲大陆的团结"。[10] 而当下接连不断的冲突正是苏联拒绝"合作"[11]的恶果。法西斯主义和共产主义都是哲学家汉娜·阿伦特(Hannah Arendt, 1906—1975)所说的"极权主义",两者密不可分。[12] 战争时期,丘吉尔和其他西方政要为达成军事目的而硬着头皮和约瑟夫·斯大林(Joseph Stalin, 1878—1953)合作,而今他们不能再对苏联的威胁置若罔闻。[13] 避免"因人民绝望而导致的持续升级的社会动荡"以及预防"饥饿、贫穷、绝望和动乱"是相当重要的[14]——这些曾在两次世界大战中令欧洲锐挫望绝，并助长了法西斯的猖獗罪行。

美国国务卿乔治·马歇尔（George C. Marshall，1880—1959）提出了一个解决方案：援助欧洲数百万美元进行战后重建和经济恢复。如果欧洲步入正轨，失业率下降，贸易收支及美元收入都快速改善的话，那么社会就会稳定。幸福的民众就不会求助于压迫人们的政府。欧洲复兴计划（ERP），也称作马歇尔计划，将重建西欧、拯救和平。尽管大多数人知道这项计划的资金主要用于农业和工业的恢复重建，却鲜有人知旅游业也是该计划的重中之重。实际上，

> 旅游业是一块诱人的大蛋糕，因为它能带来双重收益：一是"旅游服务带来的实际美元收益"，其中包括旅途中购买欧洲商品；二是"刺激欧洲商品向美国出口"，因为"美国旅客在欧洲游览期间对欧洲商品有了一定的了解，返美后也许会产生对欧洲商品的需求"。旅游业的发展对欧洲经济重建的益处不容小觑。因此，马歇尔计划的执行官员及欧洲经济合作组织（OEEC）的成员国都将旅游业看作欧洲经济走向正轨的重要基石。[15]

农业的发展能确保人民吃饱饭，工业的扩张能确保增加就业并缩小与美元的差距，而旅游业能够提供工作岗位，带来更大的市场，促进基础设施建设和货币流入，甚至能给美国人提供重游故国积累文化资本的机会。如历史学家克里斯托弗·恩迪（Christopher Endy）所言："将欧洲从共产主义和贫穷中挽救出来绝非易事。"推动旅游业的想法广受各界政治人士的认可，许多时事评论员也热切表态："在援欧的同时我们也可以从欧洲文明中汲取养分，使二者互惠。"[16]

欧洲复兴计划日渐成形，国际范围内也掀起了一场更大的旅游运动。国际官方旅游组织联盟（IUOTO）于1946年的伦敦会议上成立。41个参与国展望旅游业的发展前景，发现仍有许多问题亟待解决，比如跨境问题的繁文缛节和权力分散带来的阻碍。因此，国际官方旅游组织联合会成立了国际总部，着手处理护照及签证相关事宜，力求在各国间达成协议。很快，

欧洲旅游委员会（ETC）问世，着眼于宣传、旅行条款及其他事宜。这些组织不久后也与欧洲经济合作组织及欧洲复兴计划联手实现共同的目标。[17] 它们共同发起国际营销活动，致力于简化跨境手续，完善旅游基础设施（酒店、公路、景点）以及开拓面向工薪阶层的旅游市场。[18]

成功实现马歇尔计划有两个条件。第一，要让游客能在欧洲找到称心如意的住所。美国人以前（现在也是）无法忍受简陋的酒店或设施。欧洲人对公用卫生间、小型房间和低于星级水平的卫生条件已习以为常，但美国人无法忍受那样的条件。因此，想要马歇尔计划顺利实施，欧洲的住宿条件必须与美国接轨。为此，官员们决定从国家旅游局和大型酒店从业者中选派代表到美国进行实地考察，"现场估测怎样的条件和服务能达到美国游客的旅行预期。"[19] 20世纪50年代早期，来自奥地利、比利时、丹麦、法国、德国、希腊、爱尔兰、意大利、卢森堡、荷兰、瑞典和瑞士的专家们前往美国"学习酒店发展和旅游基础设施的相关问题"。[20]

这些举措使欧洲酒店发生了巨大的变化。例如，法国就"移风易俗，颇具美国风范"。法国人在酒店大堂增设了商店，印刷导游图并标出重要景点。礼品店中出售特色工艺品。菜单迎合旅客的猎奇心理：推出多种美国游客不熟悉的葡萄酒搭配。一些旅游供应商甚至改变了餐饮的盛放方式及室内设计。美国人

> 喜欢在餐前饮用一杯冰水，用餐时偏爱套餐，在提供多种膳食选择的同时包含茶和咖啡等饮品。并且美国人喜欢一边用餐一边喝茶或咖啡（口味更淡一点）。他们大多不喜欢在房间内吃早餐，因此在房间里要陈设小餐桌供客人用餐，最次酒店内也要设有常规的餐厅。酒店房间要保持在20℃—22℃。与此同时，房间内的窗户要易于开启，因为美国人有睡觉时开窗的习惯。每个床头的上方都要设有电灯。热水要保证24小时供应。每个洗手盆要配有一小块肥皂。每天要免费提供一份英文报纸。

倒也不是说欧洲的酒店必须与美国的毫无二致，但至少外观上要做到

大同小异。[21]

　　第二，美国的出境游客数量庞大，在世界上首屈一指。广告是至关重要的，但投放旅游广告面临着诸多挑战。问题就在于美国疆域极广。爱尔兰旅游开发商在进军美国旅游市场时发现：在纽约或芝加哥两市投放广告的工作量与在法国或德国投放广告基本相当。[22] 英国、法国、意大利等相对富有的大国勉强能完成如此庞大的广告运营，而其他小国则难以为继。事实证明，联合起来投放广告确实是一个解决问题的办法。欧洲旅游委员会的一个下属委员会，联合奥地利、比利时、丹麦、英国、法国、意大利、卢森堡、挪威、瑞典和瑞士合作进行广告宣传。英国、意大利和法国每年为该项目投入 3 万美元，而其他国家出资则少一些。例如卢森堡，它作为一个小国每年仅出资 1000 美元，但收益颇丰，远远超过投资更多的大国，正因如此，法国和其他部分大国退出了该项目。不过短期来看，广告合作确实功效卓著。[23] 正如 1952 年历史学家布莱恩·麦肯齐（Brian A. McKenzie）的调侃："在巴黎，只有巴黎人比美国人多。"[24] 联合进行广告宣传的运营模式非常成功，世界各地竞相效仿。短短几年内，类似举措在亚洲（太平洋地区旅游协会）、南美（南美旅游协会）和中美（加勒比旅游协会）相继实施。不仅如此，紧随欧洲旅游联合会的脚步，非洲（1949 年）、中东（1951 年）、中亚（1956 年）、美洲（1957 年）的旅游联合会在国际官方旅游组织联合会的支持下也陆续成立。[25]

　　为确保旅游业的发展，马歇尔计划的实施者并不排除使用财政恐吓的手段。尽管爱尔兰在二战中选择中立[26]，但欧洲复兴计划还是将爱尔兰加入其中。爱尔兰接受了农业上的支持，受益良多。[27] 虽然从长远看农业对爱尔兰人民的重要性不言而喻，而且未来工业发展也会取得进步，但经济合作局（负责监督欧洲复兴计划）的旅游发展部主席，特奥·波茨（Théo J. Pozzy，1901—1995）[28] 上校则注意到爱尔兰有着丰富的历史遗址和自然风光，坚信旅游业才是爱尔兰发展的方向。旅游业不仅增加了对导游、旅游代理者和旅游指南作者这些岗位的需求，还增加了对食品及其他服务的需求，甚至可以迅速辐射到全国经济的方方面面。最重要的是，旅游业发展的初期资金投入远低于其他行业。

第九章 战后旅游业

然而，波茨和他的团队在爱尔兰遭遇了巨大的困难。当绿宝石岛住房紧缺的时候，肺结核病猖獗，贫困人口众多，投资发展旅游在许多爱尔兰选民看来是荒唐之举。成千上万的爱尔兰人还住在贫民窟里，政府又怎么会把钱花在建造豪华酒店上？更糟糕的是，爱尔兰旅游局局长因战时在重大决议上站错队，因而在政府内人缘不佳。他离职后，继任者也没有能力在爱尔兰国会的下议院激起大家发展旅游业的热情，因而在爱尔兰没有官员真的想要推动旅游业的发展。

但波茨并不把这些困难放在眼里。他告诉大家，如果爱尔兰不对旅游业进行重组，不任命一名新的旅游局局长的话，那么欧洲复兴计划将停止对爱尔兰进行农业及工业援助。爱尔兰将被踢出成员国行列。[29]这套说辞卓有成效，短短几个月内，爱尔兰政府开始认真审视相关政策及行政管理。在马歇尔计划资助的赴美考察中，他们听取了美国顶级酒店老板的建议。三年间，爱尔兰有了自己的旅游发展法案、两个新成立的合法旅游团体、一个包含全国旅游节庆在内的宣传和产品创新的项目、历史遗迹修复计划，甚至还有"清洁城镇"计划，最终几乎完全重塑了爱尔兰全部城镇及城市景观。毫不夸张地说，欧洲复兴计划在爱尔兰旅游业的发展历程中扮演着重要角色，使旅游成为爱尔兰政治、经济、社会和文化中举足轻重的构成部分。[30]

随着国际官方旅游组织联合会的组建日趋明朗，马歇尔计划及其重建欧洲的愿望不再是连结国际政治的唯一旅游纽带。自布尔战争（1899—1902）结束后，各方势力都希望大英帝国能够成为国际合作的楷模。一战战火使这一呼声高涨，举世瞩目的国际联盟由此诞生，尽管它并不十分成功。国际联盟旨在确保世界和平，制定流程平息纠纷，以免爆发流血冲突。但很遗憾，由于种种原因它并未发挥其应有的作用，美国国会未签署条约就是其中的原因之一。[31]

二战结束后，很多国家迫切地想在原有联盟模式的基础上改进（虽然它们十分小心，不想新组织与原组织有任何关联），吸取过往的经验教训，创造一个能够巩固战胜国权力的机构来保护世界的和平稳定。新组织"本质上是独立国家间的合作，并建立在主权平等的基础之上"，人们称其为联

163

合国。[32] 这个组织虽然尚不健全，但它的四个目标正好契合当时面临的主要问题：避免未来的战争，重申对人权的信念，运用国际法推行正义，"促进社会进步并提高人类生活水平"。[33]

尽管旅行、国际政治和联合国的关系还有待史学家考证，但不失公允地说，联合国成员国都将旅游视为提高国民生活水平、步入美好生活的康庄大道。因此，1948年国际官方旅游组织联合会在联合国取得了"咨商地位"。20世纪50年代，这个国际旅游组织参与了联合国的许多事务，其中包括减少跨境游的阻力。20世纪60年代，它加大了工作力度。例如，该组织在1963年与联合国一同举办了一个世界级的旅游大会——联合国国际旅行与旅游大会。当时报纸上的相关报道注意到政治、经济上这个越来越显著的现象：

> 所有国家都对其中的商业利益直言不讳。大家都认同国际旅游会带来文化益处，并有望增进人们对外国文化的理解和认同。
>
> 但会议的重心明显落在如何发展旅游业上，因为所有国家都把旅游业看作一棵摇钱树。无论大国小国，每年旅游业都能带来50亿美元的外汇储备，足以偿清许多国家的贸易赤字。[34]

休闲旅游在经济和文化上的益处使其成为国际社会最受瞩目的产业。旅游业的收益之高诱使各国纷纷降低入境门槛，大家都知道要想盆满钵满，各国间的合作是第一要务。联合国将1967年命名为国际旅游年，并辅之以崇高的口号："旅游业，通往和平的护照"。1970年，联合国废除了国际官方旅游组织联合会的"咨商地位"，将其改头换面变成联合国内部一个正式部门，并将其称作世界旅游组织（World Tourism Organisation，WTO）[35]。旅游业的重要性可见一斑。

二、航空运输的发展

战后的国际主义政治运动对促进旅游业发展以及鼓励人们出游起到了至关重要的作用。此外，航空业的变化所发挥的作用与其相比也有过之而

第九章　战后旅游业

无不及。二战前，远距离出行多依靠邮轮。截至20世纪50年代早期，这种载客量巨大、行驶速度较快的交通工具尚存一席之地。但航空科技的崛起、更高效丰富的航线和更低廉的机票价格使邮轮难以与之比肩。[36]

图 9.1　航空客运在二战后剧增。飞机能飞得更高更远，并能给旅客带来不同于以往的舒适体验。与此同时，旅游业带来的暴利使之在新的国际政治形势中备受重视，由此促进了该产业的扩张。图片来自杜克大学约翰·哈特曼（John W. Hartman）销售中心广告与营销史馆藏资料。版权许可：英国航空公司史料收集机构。

二战期间，航空业发展迅猛。发射远程导弹需要飞机飞得更高更远，因此工程师们设计了马力更足的高效引擎，完善了加压舱并研发了更轻盈、更牢固的新型材料。在很短的时间内，新型载客机便加入到航空公司的阵列中。例如"洛克希德星座"，它的飞行距离比战前的所有客机都远。更激动人心的是喷气式发动机的研发。1958年10月，第一架商用喷气式飞机波音707问世。一年后，道格拉斯DC-8问世。这些新型飞机载客量更大，航行范围更远。印度航空公司的官员甚至声称3架707的载客量就能抵上10架"洛克希德星座"。[37]

很快,每个国家似乎都有必要建设航空公司和机场。这是国家地位的体现,也是增加企业和国家收入的机会,有时甚至是国家身份的体现——对新独立的国家而言尤为如此。[38]例如,1947年印度推翻英国统治成为独立主权国家,印度航空公司就是其独立国家身份的体现。空姐们"被告知她们的任务就是让每一位乘客恍如贵族"。以色列航空公司与此类似,该公司提供的餐饮都严格遵循犹太人的饮食习惯,以此彰显其国家身份。[39]当然,航空公司的作用远非彰显国家身份。例如,巴西绝大多数地区都较为偏远。巴西国航就打开了通向国内偏远地区的大门,为坐落于高原内部的新首都巴西利亚的建设做出了贡献。[40]

然而,这些新航空公司的存在也带来后勤方面的巨大挑战,而且各国必须遵守国际法对领空的规定,并在这一过程中克服与国家利益相悖的想法。一些国家认为开放领空并且对平流层采取自由放任的管理方式不会产生什么问题,但有些国家认为这种做法会使美国一家独大,必须加以抵制。这个问题迟迟无法解决,致使各国无法达成统一的政策。因此,飞机入境别国或飞行特定航线只能依据国家与国家之间的协定,外交实力薄弱的小国成了受害者,在与大国协商领空权时它们难以得到公正的待遇。为了避免这些问题,许多国家只开放短途航线,航行距离在500英里左右。而与此同时,大国的航空公司则拼尽全力提供尽可能多的远途旅行航线,在航空领域展开了激烈的全球竞争。具有讽刺意味的是,美国靠其强大的外交手腕在竞争中遥遥领先。

这种路对路、国对国的协商使航空运输受到国际政治和冷战的摆布。旅客去哪儿不能随心所欲,而是看他的国家亲美还是亲苏。美国的同盟国不能进入苏联的势力范围内飞行。1945年,泛美航空公司梦想打开通往美丽的中欧城市布拉格的航线。1946年,随着东西欧局势日趋紧张,一切化为泡影。同样,苏联同盟国的出行范围也限制在东方集团内部。对于苏联人来说,"国内航线是最主要的"。尽管如此,到20世纪40年代末全球航空网络扩展到亚洲、非洲这些战前被殖民的地区，甚至还连接到南美洲……飞机的航程范围和有效载荷已足以跨越南大西洋。这正迎合了政治家和经济家们的期待，航空运输不仅对南美洲，而且对亚洲、非洲的那些新独立国家的经济发展都起到很大的推动作用。[41]

航空公司如果不面向非高收入群体开启航空旅行，这些就都是空谈。战前，航空公司的服务极尽奢华。空中乘务员提供头等舱级别的服务，飞行体验应该是放松而愉悦的。[42] 尽管战前的飞机带来的噪音和不适使乘客的飞行体验难以轻松愉悦，但不难看出航空公司想把服务做到尽善尽美的决心。战后，航空公司陷入两难：是继续提供这种面向高收入群体的奢华服务，还是扩大客户群。答案显而易见。

但是，挑战在于想要达到财务目标，就要增加座位。然而这并非易事。1958年前，包括泛美航空公司在内的航空公司都遭受到来自国际航空运输协会（International Air Transport Association，IATA）的阻力。该组织成立于二战后，致力于促成"航空公司间的合作，为全球消费者提供安全可靠的空中服务而努力"。[43] 一开始，国际航空运输协会坚决反对低价票，在大量游说后才同意改变其政策。尽管如此，机票对大多数中产阶级旅客而言仍然太贵了。例如，从荷兰到北美的机票价格"在荷兰售价为534美元，这对潜在客户来说是笔巨款，兑换成荷兰货币都够买半辆小汽车了"。[44]

直到20世纪70年代末，机票价格才显著下降。1977年湖人航空发起的空中列车项目促成了票价的改变，其单次跨大西洋的航程仅需59英镑。旅客只能在出行当天买票，而且旅行条件依旧简朴。尽管飞行受到这些限制，但人们蜂拥而至就为获得一张机票。1978年的7月到9月，数千位美国旅客被低廉的票价冲昏了头脑，下了飞机才发现自己没钱回国了。一位记者描述了这些乘客的结局：数百名旅客仅携机票钱出行，盼望回到家园。虽然该项目以失败告终，但湖人航空仍然为废除"国际航空运输协会主张的票价结构"推波助澜。湖人航空此举证明了廉价机票拥有广阔的市场，其竞争者们见状也迅速压低了票价。[45]

低廉的票价不仅使乘客数量大幅增加，还带来了另一项显著的成果：

航空公司改变了规划路线的方式。与从前的直达航班不同，航空公司向"枢纽和辐射"的运输模式转变。公司设立一些"枢纽"作为中转站，人们借由中转站可以抵达"辐射"的小型机场。要使该模式顺利运行，航空公司必须合理安排航班的起落，保证航班落地地点彼此邻近。这一新模式成效显著。无论航空公司在哪里运营，规模经济"在航空运输中都占据首屈一指的地位"。[46]

三、生活水平的提高和闲暇时间的增多

如果欧美经济没有发生巨变，那么航空公司的普及和机票价格的降低也不能刺激旅游业的蓬勃发展。美国当时正处在

> 历史上最繁荣昌盛的时期，其商品和服务出口在 1946 年到 1956 年间翻了一番，到 1970 年间又翻了一番。私人消费开支在这段时期占到国民生产总值的 2/3……跨世纪。虽然美国经济也有低迷期……但经济衰退后总伴随着经济复苏，每次经济复苏都会提高美国人的工资水平和生活水平。[47]

在战后经济、社会及政治动荡结束后，欧洲也步入了蓬勃发展期。每个国家的发展各有千秋。德国、英国、法国和意大利都经历了一段时间的经济扩张直到

> 每个欧洲国家的国内生产总值和国民生产总值（新公认的衡量国力和国民幸福的指标）都稳步增长。20 世纪 50 年代，西德人均国家产出的年增长率为 6.5%，意大利为 5.3%，法国为 3.5%。与几十年前的增长率相比，就可以看出，50 年代的增长率维持在较高水平而且很稳定。1913 至 1950 年间，德国的年均增长率仅为 0.4%，意大利仅为 0.6%，法国为 0.7%。甚至在 1870 年后的几十年里，在威廉大帝统治的繁荣时期，德国经济的年均增长率也不过 1.8%。

即使20世纪60年代经济增速放缓，但"仍旧处于历史非常规水平"。[48]

经济福祉意味着更多的人和家庭能够购买消费品，旅游就是一个很好的例子。"人们有钱可花，而且会花钱"。[49]汽车持有率飙升，[50]汽车露营、汽车旅馆数量和其他驾车旅行相关的机会都得以增加。[51]而且许多人有了更多的时间去消费。20世纪30年代的带薪休假运动并未停止，几乎每个欧洲人都享有两周的带薪休假。在挪威、瑞典、丹麦、法国的工人有3周的带薪假期。[52]还有许多国家在原先承诺的基础上增加了带薪假期的时间，比如芬兰，经过1946、1959、1960、1965、1973年的一系列运动后，全职员工的带薪休假时间稳步增加到4周。[53]截至20世纪末，只有包括美国在内的13个国家没有带薪休假。[54]

四、战后的旅游业和国家政治

几乎全球所有国家都想借战后旅游业的蓬勃发展谋利，创建了路易斯·特纳（Louis Turner）和约翰·阿什（John Ash）称为"快乐边缘区"的以旅游业为基础的经济带。该经济带环绕"世界重要的工业区"，基本乘坐几个小时的飞机就能抵达。[55]大量来自美国、欧洲和亚洲的休闲者都从中受益。[56]

墨西哥就是个很好的例子。虽然战前也有一些游客和旅游基础设施建设，但那时去墨西哥的旅客非常少，正如法兰克·辛纳屈（Frank Sinatra，1915—1998）低吟浅唱道："国境以南，去往墨西哥。"[57]但战后一切发生了翻天覆地的转变。1946年，墨西哥成了旅行作家笔下的热门旅游地，连好莱坞都拍摄了题为《墨西哥假日》的电影。[58] 1929年时，仅有13982名旅游者跨越格兰德河来到墨西哥，其中大部分是美国人；二战前夕，旅游者将近130000人。1946年，旅游者人数达到了254069，1950年更是达到了384297。[59]

尽管有很多其他团体也致力于旅游业的扩张——包括艺术家和热情的支持者们，他们在墨西哥中部的圣米格尔-德阿连德镇建造了一个有些许虚构成分的供游客怀旧的艺术家殖民地[60]——但真正起作用的还是墨西哥政府，其决定围绕着度假村的建设来实施旅游政策。阿卡普尔多是第一个发生巨大转变的城市，它是一个港口城市，也曾繁盛一时。开发商在此建造豪华酒店；翻新或是重建市场（取代了长期存在的小商贩）；将贫困人口安置在旅游区域以外并且清理了海滩。到20世纪50年代末，前往阿卡普尔多已经和前往其他现代度假区没什么区别了。[61]

脚步并没有因此停下，一个更大胆的计划被采纳：要在墨西哥欠发达地区打造旅游中心，重点放在尤卡坦半岛一个叫坎昆的地方。他们想要"出口天堂"[62]。"三要素（'three esses'）——'沙滩、阳光和性'"为游客提供。这个旅游中心不仅能够赚旅游者的钱，而且通过建设基础设施，促进移民发展以及提供就业岗位能使墨西哥内部更团结。1964年，政府首次向美洲发展银行提出建造度假村的想法。度假村将分为两部分：一部分是旅游者区域，另一部分是职业人士区域。旅游者区域面朝大海，而城市区离得远一点，建在了一个不受外人打扰的地方。旅游者应该是坐飞机到达这里，在海滩上度过他们的美好时光，享受豪华的旅馆和饭店，然后打道回府。[63]这项工程于1971年开始动工，1976年正式对外营业。[64]

提供这"三要素"也成了战后其他地区发展旅游业的核心。20世纪50年代，飞机没有出现之前，澳大利亚每年只有不到5万名游客。随着飞机带来了更多的游客，澳大利亚的旅游开发商也承诺为他们提供足够的阳光和沙滩。很多航空公司在提供航线信息的同时也向游客提供比以前标准更高的酒店。这些酒店可以提供"随叫随到的女人、男人和快乐"以及高品味。它们提供具有异域风情的岛屿，组织前往北昆士兰和塔斯马尼亚的团队旅游，并承诺酒店距离海滩非常近。[65]对于澳大利亚人自己来说，海滨假日象征着"人人平等"。泳衣可能没什么太大的想象空间，但显然也隐藏了阶级之间的区别。[66]对于那些北半球的人来说，"低纬度"可以在他们最需要的时候为他们提供喘息的机会，让他们从冬天的沉寂中舒缓过来。

巴哈马群岛和它的近邻也都将资金投向颇受欢迎的阳光海岸。与牙买加一样，加勒比海的其他岛屿也都在19世纪进行了一些改进，从白人的墓地渐渐转变为让人心驰神往的旅游目的地。在内战期间，许多富有

第九章　战后旅游业

的旅客，诸如作家伊恩·弗莱明（Ian Fleming, 1908—1964）、剧作家诺埃尔·考尔德（Noel Coward, 1899—1973）和演员埃罗尔·弗林（Errol Flynn, 1909—1959）纷纷到岛上度假，并且经常举办一些豪华的派对。[67] 好莱坞为影迷们提供了一个异域美人的形象，这一形象在"一身香蕉装的卡门·米兰达"（1909—1955）随着极具感染力的卡里普索音乐边唱边跳的画面中显现出来。[68] 随着战争接近尾声，美国总统富兰克林·罗斯福和英国首相丘吉尔一起讨论了美国南部邻国的经济前景，其中许多国家仍是英国的殖民地。这次会谈催生了一个与旅游业发展有关的机构——英美委员会，随后，同样拥有加勒比海领土的法国和荷兰也加入了进来。1950年，这个组织更名为加勒比海旅游协会。

古巴也迅速加入投资行列。由于国家领导人富尔亨西奥·巴蒂斯塔（Fulgencio Batista, 1901—1973）急于促进经济增长，所以他轻易就被一个美国黑手党成员梅耶·兰斯基（Meyer Lansky, 1902—1983）说服，引进了赌博旅游。随后兴起了酒店建设的高潮。很快，众多像伊尔萨·基特（Eartha Kitt, 1927—2008）、墨利斯·雪佛莱（Maurice Chevalier, 1888—1972）、莱纳·霍姆（Lena Horne, 1917—2010）和纳特·金·科尔（Nat King Cole, 1919—1965）这样的演员都成了夜店的常客。游客在岛上可以品尝烈酒、一掷千金并享受迷人的海滩。如果巴蒂斯塔没有在1953—1958年的古巴改革中被一个名叫菲德尔·卡斯特罗（Fidel Castro, 1926—　）的反帝国主义年轻人取代的话，那里可能会夜夜笙歌。[69]

20世纪60年代，加勒比海地区仍处于一个多变的时期。欧洲帝国崩溃，新独立的国家都在设法创收。发展旅游业显然是一条捷径，即便政府很少花时间去充分认识这一新兴产业在经济增长中的重要作用。世事难料。以前，加勒比海岛指望外国作为它们政治上的领导者；而现在，它们依赖于跨国公司和外国游客，其中大部分都来自美国。[70]

"快乐边缘区"的想法不仅限于墨西哥、澳大利亚和加勒比海。在欧洲，从葡萄牙到希腊，这些地中海国家也开始建造度假胜地，尝试开发一些历史遗迹，并且建造了酒店以适应中产阶级和工人阶级游客的增长趋势。[71] 但没有一个地方比西班牙做得更成功，因为弗朗西斯科·佛朗哥

171

（Francisco Franco，1892—1975）的右翼政府逐渐意识到并且充分利用到大众旅游的潜力。政府官员希望这项产业不仅能为国家带来收入，还能向外界证明：西班牙是一个现代的、具有前瞻性的、值得与欧洲共同市场建立更紧密关系的国家。

旅游对西班牙来说并不陌生。西班牙至少从1905年起就在旅游方面采取了正式行动，一群精英政治家发起成立了促进外国公众艺术休闲旅游国家委员会。据他们的研究表明，其他国家——特别是瑞士和意大利——从旅游业中获得了巨大利益，他们相信西班牙也能效仿此法。[72] 随后，在西班牙内战（1936—1939）中，佛朗哥将旅游作为一种宣传工具，一种展示"近期被武力征服地区所享有的安宁和秩序"的方式。[73]

内战后，西班牙政府担心旅游业的发展会有悖于那些传统的天主教徒对于国家的愿景。尽管他们一开始很担心，但旅游业增长的比例却比欧洲任何一个国家都要高。虽然他们没有做出过多的努力，但迅速发展的旅游业表明了西班牙正与联合国、欧洲经济共同体以及马歇尔计划共同努力着。[74] 旅游业越来越重要。在20世纪50年代，尽管国家面临货币危机、基础设施简陋等问题，游客的数量还是稳步上升。

1957—1962年，政权变得更加稳固。一些官员认为旅游业应该是一个"单一的目标"，是外汇的来源和国家宣传的工具。[75] 同时，包机管制的放宽为航空公司提供低价飞往伊比利亚半岛的航班打开了道路。游客们可以从许多欧洲城市直飞到西班牙海滨，那里的新酒店如雨后春笋般涌现出来。[76] 对于工人们来说，出行的花销仍然难以承受，但是"对于那些经济水平稍好的人来说，去一趟西班牙很容易"。[77]

1962年，新一届信息和旅游部长曼努埃尔·弗拉加（Manuel Fraga，1922—2012）上任，带动了旅游业更为长久的发展。[78] 前往西班牙的旅游者数量剧增。1954年，仅有99.31万游客前往西班牙。1962年，这一数字增长到639.0369万。仅几年之隔的1969年，游客的数量已经超过了1800万人。到了1973年，当年有3133.5806万游客。[79] 在19世纪末到20世纪30年代期间，前往英国海滨度假是工人阶级生活的一个基本特征，但仅在很短的时间里，英国便急转直下，风光不再；大量工人转而涌入西班牙，现在那里是西欧海滨度假的首选地。[80]

位于远东地区的苏联，在二战后也开始发展旅游业。当局认为快速恢复带薪休假并且提供更多实质性休闲的机会是很重要的。但不幸的是，大多数的旅游设施，主要是温泉，都被毁坏了。[81] 起初，政府只能奖励一部分市民去度假[82]，但令度假者难忘的是"舒适度欠佳，服务也不完善，并且缺乏医疗和娱乐设施"。[83] 但是苏联一直在想办法改进，建设了新的旅游设施。在克里米亚黑海沿线及山林里，温泉旅游设施从战争的灰烬中拔地而起。[84]

在战前，苏联强调，其旅行是一剂良药，侧重于"将目的和快乐独具特色地结合在一起"。[85] 尽管政府官员们在努力打造这一旅游品牌，但是到20世纪60年代，这个品牌开始走下坡路。越来越多的游客不想要温泉度假，他们不想要治疗。他们想要追求快乐，但这对于不同的人来说有不同的定义。[86] 因此，新型的旅游市场开始兴起，它主要迎合的是"越来越多的广大消费者的品味和需求"。[87]

五、小结

并非只有苏联经历了这样一个过渡期。二战后，尽管欧洲和美国的旅游开发商们急于建造度假村，并且也迎来了许多游客，但新的潮流已悄然兴起。不是每个人都愿意和一群亲密老友共度假期。也不是每个人都喜欢阳光、沙滩和大海这种度假模式，有些人就偏爱驾车旅行的自由感。这些都说明除了海滩度假，必然还有其他度假方式。

但是仍有一些其他因素，如财富程度、消费者文化或其他各种因素混合起来使人们的旅游体验千差万别、不尽相同。从20世纪60年代起，越来越多的人想要表现自己，就像英国奇想摇滚乐队说的那样："我就与众不同。"消费者们想要让自己显得很"酷"，他们不再跟随团体或家庭出游，而是追求一些更个性化、更具表现力、更能表现出自我差异的旅行。这种影响是巨大的。

第十章　大众旅游

迪士尼乐园于1955年7月17日开园，被誉为"地球上最幸福的地方"。开园当天，15000名受邀嘉宾和众多电视观众都盼望着此次盛典，想要一睹创始人华特·迪士尼（Walt Disney，1901—1966）、主持人阿特·林克莱特（Art Linkletter，1912—2010）、罗纳德·里根（Ronald Reagan，1911—2004）以及鲍勃·卡明斯（Bob Cummings，1910—1990）的风采。开幕式用大量篇幅描绘当时旅游业的发展。特别值得一提的是，在开园仪式现场，一家人或年轻人随处可见。卡明斯和林克莱特携其家眷参加，年纪较小的孩子也是激情高涨。林克莱特问他的孩子们最想参观公园的哪个区域。6岁的戴安娜说她最想去"奇幻世界"，因为"那是睡美人住的地方"。8岁的莎伦说她最想去"拓荒乐园"，因为"大卫·克洛克特（David Crockett）在那里打败了印第安人"。最小的罗伯特想乘船去"刚果"游历一番。最年长的道恩梦想"乘坐宇宙飞船来一次月球大冒险"。[1]这些愿望在迪士尼乐园里都可以实现。

　　华特·迪士尼将他的财富都倾注在创作动画电影上了，尤其是以童话故事电影以及搞笑角色为主，比如米奇、米妮、高飞、克拉贝尔、唐老鸭。米奇是开创迪士尼帝国的一大功臣，但这只快活的小老鼠绝不是迪士尼唯一的致胜法宝。迪士尼的成功在很大程度上要归功于当时的环境，尤其是美国人对"逃避"的需要；哪怕是短短几分钟，他们也要从大萧条的恐惧中逃离出来。[2]迪士尼的动画片之所以能够吸引美国人就在于它"脱离了当代平淡无奇的现实生活"，但又承诺观众肯定会看到"幸福结局和善良行为所具有的力量"。[3]这是一个极具吸引力的结合体，根植于迪士尼本人"天生的感悟力以及对观众的尊重"。[4]

第十章 大众旅游

第二次世界大战之后,华特·迪士尼继续顺势而为。冷战为歌颂"自由主义的民粹主义"创造了机会,它强调普通公民在权力面前唯我独尊的自主性。美国人民是优秀的热衷于"社区建设"的人民,与"共产主义的集体主义和独裁主义"形成鲜明对比。[5]这样一种以社区为重的想法与迪士尼先生对自己早年居住的那个小镇的怀念之情完全吻合。他认为自己的同胞都比较怀旧。他在一本旅游指南中写道:"我们当中许多人在世纪之交都会回忆起我们的'小乡村',还有那里友善的生活方式。""对我来说,这个时代展现的是我们遗产中很重要的一部分。"迪士尼先生称其为"一个时代的转折点"。[6]

新的主题公园让电影变成了"现实",它以三维的方式呈现了公司著名的卡通角色,并且开设了众多销售相关商品的场所。然而,迪士尼乐园并不仅仅是出于销售目的而建的。正如历史学家史蒂文·沃茨(Steven Watts)总结的:"迪士尼乐园是欣欣向荣的、以中产阶级为主的战后美国的独特体现。实际上,将迪士尼乐园视为美国生活方式的纪念碑一点也不为过。几百万游客前往那里,向文化大师打造的理想化的形象致敬。"[7]

据华特·迪士尼所说,他是在和女儿们散步时想到要建造一座公园。他发现很多传统游乐园会让人觉得厌烦,比如纽约的康尼岛[8]"脏兮兮的,设施低劣,而且处处要钱"。迪士尼乐园一定会标新立异。尽管是"对小孩子开放的场所,设施的大小也是依照小孩子的尺寸制造",但它还是会吸引各个年代的人。[9]基于此,迪士尼乐园将分成四个部分。在"拓荒乐园",游客透过浪漫主义透镜能够了解美国的过去,那是大卫·克洛克特用他的爱枪"贝特西"称霸的地方。游览冒险世界的游客能够体会来自原始社会的净化,而且那里有充满异域情调的植物以及错落有致的野生部落。在"明日世界"中,游客们的活动主要围绕"预测即将发生的事",他们还会看到距离他们非常遥远的1986年的世界:有火箭飞船、有原子教育展览、还有一条名叫驰车天地的超级公路,儿童和成人可以在公路上驾驶以汽油为燃料的微型车,这种车每小时能够行驶11英里。[10]公园中心有一条按5∶8比例缩小的美国大街,"这条大街的时钟向后回拨了半个世纪,你身处美国小镇,正值1900年"。迪士尼乐园里到处都是游行、音乐会、1898年的老式汽车和老式糖果：这些都是"奶奶"辈的人熟悉和喜爱的东西。[11]

这种种元素都是美国的一种独特象征，电视广播也毫无疑问传达的是民族主义信息。迪士尼亲口向参观者表示："迪士尼乐园为理想、为梦想而建，也为那些曾经铸就美国的艰难困苦而建。"不久之后，当时的加州州长古德温·耐特（Goodwin Knight，1896—1970）称赞乐园展示出了"旧世界的魅力，也蕴含着新世界的进步和创造力"。更重要的是，这一切都是"依靠美国的劳动者和美国的资本建立的，他们相信这是一个敬畏上帝和热爱上帝的国家……我们是幸运的美国人"。[12]

然而，这些"幸运的人"发现这样一个悖论：这是一个赞美创新，却又怀念过去的地方。怀旧会扼杀掉人们"对未来的微弱希望"。[13] 尽管迪士尼乐园颂扬的是白人居多的小城镇时代，但它欢迎所有值得尊敬的人，而不在乎他们的种族。当城郊蔓延至风景区的时候，迪士尼竭尽所能要与城市保持距离。他在第一个园区周围筑起高大的土墙，又在当时欠发达的佛罗里达州中部远离城市的地方计划再建一座更大的主题公园。[14] 乐园中的美国小镇大街是对城市蔓延的抵制，人们在那里仿佛回到了理想化的过去，彼此熟知，生活简单而悠闲。

迪士尼乐园是大众旅游的一部分，同时也是大众旅游一个强有力的隐喻。不论旅游景区景点展示的是现在还是未来，它始终都是现实社会的产物。[15] 将景点划分为多个部分是为了迎合大众旅游口味的多样化，但这种划分是远远不够的。游乐园需要不断改变才能跟上人们审美需求的变化。游客们认为他们体验到了"原真"，而且旅行有助于自我提升。然而，即使"某些最盲目、最商品化的旅游行为"可能会受到"在市场外寻求知识和'原真'身份"的启发，[16] 但是，旅游供给中的确没有多少是"原真的"。[17] 游客可能通过"遗产旅游"回到过去，但是这些遗迹通常都是虚构或想象出来的。人们认为休闲旅游有益于健康，但每年外出旅行的大批游客会有意无意地造成自然环境的破坏，而这样的破坏又与他们旅行的初衷相违背。简而言之，大众旅游的兴起就是一个关于悖论的故事。

第十章　大众旅游

一、家庭和青年人

就在第二次世界大战后的几年里，旅游业成为财富增长和家庭扩张的表现，但同时也暗示了一些令人焦虑不安的变化。在英国，战后城市的郊区化是战时轰炸以及由此造成的房屋稀缺所带来的结果。为了缓解城市拥挤，规划者们将伦敦东区的工人阶级贫民窟搬到了城市边缘，这就为商业和零售空间的发展腾出了空间。"新城镇"建设让社会经历了一次家长式作风的重构，这种重构切断了工人阶级在城市生活中建立起的社会关系。[18] 并不是所有人都对此感到满意。批评者在不断扩张的郊区看到了"混乱和模糊，一种充满暴力的个人主义，它直接否定了几百年来公民精神所暗含的一切"。[19] 批评者的任务就是扭转这一趋势，为年轻人和他们的家庭创造机会去重新发现社区纽带的存在。

美国的情况略有不同。早在 19 世纪中期，美国人就将独门独户居住在郊区的中产阶级视为成功和社会地位的象征。人们对舒适的评价主要集中在家庭方面。大量以家庭为主题的"诗歌、散文、照片和印刷品"被生产出来，这进一步增强并提升了家庭的重要性。[20]

二战后，男女结婚年龄较之前更小了，婴儿的出生数量（以及存活率）比以往也要高许多。20 世纪 50 年代的家庭普遍年轻，并不是《天才小麻烦》(*Leave It To Beaver*) 和《老爸最知道》(*Father Knows Best*) 所呈现出的那种具有浪漫色彩的家庭。这些家庭面临很多潜在的压力。妇女作为理想化家庭的中心，被迫在家里忙里忙外，"当她们无法为自己做任何事情时，就会感到内疚"。急于赚钱的广告商宣传说，妇女发现做家务是"一种表达方式……能表现出她们的女性气质和个性"。这让男人和女人都知道，他们的身份应该根植于"家庭和为人父母的角色"。媒体播出的内容也总是在不断地提醒他们这一事实。[21]

战后旅游业的一些重要元素利用并进一步推动了家庭和社区理想的实现。正如前文已经指出的，华特·迪士尼渴望建造一个迎合年轻人口味的游乐园，但他又强调，迪士尼乐园适合整个家庭来玩，从最小的孩子到他们的父母以及祖父母们。这强调的是团结、陪伴和社区意识。这些东西是否曾经真实存在于美国大街是一个有待讨论的问题，但旅游倡导者和开发商对它的关注并不仅限于迪士尼乐园。

在英国，度假营地是战后工人阶级家庭最喜爱的度假去处。比利·巴特林（Billy Butlin，1899—1980）与度假营地结缘最深，没有人比他更了解度假营地的发展历程了。巴特林出生于南非，在英国和加拿大长大。[22] 他曾在加拿大参加过一个以游戏、独木舟和其他"有组织的娱乐活动"为特色的"度假营地"活动。[23] 他回忆起"在遥远的加拿大夏令营体会到的深厚友情"，并且指出这次活动让他相信要想在自己的营地中为游客创造出相似的体验，就需要寻找能够"让露营者融合在一起的方法"。他决定选用特定的雇员负责娱乐活动，并让他们穿上容易识别的红色外套；为了鼓励游客参与，促进露营者之间的互动，他还制定了休闲活动时间表。[24]

巴特林一开始涉足休闲行业时，先是从事管理方面的工作，之后转向游乐园的运营。1936年，他贷款在英国林肯市以东约43英里的海岸线上一个叫斯凯格内斯的地方开设了第一家"豪华度假营地"。[25] 营地刚刚开放时，游客大都来自中部地区，不过英国其他地区以及苏格兰和威尔士的游客也都咨询过营地相关事宜：这无疑是对他的营销方式和推销技巧的褒奖。[26] 巴特林的第二家营地于1938年开放，那时战备工作正如火如荼地进行中。巴特林意识到这是一个既能赚钱又能显示自己爱国主义精神的机会。经过一系列的谈判协商，他获得了为军事人员建立营地的机会，但要保留他在战后以低价购买营地的权利。他这种用小钱办大事的方式为他的休闲帝国打下了基础。巴特林模仿斯凯格内斯的第一家度假营地建造了该营地，营地内有食堂，配备冷热水并供电的宿舍，以及各种娱乐设施。[27] 这样在战争结束后，将战时的兵营变成家庭娱乐场所也相对容易一些。[28]

巴特林建造营地是为了给家庭提供"花费一周薪水的一周假期"——让大多数人都有能力体验这种方式。这吸引了数以百万的游客前来露营。[29] 每天清晨，露营者们都会在广播响亮的"hi-di-hi!"的叫醒声中醒来，并也喊出"hi-di-ho!"作为回应。[30] 在营地的每一个日日夜夜，游客们都有丰富的娱乐活动：舞蹈、戏剧表演、歌剧、古典音乐和流行音乐会［演出的青年男女们后来都成了英国著名的艺人，包括音乐家达斯蒂·斯普林菲尔德（Dusty

Springfield，1939—1999）、克里夫·理查德（Cliff Richard，1940— ）以及林戈·斯塔尔（Ringo Starr，1940— ）等]。[31] 除此之外，还有娱乐性的驾驶活动、选美大赛以及竞技活动。[32]

当时许多人都认为社会存在分裂现象，关注家庭则是应对这一现象的一种方法。这不是简单的重新设计市区并形成郊区就能解决的。批评家声称"现代化生产让工人彼此孤立"，电影院就是裂隙的另一个迹象。其导致的结果就是不断受到工人骚乱和抗议的威胁。而度假营地是一剂良方，有望通过"欢乐和游戏来实现社会的团结和谐"。[33] 广告也颂扬对家庭团结的期待，诸如"巴特林营地，为妈妈，当然也为全家人提供完美假期！"这样的广告，对妈妈们很有吸引力。[34] 因为妈妈们在这里能做许多事情，小朋友也不例外。

在美国，家庭公路旅游是人们假期的首选。历史学家苏珊·塞申斯·鲁（Susan Sessions Rugh）曾说，二战后公路旅行在美国中产阶级中盛行，他们开着汽车去美国的各个角落，"直到20世纪70年代，家庭汽车旅行的热度才有所下降"。[35] 汽车的大规模普及、宿营地及其他住宿设施的出现，以及道路的修建使公路旅游成为可能。[36] 战后经济的迅猛发展也让这一切变成了现实。中产阶级家庭将行李打包装上旅行车——车是他们的首选[37]——把孩子们扔到后座上，拿着破旧的加油站地图和兰德·麦克纳利（Rand McNally）露营指南（这些都是随处可见的东西），便踏上了旅程。这样的旅行花费是他们完全可以负担得起的。每个家庭在营地住一晚的费用从0.25美元至1.75美元不等；20世纪50年代初，一次为期两周的旅行仅仅需要花费200美元。[38] 虽然这样的旅行在当时存在很多争议，却是人们在日复一日工作当中的一个间歇。所有人都愿意尝试一下：

"小伙子们负责打扫帐篷内的卫生、捡柴火，他们可能还是打包和拆包的小能手。姑娘们负责将所有的衣服都放置妥当，时刻保持寝具的干净整洁。"爸爸们负责做饭，而妈妈们则负责清洁。户外空间让做家务变成了更愉悦的事情："对于妈妈们来说，洗碗绝不是一件枯燥的事情，因为她们可以在洗碗的时候欣赏山中美景，还有花栗鼠的陪伴。"在露营的时候,家里的其他人在负责自己分内工作的同时,也都愿意帮妈妈分担家务。[39]

这种旅行不只有露营。在途中,人们可以拜访沿途景点、欣赏美丽独特的风景,还可以观赏野生生物。更为重要的是,这些旅游是具有爱国主义色彩的,这是"对美国的历史遗迹和国家圣地"的一次朝圣。[40]美国首都华盛顿是美国人的必游景点。1964年出版的一本旅游指南中写道:"每一个美国人都应满怀想象和深情去参观他们祖国的首都。"盖茨堡的内战遗址同样引人注目,每年都吸引着数以百万的游客去那里参观游览。[41]

家庭度假是中产阶级从事的活动,但是中产阶级并不是一个整齐划一的群体。虽然迪士尼乐园投射出理想化的视角,但种族和民族区分仍然很明显。这样的裂隙从旅游活动中就可以看出来。比如,犹太人在卡茨基尔地区形成了自己的度假文化,这个地区位于纽约州,距纽约大概有90分钟的路程。这里的设施种类齐全,从独栋"平房"到奢华酒店一应俱全,比如被誉为卡茨基尔地区"华尔道夫酒店"的格罗辛格度假酒店就是一个代表。[42]来度假的家庭往往会住上大半个夏天,妻子和孩子一直待在这里,丈夫们在周末的时候会去爬山。游客在这里可以参与很多娱乐活动:有棋牌游戏、单口相声,还有音乐、运动、游泳等各种各样的活动。来这里表演的也都是很有名气或是即将成名的艺人,比如喜剧演员琼·里弗斯(Joan Rivers,1933—2014)和歌手托尼·班尼特(Tony Bennett,1926—)。[43]

中产阶级的非洲裔美国人要比犹太人面临更大的挑战。当他们游览美国的"朝圣景点"时,常常会受到白人的侮辱,这种情况在南方尤为严重。在20世纪50年代至60年代初期,无论是酒店还是汽车旅馆都经常拒绝黑人家庭入住,餐馆也不欢迎他们,那些挂着"仅限白人使用"标志的海滩和游泳池也将他们阻隔在外。总统林顿·约翰逊(Lyndon B. Johnson,1908—1973)曾说,在了解了非洲裔美国人旅行的困难经历之后,他深深认识到了种族隔离的罪恶,也因此开始投身于1964年民权法案的制定。曾有人向约翰逊讲述自己的经历:

第十章 大众旅游

我们驱车几个小时，已经饿得不行了，但是沿途没有能让我们停下来歇脚吃饭的地方。我们只能继续往前开。天越来越热，我们想冲个澡，但是允许我们洗浴的地方通常距离高速公路好几千米远。夜幕降临，我们只能继续往前走——直到我们累得眼睛都睁不开了。于是我们准备找地方休息，但是找到能休息的地方还要一个小时。[44]

白人家庭同样也会外出旅行，但他们的旅行经历却与黑人家庭完全不同。

各式各样的家庭旅游不仅局限于英国和美国。在斯堪的纳维亚半岛，也有许多家庭会选择自驾游，到了晚上或野营，或入住度假小屋，或下榻欧洲人模仿美国而建的汽车旅馆。[45]在法国，度假意味着"越来越受重视的居民消费支出"，家庭将消费预算的6%—8%花在外出旅行上。一个名为"旅游与劳动者"的组织致力于为人们提供"健康且丰富的度假"，该组织经营的项目包括一日游、出国游以及多半位于海边的"露营地和家庭度假村"等。1959年，该组织的第一家度假村开放。度假村设有两个餐厅、儿童托管所、娱乐和会议室、一个酒吧以及包含两间和三间卧房的两栋平房。这种度假村很受欢迎，在20世纪60年代，度假村又进一步扩建，增设了游泳池、高尔夫球场和网球场——这一切都是家庭成员们摆脱日常琐事享受休闲时间所必备的设施。[46]

如果说家庭对旅游推销商们来说意义重大的话，那么年轻人对他们也同样重要。对于那些推销商来说，增进青少年的全球意识和他们之间的友谊，可以避免未来发生的冲突，有利于维护世界和平。青年旅馆运动便是这一思想的化身。在一战开始的前几年，理查德·席尔曼（Richard Schirrmann，1874—1961），一位生于普鲁士的教师，提出要为青年创造低成本旅行住宿设施。[47]在20世纪20年代，青年旅馆的数量迅速增加，德国尤为如此。[48]在两次世界大战的间隔期，青年旅馆如雨后春笋般出现在瑞士、波兰、荷兰、挪威、丹麦、英国、爱尔兰、法国、比利时、芬兰、卢森堡、捷克斯洛伐克、冰岛，甚至美国。[49]受战争影响，尽管许多青年旅馆关门闭店或发展放缓，但最终还是生存下来了。

二战后，一股新的力量注入青年旅馆运动中。国际青年旅馆协会成立并发表了一项关于发展目标的声明，声明提出：

  我们生活在一个美丽的世界，这个世界有着无尽的自然美景，这些美景并不单单属于特定的国家，而应为世人所共享。我们努力使世界各国人民团结在一起，像一家人一样围坐在房间的火炉旁，或共享一顿普通的饭菜，或沿着小径漫步。他们可以学会欣赏对方的看法和观点，并认识到这是一个手足情深的世界。

青年旅馆能够"汇聚恩惠与友谊，给身处恐惧和不安的人们以安身之所"。[50] 很快，青年旅舍便在世界范围内扩展开来，遍地开花。[51] 到1950年底，这一运动"在国内和国际上得到了稳固的发展"，在青年旅馆的"过夜"比例上升至60%。[52] 在此之后，青年旅馆的扩张仍在继续，印度、亚洲、以色列、北非、拉丁美洲、阿拉伯世界以及其他地方都有发展。在西欧，青年旅馆的增长率上升至88%。从全世界范围来看，青年旅馆的增长率更为惊人，达到了237%。[53]

二、"酷"的诞生

  20世纪70年代和80年代，家庭度假以及年轻人通过旅行可能改变社会的观念并没有消失，但更受人们欢迎的是针对更为多样的细分市场而推出的各类旅游产品。人们的品味变了。野营不足以帮助人们彰显个性和成功。因而，美国的家庭旅游在20世纪70年代开始呈现下降的趋势。但"这并不代表家庭旅游的消失"。鲁写道：

  但人们的确不再认为家庭旅游是一种大众现象了。家庭旅游在20世纪70年代呈现明显下降的趋势，这是因为旅游广告将关注的中心转向了细分市场。这一时期，兴起于50年代的家庭观念因"酷"（cool）文化而变得黯然失色，彼得·方达（Peter Fonda）的《逍遥骑士》

第十章 大众旅游

（1969）电影大热，而家庭旅游则受到冷落。[54]

同样，像比利·巴特林这样的休闲服务商所面临的实际情况是家人之间黏在一起本身也是有局限的。父母需要独立的时间。年轻人认为自己和大人之间存在代沟并渴望自由和独立。到了20世纪60年代末，英国有些度假营地甚至为游客提供性服务，但即便这样的诱惑也无法抵挡青年文化发展的浪潮。1975年，一个很受欢迎的摇滚乐队"谁人乐队"（The Who），发行了他们的摇滚歌剧《汤米》。这首歌对露营文化造成了严重的打击。历史学家桑德拉·特拉金·道森（Sandra Trudgen Dawson）曾经提及这个乐队：

>……讽刺了战后度假营地对大众的吸引力。在战后的几年里，《汤米》把度假营作为一种大众文化的象征，与一种更为真实的文化以及工人阶级的经历对立起来。剧中，战争中失去丈夫的沃克夫人带着儿子去"伯尼度假营地"。在那里，他们看到的是排列整齐的木屋，还有露营者们在营地的管理下参与健身以及一个又一个娱乐活动的场面。《汤米》批评的焦点是露营者貌似机械而盲目的行为，还有战后广泛存在于英国工人阶级文化中的压迫。"谁人乐队"试图揭示大众文化所体现出的一种空虚感，个性被泯没在无休止的集体活动中。[55]

这样的批评使假日营地的人气有所下滑，虽然没有影响到全部度假村，但也导致一些度假村关门歇业。2011年，三家仍处于运营状态的巴特林度假营地每年接待游客的数量是130万人次，而这些游客来访的原因可能是出于对20世纪50年代那种简单生活的怀念。[56]

苏联阵营也经历了大体相似的历程。国家领导人早就想建立一种独特的无产阶级旅游业，这种旅游业要与西方资本主义旅游业有所不同。为此，苏联在国内建设旅游基础设施，为人们提供健康且高效的旅行。数百万人从中获益。然而，从20世纪60年代末开始，人们的追求越来越多。他们寻求独特，希望摆脱因循守旧，找到一种个性化的旅行方式。他们驾车行驶在高速公路上，抛弃了年代久远的旅游胜地，走上属于他们自己的道路。他们被官员们视为"疯狂的游客"，其休闲方式则"成为一种替代国家资助的社会旅游的可行方式"。[57]

即便是迪士尼乐园和1971年开放的迪士尼世界也面临着变革。起初，华特·迪士尼着重打造"'可爱的'文化，拒绝'刺激的游乐设施'。他更加青睐怀旧、逃避现实、或是向往未来的文化。到20世纪70年代，公司不得不改变方针。竞争变得更为激烈，青少年追求的是速度、刺激，以及过去所谓的崇高之物。1977年，该公司推出了首个惊险刺激的过山车——飞越太空山，其他公司也紧随其后。迪士尼尝试"在可爱与流行之间找到平衡点"，当然还有其他的一些改变。明日世界区域不再以未来的科技发展为主题，而是变成了一个"超越想象之所"。迪士尼努力迎合中产阶级的口味，要求游客着装整洁，员工必须统一着装并遵守行为规范要求。"'问题'青年"甚至会因发型怪异或是说脏话而被逐出乐园。但到了90年代，游乐园不得不依靠"当地群众"维持客流量，大门也开始向所有人敞开，无论此人是否会口出脏言。

为了使各个年龄阶段的游客都能在迪士尼乐园中体验到快乐，乐园还推出了邮轮和婚礼套餐，还在成人景点独家提供酒精饮料，并且将精力放在提供"适合生命历程每一阶段的娱乐活动"。[58] 扮"酷"意味着认同成年人越来越想做小孩儿的现实。青年文化在当时比任何一种文化形式都更具感染力。斯科特（A.O. Scott）是纽约《时代》杂志的一位文化评论家和影评人。他曾说过："可能不会再有人长大，但每个人的年龄都在增长。这个世界就是我们的游乐园，父母都不在场。"[59]这种转变起效了。1989年一年，就有3000万游客前往佛罗里达州的迪士尼世界游玩[60]，而该园区只是迪士尼分布在世界各地的众多园区中的一个而已。

三、多变的"酷"

成年游客数量的减少并非一夜巨变，这一过程可以说从20世纪70年代就开始了。尽管如此，面对大众不断变化的口味，旅游业也快速应对，

第十章 大众旅游

在世界各地创造出许多很"酷"的游乐场。但问题是前一分钟还算"酷"的地方,下一分钟就过时了。正如在青年运动有限的生命周期里,它首先通过迎合小范围的"亚文化群体"来引起人们的注意,吸引越来越多的人成为刺激和潮流中的一分子,然后才一步步成为主流,最终也会变得不再"酷"。[61] 所以,最新的旅游景点也不能永远流行下去。

旅游领域的学者经常提及地理学家巴特勒(R.W. Butler)提出的一个模型,在这个模型中旅游景点发展被划分为几个明确的阶段。首先是"探索阶段",在这个阶段景点只有少量游客到访。之后,在"参与阶段",游客来访变得更有规律,当地居民开始为这些客人提供服务。第三个阶段是"发展阶段",这一阶段市场营销力度开始加大,旅游基础设施得到改善,游客数量不断增加。之后的"巩固阶段"则是一个转折点。游客人数的攀升速度有所下降。游客仍旧会大量到来,但增长势头已经大不如前了。最终游客数量会在"停滞阶段"迎来一个巅峰值,然后进入"衰退阶段",游客人数开始下降。游客可能会参加一日游,但深入游览景点的人却不会太多。[62] 而想要通过旅游获取更多的文化资本就需要远离尘嚣、更深入地去探寻。[63] 如果每个人都去相同的地方、看一样的风景,那么这个目标就不可能实现。大众旅游需要涵盖所有人,针对不同目标群体设计产品。与此同时,要保证产品的标准化才能达到降低成本的效果。[64] 旅游营销和开发人员应该尽可能发掘不同景点之间的差异,向游客们展示他们宣称的旅游地的确是独一无二的。

但结果有可能是矛盾的。"遗产旅游"就是一个例子。遗产旅游根植于人们对过去简单生活的普遍渴望,单单美国一个国家,游览名胜古迹所创造的收入就高达 1920 亿美元。[65] 在英国,2013 年一年,遗产旅游收入就高达 264 亿英镑。[66] 在发展中国家,这类旅游创造的收入无疑会更多。[67] 然而并不是所有人都对这个结果感到满意。尼尔·科森(Neil Cossons, 1939—)是伦敦科学博物馆的馆长。他曾说:"除非整个国家都成为一个大型露天博物馆,一出希斯罗机场就身处博物馆当中,不然遗产旅游的增长速度不可能再有所提高。"[68]——但是,如果遗产旅游的发展速度缓慢的话,那么很多资金都会面临风险。纵观全球,煤气灯、鹅卵石、红砖、铁栏杆成为时代和简化的过去的普遍象征。在 20 世纪 70 年代至 90 年代，世界上几乎每一个城市都推出了恢复历史计划，想让它们的旅游区域显得古老，从而凸显当地的历史。有些景点的确蕴含着深刻的历史底蕴且独一无二——例如中国长城、泰姬陵、马丘比丘古城和巨石阵——但有些景点的修建却显得有些玩世不恭，游客想要什么就给他们什么，只要能吸引游客就行；有些景区貌似颇有年代感，但实际上都是一些标准化的、千篇一律的东西。[69]

对于一些旅行者来说，追求独一无二的景点或旅行体验需要付出更多的努力。而完成这一心愿的唯一方法就是不走寻常路。例如，南极洲正快速成为热门旅游目的地。20 世纪 80 年代，每年只有不到 2000 名游客乘船前往南极海域并登陆一两次。如今，这个数字已经超过了每年 35000 人。选择南极的游客"很大程度上都属于行动派。如今，人们想要体验滑翔、滑水、潜水等各式各样的活动"。[70]隐藏在热带雨林当中与世隔绝的原始部落也同样会引起游客的兴趣。有一种被称作"人类狩猎之旅"的旅行方式，选择这种旅行方式的游客会参与到"窥探"那些"隐世部落"的活动中去。[71]

珠穆朗玛峰是世界上最高的山峰，同样也是一个四海皆知但又难以企及的目的地。尽管第一位成功登顶者究竟是谁还有待讨论，[72]但埃德蒙·希拉里（Edmund Hillary，1919—2008）和丹增·诺盖（Tenzing Norgay，1914—1986）二人是在 1953 年第一个登顶并活着返回地面的人。[73]在此之后，只有少数世界顶级登山队从不同路线登顶成功。20 世纪 80 年代，喜马拉雅地区的交通状况得到改善。90 年代，作家乔恩·科莱考尔（Jon Krakauer）曾遗憾地说道，珠峰因为大量业余爱好者的聚集而"被贬损、被亵渎"，任何有兴趣登顶的人只要交钱就有人可以将其带上峰顶，峰顶已经变得"商业气息浓厚"并且"拥挤不堪"。[74]

即使不是在这些难以企及的世界之最的景区，类似的情况也常常发生。"志愿旅行"指的是在假期里帮助他人的一种旅行方式，通常都是前往欠发达地区的旅行。它最初是由教会或政府机构发起的一种小众活动。后来开始变得越来越商业化，现在普遍与营利性公司关联在一起，这些公司会为有意参与志愿旅行的人提供有偿服务。[75]品尝特色美食是旅行途中不可或缺的一部分，在各种各样的美食节目以及被捧红的名厨的助力下，"美食文化"得以出现。而在意大利等地,"美食文化"早已发展成一个欣欣向荣的产业。[76] 曾经,参观大屠杀遗址对游客来说并没有什么吸引力,只是在电影《浩劫》上映后的几年里出现了一小拨感兴趣的人群。[77] 然而现在,仅奥斯维辛集中营一个景点每年就会吸引上百万的游客,许多犹太人来此参观就像参加一次朝圣。[78] 与之类似的像达豪集中营这样的地方,吸引的游客也是只多不少。[79] 类似的遭遇还会发生在各种类型"隐藏宝藏"的身上,这些隐藏的特色一开始可能仅被少数人发现,但只要一经发现,该景点就会成为大众的追逐之所。就是这样,一开始仅为少数人所了解的景点,很快就会变成一条繁忙的旅行路线。

四、旅游业的影响

但繁忙的旅行路线背后也是要付出代价的。在 20 世纪 80 年代,大众旅游对脆弱的生态系统和文化的破坏日益突显出来。据纽约《时代》杂志的伊丽莎白·罗森塔尔(Elisabeth Rosenthal)所述:"从纽约飞往欧洲或旧金山的往返航班对全球变暖所产生的影响相当于机上乘客每人排放 2—3 吨二氧化碳所产生的影响。美国人平均每人每年产生约 19 吨二氧化碳;欧洲人平均为 10 吨。"总之,飞机飞行产生的温室气体"占全球总排放量的 5%",并且这一数值还在不断攀升[80]——对气候和动植物生命等造成很大影响。位于奥地利阿尔卑斯山脉的基茨比厄尔滑雪胜地就印证了温室气体的巨大影响。该地依靠雪场吸引了众多滑雪游客,这为周边地区创造了"巨大的经济动力"。然而,由于全球变暖,当地降雪量不断下降。据经济合作与发展组织(OECD)预测,"在 20 年内,该雪场将因雪量不足而无法继续维持滑雪活动"。该雪场并不是唯一受到全球变暖威胁的景点。旅游业整体都是"最易受气候变化影响的行业"。[81]

在环境脆弱的地方,大量旅客的到来可能导致土壤侵蚀、水资源及水质受到恶化、森林砍伐、植被破坏、动物行为异常,以及"垃圾污染、石油残渣污染和汽车尾气污染"。[82] 虽然种种威胁并不只出现在热带岛屿,但在热带岛屿上体现得尤为明显,因为"岛屿的生态环境异常脆弱,并且随着沿海开发的深入、沿海资源的使用以及全球气候变化的加速，热带海岛所面临的环境压力越来越大。然而，海岛的经济又极度依赖外汇收入，它们往往高度依赖旅游业，将其作为收入来源"。因此，渴望盈利的旅游开发商严重威胁到海滨湿地、红树林、珊瑚礁以及海滩的安危。[83]

旅游业对文化也会产生潜在的负面影响。虽然旅游业无意损害旅游目的地文化，[84]但它很容易催生出剥削当地居民的行为。旅游营销人员在印制的广告或推出的以"人类狩猎之旅"为主题的活动中，会宣传当地居民是"最疯狂、最原始、可能也是最有趣"的群体，还会让当地居民用跳舞来呈现这样的形象。[85]当坎昆于1976年开放时，它原本的设计意图就是将工作人员和游客明确地"隔离"开来。[86]这样做就是为了创造"从法律上按照他们的社会和经济地位将他们区分开来"的效果，这就相当于"坎昆的索韦托"。[87]对于当地人来说，景区的开发带来了大量的移民，玉米的灭绝成了社会生活的一个重要问题，过度拥挤、贫民窟似的环境、社会服务的缺失以及剧烈的社会和文化变革种种问题都随之而来。[88]

旅游对游客本身也存在威胁。在20世纪80年代末和90年代，对那些渴望登上世界之巅的人们而言，珠穆朗玛峰颇受欢迎，但游客活动也把山脚的大本营变成了脏乱不堪的垃圾场。[89]除了垃圾问题，登山的过程中也随时可能发生致命的事故。对于经验丰富的登山者来说，南坳这条登山路线是相对"容易的"，只有一小段需要依靠装备，那就是"希拉里台阶"，位于将近29000英尺的地方。登山者在攀登高山时在时间上很受限制，因为他们必须为下山留出充足的时间，以确保在太阳落山之前安全返回营地。根据数百人的登顶尝试，"希拉里台阶"是途中一个瓶颈。1996年，一场突如其来的风暴再加上"希拉里台阶"这一高危路段的威胁，致使两名顶级向导和六名登山者遇难。[90]但这并没有让那些付费登山的游客望而却步。在2000—2005年期间"登顶游客的数量比过去50年登顶人数总和还要多"。[91]2014年，有800人尝试登顶，其中90%的人"基本没有攀爬技能，而是花费了3万至12万美元聘请向导协助登顶"。[92]这种做法潜藏着灾难，但想要登山的人并不在乎。正如记者兼登山家尼克·黑尔（Nick Heil）发现的那样："有关珠穆朗玛峰的文字、讲述、影片和图片太多了，但那些有意登顶的人并未充分认识到攀登这座山峰将会面临怎样的风险。只有傻瓜才会完全相信别人会保障自己的安全或在危险来临时帮助他们躲过一劫。但即便如此，还是不断有这样的傻瓜被这座山峰吸引而来。"[93]

1987年，有关部门提出了许多大众休闲可能引发的问题，世界环境与发展委员会也为此发布了一份报告。这份名为《我们共同的未来》的报告主张采用可持续的旅游发展策略。五年后，1992年的里约热内卢地球峰会重点讨论了旅游业的环境影响这一议题。一年后，学术期刊《可持续旅游》问世，大量学术文献迅速涌现。如今，人们已经普遍认识到，在开发和管理旅游景点时，需要平衡游客的需求、各利益集团的需求以及社会和环境影响这三者之间的关系。[94]随着游客数量的不断攀升，许多人渴望体验新奇的东西，这将是一场不断升级的持久战。

五、小结

当然，旅游业也不尽是负面影响，它也会带来益处。如果说坎昆的例子反映出旅游业对当地居民造成的不利影响，那么在爱尔兰内战后几十年的时间里，政府机构、当地开发商以及社区团体为当地旅游发展所付出的巨大努力，就与坎昆的情况截然不同。[95]可持续旅游的兴起以及各国政府和施压团体对"人类狩猎之旅"的共同抵制表明，不管阻力多大，还是有许多有志之士愿意为早日实现效益和效应二者之间的平衡做出努力。[96]

总之，大众旅游相当复杂。人们可以赞扬它的包容性，是它的出现让休闲旅游不再被社会少数精英阶层人士所独揽，但在赞美的同时我们也要看到旅游业发展所付出的环境代价。在大批游客前往热门旅游景点的同时，该景点的私密感也会受到影响。当人头攒动时，游客们是很难体会和欣赏一个景观的崇高之处的。那么究竟是什么构成了真实的体验？许多度假者表达了一种想要跳出常规去体验新鲜事物、感知不同文化或历史传统、观赏真实事物的愿望。那么问题随之而来：迪士尼乐园就不是真实的，这里的事物都是"那些超现实的电影里的动物形象，不能说它们没有生命，但它们也确实并非活物"。[97]但是，华特·迪士尼并不这么认为。在他看来，他的乐园是具有教育意义的。例如,"明日世界"乐园在设计上就强调教育。即便是"驰车天地"里那些时速每小时 11 英里的微型汽车,也能够教导孩子们"学会互相尊重,遵守道路规则"。[98] 休闲旅游当中还有许多类似问题,这也许就是为什么旅游成为学术领域发展尤为迅猛的一个学科,每年都有大量新书和文章出版的部分原因。

　　迪士尼的"明日世界"所展望的是一个想象中的未来,体现了 1957 年设计乐园时人们对未来 30 年世界发展的最佳猜想。大众旅游的粉墨登场也引发了人们竞相猜想它的未来将会怎样。旅游业正在迅速发展,但它这样繁荣究竟能否持续?旅游业并不是一开始就存在的,它是本书中所提到的种种特定时代背景所激发的产物,并会随着时代的发展而改变。未来,旅游业会进一步发展还是逐渐消亡?

总结 "永远不要让历史学家去预测未来"

在 21 世纪的第二个十年，回首 250 多年前贵族绅士（以及少数富裕的女性）开始游历欧洲，旅游的发展可谓是翻天覆地。但如今的旅游业作为对过去的积累，还是与过去有着许多相似之处。早在伊丽莎白一世时期，英国将本国最优秀、最聪明的人送到邻国学习先进经验。虽然如今的方式与以往大不相同，但政治在旅游业中依然占据着举足轻重的地位。认为旅行有益，可以提升并完善自己的观念依然深入人心。差不多三百年前那些经常去温泉和沙滩的人就知道休闲娱乐对健康有益，如今人们依然重视休闲和健康之间的联系。现代旅游者依然渴望去寻找崇高和美丽，只是换了一种说法而已。尽管生活在 Instagram、Twitter 和 Facebook 的年代，但各大景区商店里依然摆满了各种纪念品和明信片，引得游客争相购买。与以往不同的是，旅游业的总体规模更大了。曾经，旅行者几乎只是在西欧范围内旅行，而如今世界各地都有旅行者的脚印。曾经，几百名英国游客到罗马旅行这一件事就能成为评论者热议的话题，而如今游客数量已由几百名变为几百万名。曾经，旅行只是社会上流阶层的专享，而如今至少在发达国家，旅行已成为几乎每个人都会考虑的事情。更为突出的一点是，曾经旅行是上流阶层用来显示自己身份地位的方法，它被当作上流阶层的一个共性，而如今更为多样的小众旅行帮助人们彰显出"酷"的状态，表现出与众不同。

数据不会说谎。旅游业的增长速度惊人。1950 年世界各国入境旅游人数总量为 2500 万人次。此后游客总量开始飙升：1980 年世界各国入境旅游人数总量为 2.78 亿人次，1995 年为 5.28 亿人次，到 2013 年统计总量已达到 10.87 亿人次。这些数据还不包括当年世界各国国内游客总量——每年大概有 50 亿至 60 亿人次。旅游业占到全球年均 GDP 总量的 9%，创造了 1/11 的就业，年均出口盈利额为 1.4 万亿美元（占世界总额的 6%）。[1] 而且，在 2013 年，美国"旅游业创造就业的速度是其他行业的 1.4 倍"。[2] 这些数据每年都以接近 5% 的速度增长，根据地点和区域的不同而略有差异。事实上，根据我写作本书时的最新数据显示，全球范围内只有中东地区的旅游业没有增长，因为那里正经历着两场战争，轰炸频繁，政治局势紧张。

在世界旅游组织看来，人们并没有理由相信中东局势会有所改变。但实际上，中东地区的入境旅游人数预计在 2030 年会达到 180 亿人次，并将以年均 3.3% 的增长率上升。该地区迈向"新兴经济体"的势头会继续保持下去，并"有望在 2020 年超过发达国家的入境旅游人数"。据世界旅游组织预测，到 2030 年，57% 的国际旅游者将前往那些新兴经济体国家（1980 年只有 30%），43% 将前往发达国家（1980 年则高达 70%）。[3]

从二战开始，旅游业一直发展迅猛，按照这样的发展势头来看，世界旅游组织的预测也许可以实现，但万事都不是绝对的。就像人们常提到著名历史学家艾伦·约翰·珀西瓦尔·泰勒（A.J.P. Taylor, 1906—1990）曾经和一位记者打趣时说过："小伙子，永远不要让一位历史学家去预测未来——说实在的，预测过去对我们来说已经够艰难的了。"[4] 泰勒是否说过这样的话还有待考证，但这话的确没错。过去的事情确实非常复杂。就像泰勒曾经写过的那样："只有死亡是必然的。简而言之，没有什么事情是必然发生的，除非它发生了；任何发生过的事情才具有必然性。"[5] 也就是说，许多年前几百名贵族环游欧洲这件事并不会导致如今数以亿计旅行者外出旅行这一现状。这一现状之所以会出现，是许多因素共同作用的结果，如发展、需求与对策、发明创造、愿望以及自觉行动——其中一些在本书中有所探讨。我们无从知晓未来会有怎样的情境，因此未来更加扑朔迷离。

即使我们无法借助过去预测未来，我们仍需投入精力去研究历史。旅游史则更为有趣，因为它与人类生活的方方面面都存在着千丝万缕的联系。在本书中，读者可以发现，旅游与美学、医学、经济、政治、地理、环境、科技发明以及其他许多方面都有交叠，其中的每一个方面都非常有趣。同时，研究旅游史还需要我们具有开阔的思维。例如，我们要跳出国家界限来看待历史。大多数现有文献关注的都是英国，出现这种情况的原因有很多。英国是第一个开始工业化的国家，因此，英国人民较早达到了较高的生活水平，也比其他地方较早地具备了旅行支付能力。遍游欧洲大陆的教育旅行诞生在一个贸易扩大和全球政治盛行的时代背景下，但在一定程度上还与意大利带头兴起的增加外交官数量这一做法有关。旅游美学是各国艺术家、科学家、作家和工程师们通力协作的结果。英国举办了首届世界博览会，这一活动很快便成为一个国际现象，激发了人们的旅行热情。政治因素在旅游史中从一开始就发挥着作用，但旅游业真正走向政治化则是从世界各个政治意识形态相互竞争以争取大众支持那个时期开始的。从这些例子我们可以看出，以一种跨国的眼光去看待旅游史，为人们看到那些有可能被忽视的关联和各种复杂因素开启了一条道路。

通过了解旅游史我们意识到，许多一开始看上去很简单的事情其实并不简单。休闲旅游乍一看似乎并不复杂，就是我们工作之余打发时间的一种方式。但本书的内容却清楚地告诉我们，那样的想法其实忽略了现实。旅游是人们对于如何看待自己周围世界的一种反映。它可以反映出一个人的社会地位、教育水平、性别或者国籍。因此，旅游也可以用作一种教育手段。休闲包含着意识形态的内容，就像德国的"欢乐带来力量"组织一样，它也有可能给人带来麻烦。旅游绝不是一个简单的消遣，我们需要像对待生活中其他事务那样对其慎重对待，认真思考。

最后，了解过去让我们发现，我们生活在一个特定的历史背景下。历史就像一个透镜，通过它我们可以认识到，就像前人的生活是他们那个时代的产物一样，我们当前的生活也是我们这个时代的产物。回首旅游数百年的发展，可以很好地证明这一观点。那些我们认为理所当然的事情——比如美丽的沙滩和山川——都是按照一定时间顺序出现的因素共同作用的结果。旅游不仅仅关乎旅游者做什么或看什么这样一个简单的问题。它还界定了旅游者的身份。过去人们希望通过旅行来证明自己所属的社会阶层，现在人们则希望从休闲旅游中彰显个性，突出自己的与众不同。旅游业长期的发展历史也许能为解释这一现象给出一条线索：旅游将审美、政治、工业化、消费主义、经济、健康以及其他种种因素通过一种奇妙的方式很好地融合在一起。显然，学习历史可以让我们更加了解过去，但历史向我们讲述得更多的是关于我们自己的事情——如果我们知道历史发展的来龙去脉的话。

尽管前文中我们已经对旅游业的发展形势做出了许多乐观的预测，但我们也有充分的理由去未雨绸缪。旅游业也的确面临着许多挑战，首先面临的一个挑战就是国际恐怖主义势力。2001年9月11日，与劫机者劫持美国客机撞向了纽约的世贸中心大楼和华盛顿特区的五角大楼，还有一架客机在机上乘客的集体反抗下坠毁在宾夕法尼亚州香克斯维尔的一片空地上，这架飞机计划袭击目标的重要程度并不比世贸中心和五角大楼低。[6]袭击发生后，美国政府立即命令本国空域内所有商业飞机禁飞四天。[7]数月过后，依然有许多人对乘坐飞机心有余悸。[8]各机场加大了安检力度以安抚群众的焦虑情绪。美国当局下令，机场安检必须脱鞋，增加随机身份检查频率，加强安检技术水平，还大大减少了允许乘客带上飞机的液体容量。[9]如此严苛的要求有时会惹恼乘客，但即便如此，相关部门的官员依然坚持"一切都是为了安全。一切都是为了确认每个人的身份"的原则。[10]珍妮特·纳波利塔诺（Janet Napolitano）是美国国土安全部部长。这一部门是在"9·11"事件发生后由时任美国总统的乔治·沃克·布什（George W. Bush）下令成立的新部门。这位部长就一直秉持这一原则。民众逐渐接受了这样的做法而不再抱怨。

即便有关方面在安全问题上已经付出了很大的努力，但大家都很清楚百分之百的安全是不可能实现的，从一个地方到另一个地方的路途中有无数潜在危险存在。"9·11"事件发生后不久，美国航空公司的一架587次航班于2001年11月12日在纽约皇后区发生坠机，机上260名乘客全部遇难。[11]该事件与恐怖袭击无关，而是由于另一架飞机的干扰造成的。事件引发了大众对飞机设计以及飞行员技术水平的质疑。[12]

在接下来的几个月甚至几年的时间里，又陆续发生了多起恐怖袭击事件，而发生地点也不仅仅在空中。例如，2004年3月，西班牙首都马德里发生了一起由"基地"组织实施的火车爆炸事件，造成192名乘客遇难。[13]2005年，伦敦地铁发生了一起三枚炸弹同时爆炸的事件，爆炸后约1小时，维斯托克广场上的一辆公交车也被炸毁。[14] 就在本书即将完成之际，法国讽刺杂志《查理周刊》在巴黎的办公室刚刚遭到枪手袭击。[15] 在恐怖主义的威胁下，世界上没有哪个地方是绝对安全的，暴力事件可能随时在任何地方发生。

危险并不仅仅来自恐怖分子或者空难，还来自一个对人类来说历史悠久的威胁：疾病。2003 年，一种严重急性呼吸综合征（非典型肺炎）在亚洲爆发，并很快传播到了其他区域。许多国家政府纷纷采取应对措施，制定出防疫和治疗方案以防止疾病在全球范围内流行。[16] 这种神秘病毒的感染者在当时被视为"比爆炸案制造者还要危险"。[17] 2009 年 H1N1 型流感病毒，又被称作"猪流感"，在许多国家爆发，这又一次引起了全世界的担忧。各国又纷纷制定各种措施以防止最坏的情况发生。[18] 甚至就在不久前，埃博拉病毒在西非大面积爆发，后来又在其他地区发现了少量病例，发病者主要是那些从疾病爆发区回国的救助人员，这差点在美国国内引发民众恐慌。也许是基于获得选民的支持，政客们迅速将这一情况向政治化方向引导。[19]

对很多人而言，财政问题是他们更大的担忧所在。2008 年秋季，全球金融危机爆发：股市暴跌，美国房地产市场大幅下挫，债务危机震动欧洲，失业率直线上升。[20] 全球几乎没有一个地方可以幸免于难。各家各户想方设法减少开支，取消年度旅行就是一个合理的选项，许多热门旅行目的地的游客数量都显著下降。捷克共和国首都布拉格 2009 年上半年接待游客数量与上年同期相比下降了 11 个百分点。[21] 西班牙也下降了 8.7 个百分点。[22]

受这场金融危机的影响，越来越多的人开始热衷于一种新的度假方式："宅度假"（staycation）。《华盛顿时报》采访了一位"宅度假者"，他直白地评价道："外出旅行简直是太累人了，机场里长龙般的队伍、没完没了的安检、令人厌烦的搬运和奔忙，这哪是放松和休闲？还不如花钱做一些安静又低调的事情。"[23] 这种情况并非只发生在美国，英国人也开始了这种新的度假方式。2013 年 7 月《曼彻斯特晚报》就这样报道："今年夏季有三分之二的英国人计划宅在家里。"[24]

2014 年秋，各家新闻媒体纷纷报道："2013 年一年中，美国的工薪阶层丧失了 524 亿美元的休假补贴，并且休假时间还达到了过去 40 年中的最低值。美国工薪阶层放弃的带薪假期共计 1.69 亿天，实际上'平均每位员工付出了价值 504 美元的免费劳动力'。"[25] 与 2000 年以前相比，他们的度假时间"减少了几乎整整一周"。[26] 产生这一现象的原因尚不明确，20 世纪 30 年代至 21 世纪初这段时间外出度假经历了一段持续的上升期，而如今这一趋势的确与那时形成了鲜明对比。

  这一切到底意味着什么？当今现状将对未来的旅游业产生怎样的影响？哪些蠢蠢欲动的变化会从根本上颠覆我们看世界的方式？又是否存在某种发展趋势只有事后才会变得明朗？历史无法回答我们，但如果我们仔细思考，它肯定会为我们提供很多可能性。

注　释

引言

1　See: United Nations World Tourism Organization, *Tourism Highlights,* 2014 ed. (Madrid: UNWTO, 2014), 2 and United Nations World Tourism Organization, *UNWTO Annual Report 2013* (Madrid: UNWTO, 2013), 2, 11.

2　尽管我使用"移动性"（mobility）来描述人们从一地前往另一地的活动，但学者们对这一术语的理解却渐趋复杂。若不经意的话，这一点并非显而易见。人们对移动性的看法可能因人而异。根深蒂固与移动同等重要。有关这一讨论的例证可参看：Stephen Greenblatt, ed., *A Mobility Studies Manifesto* (Cambridge: Cambridge University Press, 2009)。

3　这一观点并未得到普遍认同。有些学者声称人类起源于南非，随即向外扩展，移居到其他地区。还有学者认为我们的远祖是通过迁移族群的相遇、交配和变种这样一系列杂交过程才出现的。还有学者认为人类是"基因流动"（gene flow）的结果，有些族群存活了下来，其他族群则灭亡了。然而，另外一群人类学家认为，人类是由较早离开非洲的族群在欧洲、非洲和亚洲分别独立演化而成的。可参看：Chris Stringer, "Modern Human Origins: Progress and Prospects", *Philosophical Transactions: Biological Sciences 357,* no. 1420 (29 April 2002): 563–79。

4　"New Evidence Puts Man in North America 50,000 Years Ago", *Science Daily,* 18 November 2004, accessed 6 February 2011, http://www.sciencedaily.com/releases/2004/11/041118104010.htm.

5. Israel Finkelstein and Neil Asher Silberman, *The Bible Unearthed: Archaeology's New Vision of Ancient Israel and the Origin of Its Sacred Texts* (New York: Free Press, 2001), 63.
6. Timothy Taylor, *The Buried Soul: How Humans Invented Death* (Boston, MA: Beacon Press, 2005), 31.
7. Michael Cook, *A Brief History of the Human Race* (New York: W.W. Norton, 2003), 21–2.
8. S.H. Katz and M. Voight, "Bread and Beer: The Early Use of Cereals in the Human Diet", *Expedition* 28, no. 2 (1987): 23–34.
9. Monica L. Smith, "The Substance and Symbolism of Long-distance Exchange: Textiles and Desired Trade Goods in the Bronze Age Middle Asian Interaction Sphere", in *Connections and Complexity: New Approaches to the Archaeology of South Asia,* eds, Dhinu Anna Abraham, Praveena Gullapalli, Teresa P. Raczek, and Uzma Z. Rizvi (Walnut Creek, CA: Left Coast Press, 2013), 143–60. See especially page 143. See also: Guillermo Algaze, *Ancient Mesopotamia at the Dawn of Civilization: The Evolution of an Urban Landscape* (Chicago, IL: University of Chicago Press, 2008), 93–9.
10. John R. McNeill and William H. McNeill, *The Human Web: A Bird's Eye View of World History* (New York: W.W. Norton, 2003), 3.
11. Patrick E. McGovern, *Uncorking the Past: The Quest for Wine, Beer, and other Alcoholic Beverages* (Berkeley, CA: University of California Press, 2009), 180–2. Also see Tom Standage, *A History of the World in Six Glasses* (New York: Walker and Co., 2005).
12. Avraham Faust and Ehud Weiss, "Judah, Philistia, and the Mediterranean World: Reconstructing the Economic System of the Seventh Century, B.C.E.", *Bulletin of the American Schools of Oriental Research* 338 (May 2005): 71–92. See page 85.
13. David Sacks and Oswyn Murray, *Encyclopedia of the Ancient Greek World,* rev. ed. (New York: Facts on File, 2005), 265.

14 更多有关罗马与东方的贸易可参看：Raoul McLaughlin, *Rome and the Distant East: Trade Routes to the Ancient Lands of Arabia, India and China* (London: Continuum, 2010)。

15 For example, see: Else Roesdahl, *The Vikings,* trans. Susan M. Margeson and Kirsten Williams (London: Penguin, 1998).

16 Eric J. Leed, *Mind of the Traveler: From Gilgamesh to Global Tourism* (New York: Basic Books, 1991), 27.

17 Andrew George, trans. *The Epic of Gilgamesh* (New York: Penguin, 2003).

18 有关亚历山大大帝的讨论可参看：Norman F. Cantor, *Alexander the Great: Journey to the End of the Earth* (New York: Harper Perennial, 2005)。有关蒙古人的资料可参看：David Morgan, *The Mongols,* 2nd ed. (Malden, MA: Blackwell, 2007)。

19 更多有关航海家亨利的生平经历可参看：Peter Russell, *Prince Henry "the Navigator": A Life* (New Haven, CT: Yale University Press, 2000)。

20 更多有关地理大发现时代的资料可参看：J.H. Parry, *The Age of Reconnaissance: Discovery, Exploration, and Settlement, 1450-1650* (London: Phoenix Press, 1962) and Glenn J. Ames, *The Globe Encompassed: The Age of European Discovery (1500-1700)* (New York: Pearson, 2007)。有关地理大发现时代更全面的历史可参看：Felipe Fernández-Armesto, *Pathfinders: A Global History of Exploration* (New York: W.W. Norton, 2006)。

21 Lionel Casson, *Travel in the Ancient World* (1974, repr., Baltimore, MD: Johns Hopkins University Press, 1994), 32.

22 Ibid., 35.

23 See: O. Kimball Armayor, "Did Herodotus Ever Go To Egypt?", *Journal of the American Research Center in Egypt* 15 (1978): 59–73 and O. Kimball Armayor, "Did Herodotus Ever Go To the Black Sea?", *Harvard Studies in Classical Philology* 82 (1978): 45–62. For an interesting account of Herodotus's writing about travel: James Redfield, "Herodotus the Tourist",

Classical Philology 80, no. 2 (April 1985): 97–118.

24　Casson, *Travel,* 85.

25　Loykie Lomine, "Tourism in Augustan Society (44BC–AD69)", in *Histories of Tourism: Representation, Identity and Conflict,* ed. John K. Walton (Clevedon: Channel View Publications, 2005), 69.

26　Ibid., 73–4.

27　Ibid., 83. Kevin D. O'Gorman 在 *The Origins of Hospitality and Tourism* (Woodeaton, UK: Goodfellow Publishers, 2010) 一书中探讨了接待业的历史。他聚焦于从古代至文艺复兴时期，发现接待业是人类历史中的一个要素。他书中的第四章和第五章提供了一份关于希腊和罗马接待业的有用的讨论。

28　Lomine, "Tourism in Augustan Society", 86.

29　有关佛教从印度向外传播的论文集可参看：Ann Heirman and Stephen Peter Bumbacher, eds, *The Spread of Buddhism* (Leiden: Brill, 2007)。

30　有关伊斯兰教的历史及传播范围可参看：Adam J. Silverstein, *Islamic History: A Very Short Introduction* (Oxford: Oxford University Press, 2010)。

31　罗伯特·L.蒙哥马利（Robert L. Montgomery）进行了一项社会学研究，旨在解释为何基督教能够从耶路撒冷成功地向北、向西传播，然而向东传播却遭遇了重重艰难。可参看：Robert L. Montgomery, *Lopsided Spread of Christianity: Toward an Understanding of the Diffusion of Religions* (Westport, CT: Praeger, 2001)。在中世纪早期，相当数量的穆斯林"文人学士"为了寻求知识、开展研究或其他目的而踏上旅途。其中许多人将他们的经历记录了下来。相关经历的详尽描述可参看：Houari Touati, *Islam and Travel in the Middle Ages* (Chicago, IL: University of Chicago Press, 2010)。

32　J. Stopford, *Pilgrimage Explored* (York, UK: York Medieval Press, 1999), ix.

33　Nelson H.H. Graburn, "Secular Ritual: A General Theory of Tourism", in *Hosts and Guests Revisited: Tourism Issues of the 21st Century,* eds, Valene L. Smith and Maryann Brent (Elmsford, NY: Cognizant Communications,

2001), 42–50. See pages 42–3.

34 一个关于旅游者与朝圣者二者差别的有趣的探讨可参看：Valene L. Smith, "The Nature of Tourism", in *Hosts and Guests Revisited: Tourism Issues of the 21st Century,* eds, Valene L. Smith and Maryann Brent (Elmsford, NY: Cognizant Communications, 2001), 53–68. 参看 66—67 页。

35 Jacques Le Goff, *The Birth of Europe* (Oxford: Blackwell, 2007), 65.

36 有关中世纪朝圣的精彩介绍可参看：Diana Webb, *Medieval European Pilgrimage, c. 700-c.1500* (Basingstoke: Palgrave, 2002)。

37 Sidney Heath, *Pilgrim Life in the Middle Ages* (Boston, MA and New York: Houghton Mifflin, 1912), 36.

38 Sarah Hopper, *To Be a Pilgrim: The Medieval Pilgrimage Experience* (Stroud: Sutton, 2002), 132–3.

39 有关旅游与宗教之间相互作用的深入讨论可参看：Erik Cohen, *Contemporary Tourism: Diversity and Change* (New York: Elsevier, 2004), 147–58。

40 Rudy Koshar, *German Travel Cultures* (Oxford: Berg, 2000), 8. 当然，还有其他有关旅游的定义。例如，阿塞姆·安纳德（Ascem Anand）将旅游描述为"一种综合现象，包含外地旅行者在移动中所产生的各种影响。它在本质上是一种娱乐活动，人们将其在常住地赚取的金钱拿到旅游地进行消费"。Ascem Anand, *Advance Dictionary of Tourism* (New Delhi: Sarup & Sons, 1997), 41. 尽管安纳德的描述暗含着旅游与赚钱毫无瓜葛的意思，但历史学家辛迪·阿伦（Cindy Aron）却阐述了一种矛盾关系。在这一关系中，工人们通过指出旅游有助于他们更高效地工作从而证明休闲是一种正当行为。由此，旅游在生产性劳动中被赋予了重要的地位。可参看：Cindy S. Aron, *Working At Play: A History of Vacations in the United States* (Oxford: Oxford University Press, 1999), 5–6。更多相关定义及差异的讨论可参看：Cohen, *Contemporary Tourism,* 17–36。

41 即使是在欧洲内部，对"现代现代"与"现代"的争论也因地而异。例如在英国，现代历史通常指从 1688 年的"光荣革命"开始；然而在法国，则被视为从 1789 年的法国大革命开始。

42　Cited in Dipesh Chakrabarty, "The Muddle of Modernity", *American Historical Review* 116, no. 3 (June 2011): 663–75. See page 671.

43　Carol Gluck, "The End of Elsewhere: Writing Modernity Now", *American Historical Review* 116, no. 3 (June 2011): 676–87. See page 676.

44　Gurminder K. Bhambra, "Historical Sociology, Modernity, and Post-colonial Critique", *America Historical Review* 116, no. 3 (June 2011): 653–62. See page 655.

45　Stuart B. Schwartz, ed., *Implicit Understandings: Observing, Reporting, and Reflecting on the Encounters Between Europeans and Other Peoples in the Early Modem Era* (Cambridge: Cambridge University Press, 1994), 3.

第一章

1　Edward Gibbon, *Memoirs of My Life and Writings of Edward Gibbon* (Boston, MA and London: Ginn & Company, 1898), 48.

2　Ibid., 47.

3　Ibid., 82.

4　Ibid., 142.

5　Jeremy Black, *The British Abroad: The Grand Tour in the Eighteenth Century* (New York: St. Martin's Press, 1992), 7–12.

6　Orvar Löfgren, *On Holiday: A History of Vacationing* (Berkeley, CA: University of California Press, 1999), 19.

7　洛伊·查德（Chloe Chard）写道，有关教育旅行的游记表明且推动了"个人冒险"意识的日益增强。更多相关内容可参看：*Pleasure and Guilt on the Grand Tour: Travel Writing and Imaginative Geography, 1600-1830* (Manchester, UK: Manchester University Press, 1999), 11。

8　Bruce Redford, *Venice and The Grand Tour* (New Haven, CT: Yale University Press, 1996), 14.

9   Louise McReynolds, "The Prerevolutionary Russian Tourist: Commercialization in the Nineteenth Century", in *Turizm: The Russian and East European Tourist Under Capitalism and Socialism,* eds, Anne E. Gorsuch and Diane P. Koenker (Ithaca, NY: Cornell University Press, 2006), 17.

10   Johann Wolfgang von Goethe, *Goethe's Letters from Switzerland and Travels in Italy* (New York: Worthington, 1885).

11   Cesare De Seta, "Grand Tour: The Lure of Italy in the Eighteenth Century", in *Grand Tour: The Lure of Italy in the Eighteenth Century,* eds, Andrew Wilton and Ilaria Bignamini (London: Tate Gallery Publishing, 1996), 14.

12   Chard, *Pleasure and Guilt,* 15.

13   Brian Dolan, *Ladies of the Grand Tour: British Women in Pursuit of Enlightenment and Adventure in Eighteenth-Century Europe* (New York; HarperCollins, 2001).

14   Tobias Smollett, *Travels through France and Italy,* ed. Frank Felsenstein (Buffalo, NY: Broadview, 2011; first published 1766).

15   Hugh Brigstocke, "The 5th Earl of Exeter as Grand Tourist and Collector", *Papers of the British School at Rome* 72 (2004): 331–56.

16   De Seta, "Grand Tour", 14.

17   有关瘟疫及其影响的简短讨论可参看：Norman F. Cantor, *In the Wake of the Plague: The Black Death and the World It Made* (New York: Perennial, 2001)。

18   S.J. Payling, "Social Mobility, Demographic Change, and Landed Society in Late Medieval England", *Economic History Review,* New Series, 45, no. 1 (February 1992): 51–73.

19   Paul Johnson, *The Renaissance: A Short History* (New York: The Modern Library, 2002), 14–15.

20   Cited in Jacques Le Goff, *The Birth of Europe* (Oxford: Blackwell, 2007), 178.

21   Le Goff, *Birth of Europe,* 178–81. See also: Johnson, *Renaissance,* 15–16.

22 Michael A. Di Giovine, "Review Article: Identities and Nation-Building in Early Modern Travel Accounts", *Journeys: International Journal of* Travel and Travel Writing 12, no. 1 (September 2011): 93—105.

23 意大利直到19世纪下半叶经历了复兴运动才成为统一的国家。

24 Garrett Mattingly, *Renaissance Diplomacy* (Baltimore, MD: Penguin Books, 1964), 10 and 55.

25 Colin Martin and Geoffrey Parker, *The Spanish Armada* (Manchester, UK: Mandolin, 1988), 57–70.

26 Edward Chaney, *The Evolution of the Grand Tour: Anglo-Italian Cultural Relations since the Renaissance* (London: Frank Cass, 1998), xiii.

27 Felipe Fernández-Armesto, *The Spanish Armada: The Experience of War in 1588* (Oxford: Oxford University Press, 1989), 112.

28 Charles Beem and Carole Levin. "Why Elizabeth Never Left England", in *The Foreign Relations of Elizabeth I,* ed. Charles Beem (New York: Palgrave Macmillan, 2011), 4.

29 Susan Doran, *Elizabeth I and Foreign Policy, 1558-1603* (London: Routledge, 2000), 48–9 and 67.

30 Paul Grendler, "The Universities of the Renaissance and Reformation", *Renaissance Quarterly 57,* no. 1 (Spring 2004): 1–42.

31 有关17、18和19世纪对牛津大学及剑桥大学教育性质的严厉抨击可参看: Andrew Lockhart Walker, *The Revival of the Democratic Intellect* (Edinburgh: Polygon, 1994), 38–57。

32 Geoffrey Trease, *The Grand Tour* (New York: Holt, Rinehart and Winston, 1967), 16–17; and, Christopher Hibbert, *The Grand Tour* (New York: G.P. Putnam's Sons, 1969), 10–11.

33 Francis Bacon, *Bacon's Essay with Annotations by Richard Whately,* 2nd ed., rev. and enl. (Freeport, NY: Books for Libraries, 1973), 194–6.

34 Hibbert, *Grand Tour,* 11–15.

35 Jeremy Black, *The Grand Tour in the Eighteenth Century* (Stroud, UK: Alan

Sutton, 1992), 10. See also: De Seta, "Grand Tour", 14.

36 值得注意的是，历史学家对这些年份还存在争议。有些历史学家认为，"贵族式教育旅行"大约在 1760 年达到高峰，随后转变为其他形式。按照这一观点，1760 年之后，教育旅行的功效经常受到挑战，旅行目的也有所改变，旅行者的类型不断扩大，甚至目的地涵盖的范围也逐渐发生变化，与以往的热门目的地相比，包含了更多的农村地区。可参看：Rosemary Sweet, *Cities and the Grand Tour: The British in Italy, c. 1690-1820* (Cambridge: Cambridge University Press, 2012), 7。

37 杰里米·布莱克（Jeremy Black）针对旅游者数量与热门目的地展开了深入讨论。可参看：*Grand Tour*, 7-12 and 14-80. See also: Roger Hudson, ed., *The Grand Tour: 1592–1796* (London: Folio Society, 1993), 21。

38 Bruce Redford, *Venice and the Grand Tour* (New Haven, CT: Yale University Press, 1996), 15–16.

39 Hibbert, *Grand Tour,* 24.

40 Thomas William Heyck, *The Peoples of the British Isles: A New History, Vol. II: From 1688 to 1870* (Chicago, IL: Lyceum Books, 2008), 48-9.

41 激进政治的兴起、贵族势力的逐渐削弱以及精英人士本身的态度是深入探讨这段历史所涉及的主要话题。H. T. 迪金森（H. T. Dickinson）在 *The Politics of the People in Eighteenth Century Britain* (New York: St. Martini's Press, 1994) 中详细介绍了 18 世纪英国政治的结构以及激进政治的发展。埃里克·J. 埃文斯（Eric J. Evans）在他那本十分简明的 *The Great Reform Act of 1832,* 2nd ed. (London: Routledge, 1994) 一书中介绍了未改革的政治体系和 1832 年的改革法案。虽然他们的论点成为众多辩论的主题，但劳伦斯（Lawrence）和珍妮·斯通（Jeanne Stone）的 *An Open Elite? England, 1540–1880* (Oxford: Oxford University Press, 1984) 这本书提供了一个审视 16—19 世纪英国上流社会面临的众多挑战的有益视角。

42 Redford, *Venice and the Grand Tour*, 16.

43 Black, Grand Tour, 86-107. 按照英国国家档案馆提供的货币计算器，

1750 年的 1 英镑相当于 2005 年的 85.16 英镑。这意味着 1750 年平均年支出 300 英镑相当于今天的 25548 英镑。"货币转换器"，英国国家档案馆提供，http:// www.nationalarchives.gov.uk/currency/，2012 年 2 月 4 日访问。

44 Hibbert, *Grand Tour,* 19.

45 For example, see W. Hamish Fraser, *The Coming of the Mass Market, 1850-1914* (Hamden, CT: Archon Books, 1981) and Rosalind H. Williams, *Dream Worlds: Mass Consumption in Late Nineteenth-Century France* (Berkeley, CA: University of California Press, 1982).

46 克里斯托弗·戴尔（Chirstopher Dyer）在这一点上尤为固执己见。可参看："The Consumer and the Market in the Later Middle Ages", *Economic History Review,* 2nd ser. 41, no. 3 (1989): 305–27。

47 Miles Hadfield, *A History of British Gardening* (London: Penguin, 1985), 452.

48 Ian Ousby, *The Englishman's England: Taste, Travel and the Rise of Tourism* (Cambridge: Cambridge University Press, 1990), 58–91.

49 Brigstocke, "The 5th Earl of Exeter", 331–56.

50 众多来自英国和欧洲大陆的绘画作品反映了这一趋势。托马斯·庚斯博罗（Thomas Gainsborough）的 *Mr. and Mrs. Andrews* (1750)，是其中最负盛名的画作之一，这幅画以延伸至远方的庄园为背景（几乎占据了人像左面的全部画面），描绘了一对站在自家庄园里的年轻夫妇。

51 Lorna Weatherill, "A Possession of One's Own: Women and Consumer Behavior in England, 1660–1740", *Journal of British Studies* 25 (April 1986): 131–56.

52 Colin Campbell, *The Romantic Ethic and the Spirit of Modem Consumerism* (Oxford: Basil Blackwell, 1987), 202–27.

53 Orvar Löfgren provides a very useful discussion of picture postcards, photographs, and souvenirs in *On Holiday,* 72–88.

54 有关主要线路的讨论，参看：Black, *British Abroad,* 14–80。还可参看：

Hibbert, *Grand Tour*。值得强调的是，1750 年品味的变化（见第二章）激发人们前往山地和海滩，但至少在此之前，教育旅行主要关注的是城市。可参看：Sweet, *Cities and the Grand Tour,* 2–3。

55　Hibbert, *Grand Tour*, 224-7.

56　Black, *British Abroad,* 196.

57　Lawrence Stone, *The Family, Sex and Marriage in England, 1500-1800,* Abr. ed. (New York: Harper and Row, 1979), 334–5.

58　Bldick. *British Abroad*, 195.

59　Ibid., 191.

60　Jessica Warner, Craze: *Gin and Debauchery in an Age of Reason (* (New York: Random House, 2003), 3.

61　Paul Jennings, *The Local: A History of the English Pub* (Stroud, UK: Tempus, 2007), 51.

62　Black, *British Abroad,* 206.

63　Ibid., 207.

64　沃斯通克拉夫特至少在目的地的选取上有别于许多男性游客。尽管多数人都前往法国、意大利、瑞士和荷兰，但这位原型女性主义作家却在 1795 年 6 月游历了斯堪的纳维亚半岛。可参看：Mary Wollstonecraft, *Letters Written in Sweden, Norway, and Denmark,* ed. Tone Brekke and Jon Mee (1796; Oxford: Oxford University Press, 2009), ix。

65　Patricia Jean Behenna Meyer, "No Land Too Remote: Women Travellers in the Georgian Age, 1750–1830" (Ph.D. diss., University of Massachusetts–Amherst, 1978), 275.

66　Brian Dolan, *Ladies of the Grand Tour* (New York: HarperCollins, 2001), 7.

67　Ibid., 5–8.

68　James Boswell, *The Life of Samuel Johnson, Vol. 2* (1791; London: J.M. Dent & Sons, 1911), 251.

69　Gibbon, *Memoirs,* 72–3.

70　Bacon, *Bacon's Essays*, 196.

71　Hibbert, *Grand Tour,* 230.

72　Sweet, *Cities and the Grand Tour,* 11–13. Richard Mullen and James Munson pick up the story of British travelers in "*The Smell of the Continent*": *The British Discover Europe, 1814-1914* (London: Macmillan, 2009).

73　Sweet, *Cities and the Grand Tour,* 11–13.

第二章

1　柯尔律治受到"弛缓性痛风"的折磨,但他似乎总是用这一病痛来"掩饰更深层次的对于药物镇静的心理需求"。可参看:Dorothy Wordsworth, *Recollections of a Tour Made in Scotland* (New Haven, CT: Yale University Press, 1997; first published 1874), 14–15。

2　Coleridge to Sara Hutchinson, "Eskdale, 6 August 1802", in *Collected Letters of Samuel Taylor Coleridge, Vol. II, 1801-1806,* ed. Earl Leslie Griggs (Oxford: Clarendon Press, *1966),* 841.

3　Robert Macfarlane, *Mountains of the Mind: How Desolate and Forbidding Heights Were Transformed into Experiences of Indomitable Spirit* (New York: Pantheon Books, 2003), 82.

4　Coleridge to Hutchinson, "Eskdale, 6 August 1802", 841–3.

5　Margaret B. Fergusson, "The Ascent of Olympus", *Greece and Rome* 12, no. 21 (May 1938): 129–36. See pages 129–30.

6　Exodus, 19:2, 19:12–14.

7　Constanza Ceruti, "Human Bodies as Objects of Dedication in Inca Mountain Shrines (North–Western Argentina)", *World Archaeology 36,* no. 1 (March 2004): 103–22.

8　Christopher Hibbert, *The Grand Tour* (New York: Putnam's Sons, 1969), 88.

9　Lyell Asher, "Petrarch at the Peak of Fame", *PMLA* 108, no. 5 (October 1993): 1050–63. See pages 1050–1.

10　Alain Corbin, *The Lure of the Sea: The Discovery of the Seaside in the*

Western World, 1750-1840 (Berkeley, CA: University of California Press, 1994), 1.

11 Ibid., 1–18. Especially page 9. See also Chet Van Duzer, *Sea Monsters on Medieval and Renaissance Maps* (London: The British Library, 2013).

12 Huston Smith, *The World's Religions,* 50th anniversary ed. (New York: HarperCollins, 2009), 365–83.

13 Corbin, *Lure of the Sea,* 102 and Macfarlane, Mountains of the Mind, 24.

14 Macfarlane, *Mountains of the Mind,* 22–31.

15 Corbin, *Lure of the Sea,* 3, 102.

16 Macfarlane, *Mountains of the Mind,* 31-3.

17 Ibid., 33–4.

18 Ibid., 36–44.

19 Adam Smith, *The Wealth of Nations* (New York: P.F. Collier & Son, 1902; first published 1776), 155.

20 Corbin, *Lure of the Sea*, 33.

21 William H. TeBrake, "Taming the Waterwolf: Hydraulic Engineering and Water Management in the Netherlands during the Middle Ages", Special issue: Water Technology in the Netherlands, *Technology and Culture* 43, no. 3 (July 2002): 475–99. See pages 476–7.

22 S.J. Fockema Andreae, "Embanking and Drainage Authorities in the Netherlands during the Middle Ages", *Speculum 27,* no. 2 (April 1952): 158–67. 改进的历程直至中世纪终结仍在继续。更多信息可参看：Harry Lintsen, "Two Centuries of Central Water Management in the Netherlands", Special issue: Water Technology in the Netherlands, *Technology and Culture* 43, no. 3 (July 2002): 549–68。

23 Corbin, *Lure of the Sea*, 33.

24 Ibid., 33–4.

25 Macfarlane, *Mountains of the Mind, 76;* and, Casper C. de Jonge, "Dionysius and Longinus on the Sublime: Rhetoric and Religious Language", *American*

Journal of Philology 133, no. 2 (Summer 2012): 271–300.
26 Dennis O'Keeffe, *Edmund Burke* (New York: Continuum, 2010), xv, 1–4.
27 Edmund Burke, *A Philosophical Enquiry into the Origin of Our Ideas of the Sublime and Beautiful,* ed. Adam Philips (Oxford: Oxford University Press, 2008; first published 1757), 113.
28 Ibid., 31–3.
29 Ibid., 36–7.
30 Macfarlane, *Mountains of the Mind*, 77.
31 Edward Gibbon, *Memoirs of My Life and Writings of Edward Gibbon* (Boston; MA and London: Ginn & Co., 1898), 82.
32 Samuel Johnson and James Boswell, *A Journey to the Western Islands of Scotland and A Journal of a Tour to the Hebrides* (New York: Penguin, 1984; first published 1775 and 1786), 46–7.
33 Ibid., 211–12.
34 Ibid., 46–7.
35 Macfarlane, *Mountains of the Mind,* 151–2.
36 Orvar Löfgren, *On Holiday: A History of Vacationing* (Berkeley, CA: University of California Press, 1999), 22–5.
37 有关这幅画及其与登山热之间关系的有趣讨论可参看：Macfarlane, *Mountains of the Mind,* 157–8。
38 Peter H. Hansen, *The Summits of Modem Man: Mountaineering after the Enlightenment* (Cambridge, MA: Harvard University Press, 2013), 32.
39 Peter H. Hansen, "Albert Smith, the Alpine Club, and the Invention of Mountaineering in Mid–Victorian Britain", *Journal of British Studies* 34, no. 3 (July 1995): 300–24.
40 有关维多利亚时期的英国人以及他们对于山的痴迷（尤其是那些寻求崇高的登山者对于阿尔卑斯山的痴迷）可参看：Ann C. Colley, *Victorians and the Mountains: Sinking the Sublime* (Farn–ham, UK: Ashgate, 2010)。读者可能还想探究一下某些思想家对于这种旅游方式的快速发展做出了何种回应，以及这种回应如何进一步塑造了人们的审美观及令人向往的做法。相关例证可参看：Keith Hanley and John K. Walton, *Constructing Cultural Tourism: John Ruskin and the Tourist Gaze* (Bristol, UK: Channel View, 2010)。

41 Hansen, "Albert Smith", 305.

42 Macfarlane, *Mountains of the Mind*, 89.

43 Hansen, "Albert Smith", 309-10.

44 Corbin, *Lure of the Sea*, 38.

45 Ibid., 37–40.

46 E.A. Wrigley and R.S. Schofield, *The Population History of England, 1541-1871* (Cambridge, MA: Harvard University Press, 1981), 175, 588.

47 Asa Briggs, *Victorian Cities* (New York: Harper & Row, 1970), 56.

48 Thomas William Heyck, *A History of the Peoples of the British Isles, Vol II: From 1688-1914* (Chicago, IL: Lyceum, 2002), 180.

49 Paul Bairoch and Gary Goertz, "Factors of Urbanization in the Nineteenth Century Developed Countries: A Descriptive and Econometric Analysis", *Urban Studies* 23 (1986): 285, 288.

50 David F. Crew, *Town on the Ruhr* (New York: Columbia University Press, 1979). See pages 8–9 for a brief summation of the speed of change.

51 弗里德里希·恩格斯在 *The Condition of the Working Class in England* (ed. Victor Kiernan, London: Penguin, 2005; first published 1845) 一书中，尤其在"The Great Towns"（pp.68–110）一章中，发人深省地描述了英国工人阶级的生活状况。

52 John Kelly, *The Great Mortality: An Intimate History of the Black Death, the Most Devastating Plague of All Time* (New York: HarperCollins, 2005), 169-71.

53 对不断变化的气味观念和欧洲人对健康与香味之间关系的看法感兴趣的读者可参看：Alain Corbin, *The Foul and the Fragrant: Odor and the French Social Imagination* (Cambridge, MA: Harvard University Press,

1988)。

54　Roy Porter, *London: A Social History* (Cambridge, MA: Harvard University Press, 1994), 259–66.

55　相关概述可参看：Norman Longmate, *king Cholera: The Biography of a Disease* (London: Hamish Hamilton, 1966)。

第三章

1　Harold Perkin, *The Age of the Railway* (New York: Drake, 1973), 15–44.

2　Perkin, *Age of the Railway,* 61–70. 有关更能体现欧洲人对于新道路技术重要性所持观点的资料可参看：Bruno Blondé, "At the Cradle of the Transport Revolution?: Paved Roads, Traffic Flows, and Economic Development in Eighteenth–Century Britain", *Journal of Transport History* 31, no. 1 (June 2010): 89–111。

3　有关航海时代生活状态的广泛讨论可参看：Dorothy Denneen Volo and James M. Volo, *Daily Life in the Age of Sail* (Westport, CT: Greenwood Press, 2002)。

4　John Malcolm Brinnin, *The Sway of the Grand Saloon: A Social History of the North Atlantic* (New York: Delacorte Press, 1971), 6-8.

5　James S. Donnelly, Jr., *The Great Irish Potato Famine* (Stroud: Sutton, 2002), 33.

6　David Fitzpatrick, "Flight from Famine", in *The Great Irish Famine,* ed. Cathal Póirtéir (Dublin: Mercier Press, 1995), 179.

7　Brinn, *Sway of the Grand Saloon*, 16.

8　Volo and Volo, *Daily Life,* 160–1.

9　Ibid., 121–3, 168–9.

10　Brinnin, *Sway of the Grand Saloon*, 17-19.

11　Stuart Hylton, *The Grand Experiment: The Birth of the Railway Age: 1820-45* (Hersham: Ian Allan, 2007), 18.

12 Christian Wolmar, *Fire and Steam: A New History of the Railways in Britain* (London: Atlantic Books, 2007), 1–4.

13 Ibid., 14. See also: Perkin, *Age of the Railway,* 71–2.

14 Wolmar, *Fire and Steam,* 16.

15 Perkin, *Age of the Railway*, 87-8.

16 Michael Freeman, *Railways and the Victorian Imagination* (New Haven, CT: Yale University Press, 1999), 51.

17 Wolmar, *Fire and Steam,* 9–10.

18 Asa Briggs, *Victorian Cities* (New York: Harper & Row, 1970), 56.

19 "The Railway Centenary", *Manchester Guardian,* 12 August 1930. See also: "Opening of the *Manchester and Liverpool Railway*", *Manchester Guardian,* 20 September 1830.

20 Hylton, *Grand Experiment*, 45.

21 "The Locomotive Engine Trial", *Manchester Guardian,* 17 October 1829.

22 Perkin, *Age of the Railway*, 79.

23 "Dreadful Accident to Mr. Huskisson", *Observer,* 20 September 1830.

24 "Death of the Right Hon. W. Huskisson, MP", *Observer,* 19 September 1830. 有关人们对待死亡态度变化的更多资料可参看：Philippe Ariès, *Western Attitudes Toward Death: From the Middle Ages to the Present* (Baltimore, MD: Johns Hopkins University Press, 1975)。

25 Pexkin, *Age of the Railway*, 180-1.

26 P.J.G. Ransom, *The Victorian Railway and How It Evolved* (London: Heinemann, 1990), 79, 110.

27 T.G. Otte and Keith Neilson, "'*Railpolitik*': An Introduction", *in Railways and International Politics: Paths of Empire, 1848-1945,* eds, T.G. Otte and Keith Neilson (London: Routledge, 2012), 3.

28 John F. Stover, *American Railroads* (Chicago, IL: University of Chicago Press, 1961), 19–29.

29 Marguerite S. Shaffer, *See America First: Tourism and National Identity,*

1880-1940 (Washington, DC: Smithsonian Institution Press, 2001), 7–8.

30 Stover, *American Railroads*, 74–5.

31 Ibid., 83.

32 Otte and Neilson, "'*Railpolitik*'", 7.

33 Richard Mowbray Haywood, *Russia Enters the Railway Age, 1842-1855* (New York: Columbia University Press, 1998).

34 Nigel Brailey, "The Railway–Oceanic Era, the India–China and India–Singapore Railway Schemes, and Siam", in *Railways and International Politics: Paths of Empire, 1848–1945,* eds, T.G. Otte and Keith Neilson (London and New York: Routledge, 2006), 95.

35 Roopa Srinivasan, Manish Tiwari, and Sandeep Silas, eds, *Our Indian Railways: Themes in India's Railway History* (Delhi: Foundation Books, 2006), xiv–xv.

36 更多案例可参看：Brailey, "Railway-Oceanic Era"。Christian Wolmar 在 *Blood, Iron and Gold: How the Railways Transformed the World* (London: Atlantic Books, 2009) 一书中，提供了一份全球铁路建设的叙事史。

37 Hylton, *Grand Experiment,* 84–100.

38 Joe Welsh and Bill Howes, *Travel By Pullman: A Century of Service* (St. Paul, MN: Andover Junction Publications, 2004), 18.

39 Wolmar, *Blood, Iron and Gold*, 246–62.

40 Jeffrey Richards and John M. MacKenzie, *The Railway Station: A Social History* (Oxford: Oxford University Press, 1986), 3.

41 Ibid., 25.

42 Ibid., 37.

43 Ibid., 59.

44 Ibid., 67.

45 Asta von Buch, "In the Image of the Grand Tour: Railway Station Embellishment and the Origins of Mass Tourism", *Journal of Transport History* 28, no. 2 (September 2007): 252–71.

46 Freeman, *Railways and the Victorian Imagination*, 27–9.

47 Otte and Neilson "'*Railpolitik*'", 3.

48 Quoted in Wolmer, *Blood, Iron and Gold*, 29.

49 Hylton, *Grand Experiment,* 101–4; see also: Richards and MacKenzie, *Railway Station,* 96–8.

50 Hylton, *Grand Experiment,* 103–4.

51 Richards and MacKenzie, *Railway Station,* 94. 值得注意的是，进一步的铁路开发还为"时钟时间"和格林尼治标准时间的应用做出了贡献。关于时钟时间的讨论可参看：E. P. Thompson, "Time, Work–Discipline, and Industrial Capitalism", *Past and Present* 38 (December 1967): 56–97。有关无线电报、电话和自行车等技术创新如何塑造人们"时空"观念的更多内容，可参看：Stephen Kern, *The Culture of Time and Space, 1880–1918* (Cambridge, MA: Harvard University Press, 2003)。

52 Melvin Maddocks, *The Great Liners* (Alexandria, VA: Time–Life Books), 17.

53 Perkin, *Age of the Railway*, 66–7.

54 Alastair J. Durie, *Scotland for the Holidays: Tourism in Scotland, c.1780-1939* (East Linton: Tuckwell, 2003), 47–55.

55 Jack Simmons, *The Victorian Railway* (New York: Thames and Hudson, 1991), 271–2.

56 Maddocks, *Great Liners,* 17. 更多有关早期蒸汽线路的开发对于最初的度假村及远足活动的发展所产生的深远影响可参看：John Armstrong and David M. Williams, "The Steamboat and Popular Tourism", *Journal of Transport History* 26, no. 1 (March 2005): 61–77。

57 Brinnin, *Sway of the Grand Saloon*, 26, 36.

58 Maddocks, *Great Liners,* 18.

59 Brinnin, *Sway of the Grand Saloon,* 93–103 and Maddocks, *Great Liners*, 22–6.

60 Maddocks, *Great Liners,* 28–32.

61 Philip Dawson, *The Liner: Retrospective and Renaissance* (New York: W.W. Norton, 2005), 31, 39, 42.

62 有关这些改变（最初发表在1872年）的当代讨论可参看：Francis Trevithick, *Life of Richard Trevithick: With an Account of His Inventions* (Cambridge: Cambridge University Press, 2011), 384–6。

63 Dawson, *Liner,* 58–9.

64 Alexis Gregory, *The Golden Age of Travel, 1880-1939* (London: Cassell, 1991), 195.

65 有关豪华酒店历史的更多内容可参看：Elaine Denby, *Grand Hotels: Reality and Illusion* (Chicago, IL: University of Chicago Press, 1998)。

66 Dawson, *Liner,* 47–53. 有关豪华远洋邮轮公共空间的内容可参看：Douglas Hart, "Sociability and 'Separate Spheres' on the North Atlantic: The Interior Architecture of British Atlantic Liners, 1840–1930", *Journal of Social History 44,* no. 1 (Fall 2010): 189–212。

67 William H. Miller, *Floating Palaces: The Great Atlantic Liners* (Stroud: Amberley, 2012), 11. See also: Gregory, *Golden Age,* 190–2.

68 Dawson, *Liner,* 54. See also Gregory, *Golden Age,* 192.

69 Miller, *Floating Palaces,* 11. 许多邮轮之所以配有第四个烟囱完全是因为三等舱乘客将烟囱与力量和速度等同起来。这种关联如此强烈，以至于众多邮轮公司都坚持要求安装第四个与发动机毫无瓜葛的"假"烟囱。

70 Dawson, *Liner,* 57.

71 Mark Rennella and Whitney Walton, "Planned Serendipity: American Travelers and the Transatlantic Voyage in the Nineteenth and Twentieth Centuries", *Journal of Socfal History* 38, no. 2 (Winter 2004): 365–83. See especially pages 367–72.

72 详细描述可参看：Lorraine Coons and Alexander Varias, *Tourist Third Cabin: Steamship Travel in the Interwar Years* (New York: Palgrave Macmillan, 2003)。值得补充的是，尽管随着船只速度的提升以及新的旅行阶层的出现，跨

洋旅游的需求有所增加，但这并不是增设旅客舱和客舱的动因。相反，这两种舱位是在美国建立了新的移民配额制度之后才出现的，并且很快就瓦解了下等舱市场。

第四章

1 Jack Simmons, *The Victorian Railway* (New York: Thames and Hudson, 1991), 270–1.

2 David Norman Smith, *The Railways and Its Passengers: A Social History* (Newton Abbot: David & Charles, 1988), 115. 工业化第一个阶段对于工人阶级生活水平的影响是一直以来令英国历史学家争论不休的一个问题。他们大体可以分为"乐观主义者"和"悲观主义者"两个阵营。但实际上他们都认为，大约在1840年以后，情况开始好转。有关这一争论的简短介绍可参看：Eric J. Hobsbawm, "The British Standard of Living, 1750–1850", *Economic History Review,* New Series 10, no. 1 (1957): 46–61。

3 有关英国短途旅行特性的更多内容可参看：Simmons, *Victorian Railway,* 290–2.

4 Susan Barton, *Working-Class Organisations and Popular Tourism, 1840-1970* (Manchester: Manchester University Press, 2005), 29–35.

5 Smith, *The Railways and Its Passengers*, 116-7.

6 Ibid., 118.

7 Ibid., 121; and, Simmons, *Victorian Railway,* 272.

8 Simmons, *Victorian Railway,* 273–4.

9 John K. Walton, "Thomas Cook: Image and Reality", in *Giants of Tourism,* eds, Richard W. Butler and Roslyn A. Russell (Wallingford: CABI International, 2010), 81–92.

10 Piers Brendon, *Thomas Cook: 150 Years of Popular Tourism* (London: Seeker and Warburg, 1991), chapter 2. 关于库克生平的书籍还可参看：Jill Hamilton, *Thomas Cook: The Holiday-Maker* (Stroud: Sutton, 2005)。

11 Paul Jennings, *The Local: A History of the English Pub* (Stroud: Tempus, 2007), 57–63. 引例在第 63 页。

12 Walton, "Thomas Cook", 84.

13 Jack Simmons, "Thomas Cook of Leicester", *Leicestershire Archaeological and Historical Society* 49 (1973-4): 20.

14 Brendon, *Thomas Cook,* 36–7. See also Simmons, "Thomas Cook", 25.

15 有关苏格兰"高地"文化与"低地"文化二者历史关联的著述很多，例如可参看：Peter Womack, *Improvement and Romance: Constructing the Myth of the Highlands* (London: Macmillan, 1989) and Hugh Trevor-Roper, "The Invention of Tradition: The Highland Tradition in Scotland", in *The Invention of Tradition,* eds, Eric Hobsbawm and Terence Ranger (Cambridge: Cambridge University Press, 1983), 15–41。

16 关于英格兰与苏格兰之间随旅游发展而产生关联的特别描述可参看：Katherine Haldane Grenier, *Tourism and Identity in Scotland, 1770–1914: Creating Caledonia* (Aldershot: Ashgate, 2005)。格雷尼尔（Grenier）在如下著作中探究了苏格兰严守安息日主义对于英国游客的吸引力："'The Traditional Peculiarities of Scottish Worship': Nineteenth-Century Tourism and Religion in Scotland", in *Tourism Histories in Ulster and Scotland: Connections and Comparisons, 1800-1939,* eds, Kevin J. James and Eric G.E. Zuelow (Belfast: Ulster Historical Society, 2013), 112–30。

17 See: Erica Lee German, "'Royal Deeside' and the Public/Private Divide: Nineteenth-Century Tourism Promotion and the Royal Residence of Balmoral", in *Tourism Histories in Ulster and Scotland: Connections and Comparisons, 1800-1939,* eds, Kevin J. James and Eric G.E. Zuelow (Belfast: Ulster Historical Society, 2013), 54–72, and Eric G.E. Zuelow, "'Kilts versus Breeches': The Royal Visit, Tourism, and Scottish National Memory", *Joureys: The International Journal of Travel and Travel Writing* 7, no. 2 (2006): 33–53. See especially page 47.

18 Brendon, *Thomas Cook,* 38–40, 42–3.

19 Jeffrey A. Auerbach, *The Great Exhibition of 1851: A Nation on Display* (New Haven, CT: Yale University Press, 1999), 23.

20 Smith, *The Railway and Its Passengers*, 119.

21 Auerbach, *Great Exhibition,* 138.

22 Ibid., 137.

23 Walton, "Thomas Cook", 86.

24 Smith, *The Railway and Its Passengers*, 119.

25 Brendon, *Thomas Cook,* 54.

26 Ibid., 52. 库克对其组织的旅行所具有的教育价值深信不疑。可参看：Trent S. Newmeyer, "'Moral Renovation and Intellectual Exaltation': Thomas Cook's Tourism as Practical Education", *Journal of Tourism and Cultural Change 6,* no. 1 (December 2008): 1–16。

27 Brendon, *Thomas Cook,* 55. 由于英国的工业化要早于其他国家，因此英国人的收入也略高一些。尽管工业化的第一波浪潮让人们饱受磨难，但最终让众多英国人能够获得更高的工资，过上更好的生活。

28 Ian Bradley, *Water: A Spiritual History* (London: Bloomsbury, 2012), 1–10.

29 Ibid., 13, 23.

30 Phyllis Hembry, *The English Spa: 1560–1815* (London: Athlone Press, 1990), 1.

31 Karl E. Wood, *Health and Hazard: Spa Culture and the Social History of Medicine in the Nineteenth Century* (Newcastle upon Tyne: Cambridge Scholars Publishing, 2012), 14–16.

32 Hembry, *English Spa, 2,* 9–20.

33 Douglas Peter Mackaman, *Leisure Settings: Bourgeois Culture, Medicine, and the Spa in Modem France* (Chicago, IL: University of Chicago Press, 1998), 16–22; Hembry, *English Spa,* 10–20; Bradley, *Water,* 105–13.

34 引自 Mackaman, *Leisure Settings*, 19。在 19 世纪，另外一种利用水治病的方法——水疗法——颇为流行，这类温泉疗养地的发展轨迹类似于本章中描述的温泉浴场。人们最初选择这种旅行是为了健康，而随着时间的推移，休闲成为出游的主要原因，竞争也在所难免。与单一浸泡在水池中和饮用玻璃盛装的难喝的矿泉水相比，水疗法的治疗方法则更为多样。医生在仔细询问病人的情况后，一定会给出一系列的选项。人们可能被裹在湿布单里待上一个小时，吃鱼肝油，用强劲的水管往身上喷，也可能被放血，抑或用湿绑带把自己包裹起来。可参看：Alastair J. Durie, *Water is Best: The Hydros and Health Tourism in Scotland, 1840-1940* (Edinburgh: John Donald, 2006)。

35 Mackaman, *Leisure Settings*, 16, 30.

36 See Hembry, *English Spa,* 39–52 and Bradley, *Water,* 112, for example.

37 Mackaman, *Leisure Settings*, 16.

38 Ibid., 35.

39 Wood, *Health and Hazard,* 19; and, Mackaman, *Leisure Settings,* 34–5.

40 Mackaman, *Leisure Settings*, 51.

41 John K. Walton, *The English Seaside Resort: A Social History, 1750–1914* (New York: St. Martin's Press, 1983), 10–11.

42 See: Kathryn Ferry, *The British Seaside Holiday* (Oxford: Shire Books, 2009), 68.

43 Alain Corbin, *The Lure of the Sea: The Discovery of the Seaside in the Western World, 1750–1840* (Berkeley, CA: University of California Press, 1994), 65–71. 有关洗浴过程的描述可重点参看 68—69 页。

44 有关这一疾病及其在欧洲皇室的流行，以及乔治三世病例的更多内容，可参看：Ida Macalpine and Richard Hunter, *George III and the Mad Business* (1969; London: Pimlico, 1991)。

45 Kathryn Ferry, *Beach Huts and Bathing Machines* (Oxford: Shire Books, 2009), 9–10. See also: Walton, *English Seaside Resort,* 12.

46 Walton, *English Seaside Resort*, 14.

47 Ibid., 13.

48 John K. Walton, *Blackpool* (Edinburgh: Edinburgh University Press, 1998), 14. See also, John K. Walton, *The Blackpool Landlady* (Manchester: Manchester

University Press, 1978), 14–15.

49 Barton, *Working-Class Organisations,* 33–4. 历史学家使用"劳工贵族"（labor aristocracy）这一术语来指代工人阶级中收入最高的技术工人。

50 有关更多的银行假日法案可参看：Ibid., 88–91。

51 Walton, *English Seaside Resort,* 31.

52 Ferry, *Beach Huts,* 5–24.

53 Walton, *English Seaside Resort,* 16-17.

54 Barton, *Working-Class Organisations,* 34.

55 See: Walton, *English Seaside Resort,* chapter 7.

56 Walton, *Blackpool,* 50–1.

57 Walton, *English Seaside Resort,* 38.

58 Ferry, *British Seaside Holiday,* 7.

59 John Hannavy, *The English Seaside in Victorian and Edwardian Times* (Risborough: Shire, 2003), 9–10. See also: Walton, English Seaside Resort, 163-7.

60 有关英国码头及各类海滨娱乐设施的详细讨论可参看：Walton, *English Seaside Resort,* chapter 7。

61 Ibid., 188–91. Quote on pages 190–1.

62 Peter J. Hugill, "Social Conduct on the Golden Mile", *Annals of the Association of American Geographers* 65, no. 2 (June 1975): 214–28. See especially pages 219–21.

63 Walton, *English Seaside Resorts,* 192.

64 Corbin, *Lure of the Sea,* 262.

65 Ibid., 273.

66 Ibid., 276.

67 Ibid., 267.

68 Ibid., 278. 对于海滨区域性问题的分歧一直是很多地区发生冲突的源头之一。可参看：Stephen L. Harp, "The 'Naked City' of Cap d'Agde: European Nudism and Tourism in Postwar France", in *Touring Beyond the*

Nation: A Transnational Approach to European Tourism History, ed. Eric G.E. Zuelow (Farnham: Ashgate, 2011), 37–58。

69　Lena Lenček and Gideon Bosker, *The Beach: The History of Paradise on Earth* (New York: Viking, 1998), 140-9.

70　Ferry, *British Seaside Holiday*, 68-9. 有关人们日光观念变化的更多资料可参看：George L. Mosse, *Nationalism and Sexuality: Middle-Class Morality and Sexual Norms in Modem Europe* (Madison, WI: University of Wisconsin Press, 1985), 50-3。

第五章

1　E.M. Forster, *A Room with A View* (New York: Vintage Books, 1989; first published 1908), 14–22.

2　Rudy Koshar, "'What Ought to Be Seen': Tourists' Guidebooks and National Identities in Modern Germany and Europe", *Journal of Contemporary History* 33, no. 3 (July 1998): 323–40.

3　Forster, *Room with A View*, 25.

4　John Urry, *The Tourist Gaze: Leisure and Travel in Contemporary Societies* (Newbury Park, CA: Sage Publications, 1990).

5　David M. Bruce, "Baedeker: The Perceived 'Inventor' of the Formal Guidebook—A Bible for Travellers in the 19 th Century", in *Giants of Tourism*, eds, Richard W. Butler and Roslyn A. Russell (Wallingford: CABI, 2010), 95–6.

6　Katherine Haldane Grenier, *Tourism and Identity in Scotland, 1770-1914: Creating Caledonia* (Aldershot: Ashgate, 2005), 66.

7　Jan Palmowski, "Travels with Baedeker: The Guidebook and the Middle Classes in Victorian and Edwardian Britain", in *Histories of Leisure*, ed. Rudy Koshar (Oxford: Berg, 2002), 105.

8　自我提升的风靡主要与该书的流行有关：Samuel Smiles, *Self-Help*,

with Illustrations of Character and Conduct, New ed. (London: John Murray, 1876; first published 1859)。

9 Bruce, "Baedeker", 97.
10 Bruce, "Baedeker", 94; Palmowski, "Travels with Baedeker", 105, 108.
11 帕尔默沃斯基（Palmowski）在其撰写的"与贝德克尔的同游之旅"（"Travels with Baedeker"）那一章中对这些旅行指南做了很有价值的描述。
12 G.H. Martin, "Sir George Samuel Measom (1818–1901), and His Railway Guides", in *The Impact of the Railway on Society in Britain: Essays in Honour of Jack Simmons,* eds, A.K.B. Evans and J.V. Gough (Aldershot: Ashgate, 2003), 225–40.
13 Palmowski, "Travels with Baedeker", 109.
14 与罗伯特·彭斯有关的旅游是欧洲最早的文学旅游实践形式之一。早在1822年，人们就在旅行指南和游记的推动下游览苏格兰的艾尔。1840年之后，艾尔的旅游更是发展迅猛。可参看：Karyn Wilson-Costa, "The Land of Bums: Between Myth and Heritage", in *Literary Tourism and Nineteenth-Century Culture,* ed. Nicola J. Watson (New York: Palgrave Macmillan, 2009), 37–48。
15 Alan Sillitoe, *Leading the Blind: A Century of Guidebook Travel, 1815-1914* (London: Macmillan, 1995).
16 Palmowski, "Travels with Baedeker", 118–19.
17 Ibid., 116–17.
18 Quoted in Rudy Koshar, *German Travel Cultures* (Oxford: Berg, 2000), 1.
19 James Buzard, *The Beaten Track: European Tourism, Literature, and the Ways of Culture*, 1800–1918 (Oxford: Oxford University Press, 1993).
20 Hans Magnus Enzensberger, "A Theory of Tourism", Special issue on literature, *New German Critique* 68 (Spring–Summer 1996): 124.
21 鲁迪·考什尔对旅行指南导致的旅行商品化所进行的具有价值的讨论，可参看：*German Travel Cultures*, 2–3。

22 Koshar, "'What Ought to Be Seen'", 325–6, 339.

23 Palmowski, "Travels with Baedeker", 122.

24 Bruce, "Baedeker", 98–9.

25 John M. Mackenzie, "Empires of Travel: British Guide Books and Cultural Imperialism in the 19th and 20th Centuries", in *Histories of Tourism: Representation, Identity and Conflict,* ed. John K. Walton (Clevedon: Channel View, 2005), 19–38.

26 *Black's Picturesque Tourist of Scotland*, 19th ed. (Edinburgh: Adam and Charles Black, 1872), 281–4.

27 Karl Baedeker, *A Handbook for Travellers on the Rhine, from Switzerland to Holland* (London and Coblenz: Karl Baedeker, 1861), 83–4.

28 更多有关旅行指南和明信片这些媒介以及地方生产的作用的资料，可参看：Erica Lea German, "'Royal Deeside' and the Public/Private Divide: Nineteenth-Century Tourism Promotion and the Royal Residence of Balmoral", in *Tourism Histories in Ulster and Scotland: Connections and Comparisons, 1800-1939,* eds, Kevin J. James and Eric G.E. Zuelow (Belfast: Ulster Historical Foundation, 2013), 54–72。

29 Ousby, *Englishman's England*, 162–3.

30 Eric G.E. Zuelow, *Making Ireland Irish: Tourism and National Identity since the Irish Civil War* (Syracuse, NY: Syracuse University Press, 2009), 139–40.

31 有关19世纪对旅游遗产地保护的精彩讨论可参看：Peter Mandler, "Rethinking the 'Powers of Darkness': An Anti-History of the Preservation Movement in Britain", in *Towards World Heritage: International Origins of the Preservation Movement, 1870–1930,* ed, Melanie Hall (Farnham: Ashgate, 2011), 221–39。

32 John Gaze, *Figures in a Landscape: A History of the National Trust* (London: Barrie & Jenkins, 1988), 12, 32.

33 Gaze, *Figures,* 34, 35–9. 更多有关国家托管组织发展情况的资料可参看：Robin Fedden, *The Continuing Purpose: A History of the National Trust, Its*

Aims and Work (London: Longmans, 1968) and Jennifer Jenkins and Patrick James, *From Acorn to Oak Tree: The Growth of the National Trust, 1895–1994* (London: Macmillan, 1994)。值得一提的是，美国作家葆拉·魏德格（Paula Weideger）批评国家托管不愿提供其活动信息，质疑道："为何没有一本关于国家托管的书？……即由国家托管的非工作人员写的书。"可参看：*Gilding the Acorn: Behind the Façade of the National Trust* (London: Simon and Schuster, 1994), 2。

34　Zuelow, *Making Ireland Irish*, 205.

35　Andrea Witcomb and Kate Gregory, *From the Barracks to the Burrup: The National Trust in Western Australia* (Sydney, NSW: University of New South Wales), 23.

36　"A Brief History of the National Trust", National Trust for Historical Preservation, accessed 25 October 2014, http://www.preservationnation.org/who-we-are/history.html#.U8aSUGk-s2E.

37　Ousby, *Englishman's England,* 118-20.

38　Ibid., 101.

39　For example, see: Ernest Gellner, *Nations and Nationalism* (Ithaca, NY: Cornell University Press, 1983); Conor Cruise O'Brien, "Nationalism and the French Revolution", in *The Permanent Revolution: The French Revolution and its Legacy, 1789-1989,* ed. Geoffrey Best (Chicago, IL: University of Chicago Press, 1988); Eric Hobsbawm, *Nations and Nationalism since 1780: Programme, Myth, Reality* (Cambridge: Cambridge University Press, 1990).

40　See Peter Lambert, "Paving the 'Peculiar Path': German Nationalism and Historiography since Ranke", in *Imagining Nations,* ed. Geoffrey Cubitt (Manchester: Manchester University Press, 1998), 92–109. 引文出自第92页。事实上，有关国家和民族主义的任何讨论都在强调历史对于群体的自我理解发挥着至关重要的作用。安东尼·D. 史密斯（Anthony D. Smith）提出的"族群—象征主义"尤为注重历史的作用。因为历史是"每一代人重新建构当代国家认同"的要素之一。可参看：Montserrat

Guibernau and John Hutchinson, "History and National Identity", *Nations and Nationalism* 10, no. 1–2 (January 2004): 1。

41　See James Boswell, *Boswell on the Grand Tour: Germany and Switzerland*, ed. Frederick Pottle (New York: McGraw-Hill, 1953; first published 1764).

42　Nicola J. Watson, *The Literary Tourist: Readers and Places in Romantic & Victorian Britain* (Basingstoke: Palgrave, 2006), 2-3.

43　Ibid., 60–1.

44　Paul Hubbard and Keith Lilley, "Selling the Past: Heritage Tourism and Place Identity in Stratford-upon-Avon", *Geography* 85, no. 3 (July 2000): 223-4, 226. 有关斯特拉特福小镇旅游目的地建设的更多资料可参看：Julia Thomas, "Bringing Down the House: Restoring the Birthplace", in *Literary Tourism and Nineteenth-Century Culture,* ed. Nicola J. Watson (New York: Palgrave, 2009), 73–83。

45　Karl Baedeker, *Great Britain: England, Wales, and Scotland As Far As Loch Maree and the Cromarty Firth: Handbook for Travellers* (London: Karl Baedeker Publisher, 1887), 245–9.

46　Ibid., 246.

47　Karyn Wilson-Costa, "The Land of Burns: Between Myth and Heritage", in *Literary Tourism and Nineteenth-Century Culture,* ed. Nicola J. Watson (New York: Palgrave, 2009), 38.

48　Richard Gall, *Poems and Songs, with a Memoir of the Author* (Oxford: Oxford University Press, 1819), 58–60.

49　Erin Hazard, "The Author's House: Abbotsford and Wayside", in *Literary Tourism and Nineteenth-Century Culture,* ed. Nicola J. Watson (New York: Palgrave, 2009), 68–9, 73; Wilson-Costa, "The Land of Burns", 39–40.

50　Oliver and Boyd's Scottish Tourist: with Seventy-One Engravings on Steel, and Seventeen Travelling Maps and Charts (Edinburgh: Oliver and Boyd, 1852), 361, 363–4, 365–6, 369, 370, 373–4, 377–8, 381, 386–7.

51　John Glendening, "Keats's Tour of Scotland: Burns and the Anxiety of Hero

Worship", *Keats-Shelley Journal* 41 (1992): 92.

52 Polly Atkin, "Ghosting Grasmere: the Musealisation of Dove Cottage", in *Literary Tourism and Nineteenth-Century Culture,* ed. Nicola J. Watson (New York: Palgrave, 2009), 88.

53 Atkin, "Ghosting Grasmere", 84–94.

54 更多关于阿伯兹福德的资料可参看：Alastair J. Durie, "Tourism in Victorian Scotland: The Case of Abbotsford", *Joumal of Scottish Ecomomic and Social History* 12, no. 1 (1992): 42–5。还可参看：Hazard, "The Author's House", 63–72。

55 Pamela Corpron Parker, "Elizabeth Gaskell and Literary Tourism", in *Literary Tourism and Nineteenth-Century Culture,* ed. Nicola J. Watson (New York: Palgrave, 2009), 128–38.

56 See: Alison Booth, "Time-Travel in Dickens' World", in *Literary Tourism and Nineteenth-Century Culture,* ed. Nicola J. Watson (New York: Palgrave, 2009), 150–63.

57 Diane Roberts, "Harriet Beecher Stowe and Florida Tourism", in *Literary Tourism and Nineteenth-Century Culture,* ed. Nicola J. Watson (New York: Palgrave, 2009), 196-209. See also: Paul Westover, "How America 'Inherited' Literary Tourism", in *Literary Tourism and Nineteenth-Century Culture,* ed. Nicola J. Watson (New York: Palgrave, 2009), 184–95.

58 Lindy Stiebel, "On the Trail of Rider Haggard in South Africa", in *literary Tourism and Nineteenth-Century Culture,* ed. Nicola J. Watson (New York: Palgrave, 2009), 210–19.

59 Monica MacDonald, "Railway Tourism in the 'Land of Evangeline'", *Acadiensis* 35, no. 1 (Autumn 2005): 158–80.

60 Orvar Löfgren, *On Holiday: A History of Vacationing* (Berkeley, CA: University of California Press, 1999), 77.

61 See: Jessica Warner, *Craze: Gin and Debauchery in an Age of Reason* (New York: Random House, 2003), 194–9.

62 Martin Willoughby, *A History of Postcards* (Secaucus, NJ: Wellfleet Press, 1992), 22–32, 46, 56.

63 Willoughby, *History of Postcards,* 67–8.

64 Ibid., 10.

65 Ibid., 120.

66 Tom Kelly, "Just Too Saucy! The Bawdy Seaside Postcards the Censors Banned 50 Years Ago", *Daily Mail Online,* 6 August 2010, http://www.dailymail.co.uk/news/article-1300763/Just-saucy-The-bawdy-seaside-postcards-censors-banned-50-years-ago.html.

67 Löfgren, *On Holiday*, 81–2.

68 Irish Museum of Modem Art, *Hindesight* (Dublin: Irish Museum of Modem Art, 1993), 18–9.

69 Jan De Fouw, interview by the author, Dublin, 14 October 2002.

70 Irish Museum of Modern Art, *Hindesight,* 18–19, 36.

71 Ibid., 38.

72 Buzard, Beaten Track.

第六章

1 这一用法取自 Eric Hobsbawm, *The Age of Empire: 1875–1914* (New York: Random House, 1989)。此外，还有很多针对英国和欧洲帝国主义的杰出研究。皮尔斯·布兰登（Piers Brendon）撰写的 *The Decline and Fall of the British Empire, 1781–1997* (New York: Vintage, 2010) 特别通俗易懂。伯纳德·波特（Bernard Porter）关注殖民地之间的差别，在他那本十分易懂的 *The Lion's Share: A Short History of British Imperialism, 1850–2004* (New York: Pearson, 2004) 书中，他强调各国从殖民地获得的好处有着怎样迥异的差别。感兴趣的读者可以在汉斯－乌尔里希·威勒尔（Hans–Ulrich Wehler）的 *The German Empire, 1871–1918* (Oxford: Berg, 1985) 一书的第六、第七章找到有关德国殖民地扩张的简短讨论。詹

姆斯·J. 库克（James J. Cook）撰写的 *New French Imperialism, 1880-1910: The Third Republic and Colonial Expansion* (New Haven, CT: Archon Books, 1973)，涵盖了19世纪末法国帝国主义的内容。

2　相关实例与讨论课可参看：Edward Said, *Orientalism,* 25th anniversary ed. (New York: Vintage, 1994); John E. Crowley, *Imperial Landscapes: Britain's Global Visual Culture, 1745–1820* (New Haven, CT: Yale University Press, 2011); Chandrika Kaul, ed., *Media and the British Empire* (Basingstoke: Palgrave, 2006); Graham Dawson, *Soldier Heroes: British Adventure, Empire, and the Imagining of Masculinities* (New York: Routledge, 1994); Zohreh T. Sullivan, *Narratives of Empire: The Fictions of Rudyard Kipling (Cambridge:* Cambridge University Press, 1993).

3　亨利·莫顿·史丹利（Henry Morton Stanley）的描述非常值得一读。他的描述令人兴奋（如果不感到烦恼的话），是关于19世纪下半叶欧洲人对非洲所持态度的很有价值的一份记载：*How I Found Livingston: Travels, Adventures, and Discoveries in Central Africa including Four Months' Residence with Dr. Livingston* (Montreal, QC: Dawson, 1872)。

4　关涉工业化的国家和民族主义的早期发展的最著名的阐述，可能出现在：Ernest Gellner, *Nations and Nationalism* (Ithaca, NY: Cornell, 1983)。引文出自第25页。

5　Benedict Anderson, *Imagined Communities: Reflections on the Origin and Spread of Nationalism* (London: Verso, 1991), 5-7.

6　Eric Hobsbawm, *Nations and Nationalism since 1789: Programme, Myth, Reality* (Cambridge: Cambridge University Press, 1990), 101–30; Michel Winock, *Nationalism, Antisemitism, and Fascism in France* (Palo Alto, CA: Stanford University Press, 2000), 5–26.

7　有关现代种族主义发展史的资料可参看：George L. Mosse, *Toward the Final Solution: A History of European Racism* (Madison, WI: University of Wisconsin Press, 1985)。

8　有关这一不同于以往的种族科学的饶有趣味的一手资料，尤其是关于白人内部分层的相关资料，可参看：Robert Knox, M.D., *The Races of Men: A Fragment* (Philadelphia, PA: Lea & Blanchard, 1850)。相关的学术讨论可参看：Peter Mandler, *The English National Character: The History of an Idea from Edmund Burke to Tony Blair* (New Haven, CT: Yale University Press, 2006), 59–99。

9 Brendon, *Decline and Fall,* 71. 还可以参看第 150—153 页。英国人为了给他们在印度的帝国正名，倾力打造出一套说辞，相关的精彩讨论可参看：Thomas R. Metcalf, *Ideologies of the Raj* (Cambridge: Cambridge University Press, 1995), 特别是第 66—159 页。

10 Peter Whitfield, *Travel: A Literary History* (Oxford: Bodleian Library, 2011), 181.

11 Patricia Jean Behenna Meyer 通过对不知名作家撰写的大量旅行记录进行研究，为读者提供了一扇窗，让他们能够领略教育旅行鼎盛时期及 19 世纪早期女性旅行所涵盖的范围。可参看："No Land Too Remote: Women Travellers in the Georgian Age, 1750–1830" (Ph.D. diss., University of Massachusetts–Amherst, 1978)。

12 Jeffrey A. Auerbach, *The Great Exhibition of 1851: A Nation on Display* (New Haven, CT: Yale University Press, 1999), 15, 23.

13 Richard D. Mandell, *Paris 1900: The Great World's Fair* (Toronto, ON: University of Toronto Press, 1967), 8.

14 Auerbach, *Great Exhibition,* 148, 185.

15 C.B. Norton, *World's Fairs from London 1851 to Chicago 1893: Illustrated with Views and Portraits* (Chicago, IL: Milton Weston Co., 1893).

16 Angela Schwarz, "'Come to the Fair': Transgressing Boundaries in World's Fairs Tourism", in *Touring Beyond the Nation: A Transnational Approach to European Tourism History,* ed. Eric G.E. Zuelow (Farnham: Ashgate, 2011), 81-2.

17 Schwarz, "'Come to the Fair'", 99.

18 T.J. Boisseau and Abigail M. Markwyn, "World's Fairs in Feminist His-

torical Perspective", in *Gendering the Fair: Histories of Women and Gender at World's Fairs,* eds, T.J. Boissoau and Abigail M. Markwyn (Urbana, IL: University of Illinois Press, 2010), 2.

19　Oswald M. Mohl, *Die Wunder der Weltausstellung zu Paris: Schilderungen der Erlebnisse in einer Weltstadt im Jahre 1867* (Leipzig: Otto Spamer, 1868), 70, quoted in Angela Schwarz, "'Come to the Fair'", 96-7.

20　Schwarz, "'Come to the Fair'", 80, 89–90, 98.

21　Christopher Quinn, "The Irish Villages at the 1893 World's Columbian Exposition: Constructing, Consuming, and Contesting Ireland at Chicago" (M.A. thesis, University of Guelph, 2011), 50, 90.

22　Schwarz, "'Come to the Fair'", 91.

23　Mandell, *Paris 1900,* 12.

24　Ibid., 65–8.

25　Ibid., x.

26　Schwarz, "'Come to the Fair'", 91.

27　Ibid., 99.

28　Quinn, "The Irish Villages", 25, 28, 53. 长久以来，爱尔兰的政治、社会及文化生活划分为两派：一派是渴望脱离英国的"民族派"（nationalists），另一派是希望留在英国的"联合派"（unionists）。

29　"创制传统"（invention of tradition）这一说法是 Eric Hobsbawm 和 Terence Ranger 在他们合编的论文集 *The Invention of Tradition* (Cambridge: Cambridge University Press, 1992; originally published 1983) 中首次提出的。

30　Cristina Della Coletta, *World's Fairs Italian Style: The Great Expositions in Turin and their Narratives, 1860–1915* (Toronto, ON: University of Toronto Press, 2006), 4, 33–5.

31　感兴趣的读者可以通过阅读 F.E. Peters, *The Hajj: The Muslim Pilgrimage to Mecca and the Holy Places* (Princeton, NJ: Princeton University Press, 1994)。探究奥斯曼帝国、麦加朝觐以及旅行设施和文字记载演变历程

之间的关联。这本书利用旅行记录描述出了几百年来旅行体验发展演变的生动画卷。

32 Susan Nance, "A Facilitated Access Model and Ottoman Empire Tourism", *Annals of Tourism Research* 34, no. 4 (2007): 1056–77. See especially pages 1056–7.

33 Martin Anderson, "The Development of British Tourism in Egypt, 1815–1850", *Journal of Tourism History* 4, no. 3 (November 2012): 259–79. Especially pages 260–2.

34 F. Robert Hunter, "Tourism and Empire: The Thomas Cook & Son Enterprise on the Nile, 1868–1914", *Middle Eastern Studies* 40, no. 5 (September 2004): 28–54. 引例在第 28 页。

35 尽管有关 19 世纪和 20 世纪早期帝国主义与旅游开发二者关系的学术研究凤毛麟角，但有很多文字记载了欧洲人如何解释"他者"以及如何通过游记表达他们对"他者"的印象。更多信息可参看：Mary Louise Pratt, *Imperial Eyes: Travel Writing and Transculturation,* 2nd ed. (London: Routledge, 2008); Sara Mills, *Discourses of Difference: An Analysis of Women's Travel Writing and Colonialism* (London: Routledge, 1991); and Monica Anderson, *Women and the Politics of Travel, 1870–1914* (Madison, NJ: Fairleigh Dickinson University Press, 2006)。爱德华·萨义德（Edward Said）的 *Orientalism* (25th anniversary ed. 1978; New York: Vintage, 1994) 仍是一部经典之作，为当代学术界提供了大量信息。像霍米·巴巴（Homi Bhabha）这样的后现代主义者也在这方面做出了巨大的知识贡献。有学者进一步探究了殖民地居民在游览欧洲时做出了何种反应。相关内容读者可查阅：Cecilia Morgan, *"A Happy Holiday": English Canadians and Transatlantic Tourism, 1870–1930* (Toronto, ON: University of Toronto Press, 2008)。

36 See especially: Eric T. Jennings, *Curing the Colonizers: Hydrotherapy, Climatology, and French Colonial Spas* (Durham, NC: Duke University Press, 2006)。

37 For example, Dane Kennedy, *The Magic Mountains: Hills Stations and the British Raj* (Berkeley, CA: University of California Press, 1996).

38 Greg Gillespie, *Hunting for Empire: Narratives of Sport in Rupert's Land, 1840-70* (Vancouver, BC and Toronto, ON: University of British Columbia Press, 2007), 35–7.

39 E.P. Thompson, *Whigs and Hunters: The Origins of the Black Act* (New York: Pantheon Books, 1975).

40 M.S.S. Pandian, "Gendered Negotiations: Hunting and Colonialism in Late Nineteenth Century Nilgiris", *Contributions to Indian Sociology* 20, no. 1–2 (1995): 239–64.

41 Gillespie, *Hunting for Empire*, 41.

42 Ibid., 48.

43 John R. Gold and Margaret M. Gold, *Imagining Scotland: Tradition, Representation, and Promotion in Scottish Tourism since 1750* (Aldershot: Ashgate, 1995), 80, 109–13. See also: Alastair J. Durie, *Scotland for the Holidays: Tourism in Scotland, c.1780-1939* (East Linton: Tuckwell, 2003), Chapter 5.

44 Gillespie, *Hunting for Empire,* 49, 110–11.

45 Patricia Jane Jasen, *Wild Things: Nature, Culture, and Tourism in Ontario, 1790–1914* (Toronto, ON: University of Toronto Press, 1995), 16–17, 80–1.

46 Ibid., 87.

47 Brendon, *Decline and Fall,* 75–86, 281–93; Wallace Clement, *Understanding Canada: Building on the New Canadian Political Economy* (Montreal, QC: McGill–Queen's University Press, 1997), 198–200.

48 Peter White, "Out of the Woods", in *Beyond Wilderness: The Group of Seven, Canadian Identity, and Contemporary Art*, eds, John O'Brian and Peter White (Montreal, QC: McGill–Queen's University Press, 2007), 14–15.

49 Zuelow, *Making Ireland Irish,* xxix–xxx.

50 Brendon, *Decline and Fall,* 20–4, 152–4; Bernard Porter, *The Lion's Share:*

A Short History of British Imperialism, 1850-1994, 3rd ed. (London and New York: Longman, 1996), 53; and Philippa Levine, *The British Empire: Sunrise to Sunset* (London: Pearson-Longman, 2007), 18–19, 21.

51 Frank Fonda Taylor, *To Hell with Paradise: A History of the Jamaican Tourist Industry* (Pittsburgh, PA: University of Pittsburgh Press, 1993), 13–16.

52 有关疟疾及其防治，以及各种治疗手段和策略的发展，可参看：James Webb, Jr., *Humanity's Burden: A Global History of Malaria* (Cambridge: Cambridge University Press, 2009)。

53 Taylor, *To Hell with Paradise*, 17, 22–7.

54 Ibid., 37–51.

55 Ibid., 68–89.

56 Ibid., 113.

57 Ibid., 122–4.

58 Ibid., 111.

59 Ibid., 144.

60 Jim Davidson and Peter Spearritt, *Holiday Business: Tourism in Australia since 1870* (Carlton, VIC: The Miegunyah Press at Melbourne University Press, 2000), 1.

61 L.L. Wynn, *Pyramids and Nightclubs: A Travel Ethnography of Arab and Western Imaginations of Egypt, from King Tut and a Colony of Atlantis to Rumors of Sex Orgies, Urban Legends about a Marauding Prince, and Blonde Belly Dancers* (Austin, TX: University of Texas Press, 2007), 5–6.

62 Levine, *British Empire,* 89–91; Brendon, *Decline and Fall,* 178–80; and Porter, *Lion's Share,* 90–4.

63 Anderson, "British Tourism in Egypt", 260–2.

64 Ibid., 275. Europeans referred to themselves as "Franks" when touring Egypt.

65 Ibid., 278.

66 尽管由于篇幅有限而无法在这里展开讨论，但约翰·梅森·库克为库克旅行社的发展，尤其是欧洲以外的业务扩张立下了汗马功劳。他是代金券（或优惠券）的主要创意者，并因此名声鹊起。这一创新让那些渴望自助游的旅行者可以在与库克旅行社建立合作关系的酒店、餐馆内使用代金券购买客房、餐饮及其他服务。约翰·梅森·库克还在1874年推出了"定额流通旅行券"（Circular Notes）。作为"旅行支票的前身"，定额流通旅行券让"旅游者可以用票据兑换现金"。这一项目大获成功，以至于托马斯·库克父子公司在1878年增设了银行与汇兑部——迄今仍是公司最重要的部门之一。可参看：Jill Hamilton, *Thomas Cook: The Holiday-Maker* (Stroud: Sutton, 2005), quote appears on 190–1. Piers Brendon addresses these developments at length in *Thomas Cook: 150 Years of Popular Tourism* (London: Secker and Warburg, 1991)。

67　Hunter, "Tourism and Empire", 28–54. Especially pages 31, 33, 34, and 37.

68　Ibid., 36.

69　Ibid., 42–3.

70　Brendon, *Thomas Cook,* 141–51.

71　Davidson and Spearritt, *Holiday Business,* 1–28.

72　Zuelow, *Making Ireland Irish,* xxiii–xxx.

73　有关深入讨论可参看：William W. Stowe, *Going Abroad: European Travel in Nineteenth-Century American Culture* (Princeton, NJ: Princeton University Press, 1994); Harvey Levenstein, *Seductive Journey: American Tourists in France from Jefferson to the Jazz Age* (Chicago, IL: University of Chicago Press, 1998) and *Always Have Paris: American Tourists in France since 1930* (Chicago, IL: University of Chicago Press, 2004); Daniel Kilbride, *Being American in Europe: 1750-1860* (Baltimore, MD: Johns Hopkins University Press, 2013)。

74　John F. Sears, *Sacred Places: American Tourist Attractions in the Nineteenth Century* (Amherst, MA: University of Massachusetts Press, 1989), 4; and Marguerite S. Shaffer, *See America First: Tourism and National Identity, 1880–1940* (Washington, DC: Smithsonian Institution Press, 2001), 12–16.

75　Sears, *Sacred Places,* 4–15.

76 Richard H. Gassan, *The Birth of American Tourism: New York, the Hudson Valley, and American Culture, 1790–1830* (Amherst, MA: University of Massachusetts Press), 28–31.

77 Dona Brown, *Inventing New England: Regional Tourism in the Nineteenth Century* (Washington, DC: Smithsonian Institution Press, 1995), 37, 62.

78 Jasen, *Wild Things, 31,* 36–7.

79 Karen Dubinsky, *The Second Greatest Disappointment: Honeymooning and Tourism at Niagara Falls* (New Brunswick, NJ: Rutgers University Press, 1999), 40. See also Jasen, Wild Things, 32–5.

80 Sears, *Sacred Places,* 14-6 and Jasen, *Wild Things,* 47-9.

81 Quote appears in Sears, *Sacred Places,* 16. See also: Dubinsky, *Disappointment,* 31–4 and Jasen, *Wild Things,* 43–7.

82 William E. Tunis, *Tunis's Topographical and Pictorial Guide to Niagara: Containing, also, A Description of the Route Through Canada, and the Great Northern Route, from Niagara Falls to Montreal Boston, and Saratoga Springs. Also Full and Accurate Tables of Distances, on all Railroads Running to and From Niagara Falls* (Niagara Falls, NY: W.E. Tunis, Publisher, 1856), 22–3.

83 Sears, *Sacred Places,* 23–7.

84 Dubinsky, *Disappointment,* 47–8.

85 Ibid., 33–5.

86 Sears, *Sacred Places,* 184–9.

87 Ibid., 12–30, 87–121.

88 Brown, *Inventing New England,* 75–104; and Randall Balmer, "From Frontier Phenomenon to Victorian Institution: The Methodist Camp Meeting in Ocean Grove, New Jersey", *Methodist History* 25, no. 3 (1987): 194–200.

89 Sears, *Sacred Places,* 99–121. See also: Sarah Tarlow, "Landscapes of Memory: The Nineteenth–Century Garden Cemetery", *European Journal of Archaeology 3,* no. 2 (2000): 217–39; Peter Thorsheim, "The Corpse in

the Garden: Burial, Health, and the Environment in Nineteenth-Century London", *Environmental History* 16 (January 2011): 38-68; and James Stevens Curl, *The Victorian Celebration of Death* (Newton Abbott: David & Charles, 1980).

90 Sears, *Sacred Places,* 124.
91 James Mason Hutchings, *In the Heart of the Sierras* (Oakland, CA: Pacific Press Publishing House, 1888; first published 1886).
92 Sears, *Sacred Places,* 125.
93 Ibid., 128, 130.
94 Ibid.
95 Shaffer, *See America First,* 8-11, 16.
96 Sears, *Sacred Places,* 156-7, 161-2.
97 Ibid., 163.
98 有关"先来美国看看"这一观念的深入讨论可参看：*America First*。

第七章

1 David V. Herlihy, *Bicycle: The History* (New Haven, CT: Yale University Press, 2006), 15, 21.
2 Ibid., 75.
3 Christopher S. Thompson, "Bicycling, Class, and the Politics of Leisure in Belle Epoque France", *in Histories of Leisure,* ed. Rudy Koshar (Oxford: Berg, 2002), 135.
4 Richard Harmond, "Progress and Flight: An Interpretation of the American Cycle Craze of the 1890s", *Journal of Social History* 5, no. 2 (Winter 1971-2): 235-57. See pages 236-7.
5 Thompson, "Bicycling", 135; Harmond, "Progress and Flight", 237-8.
6 Thompson, "Bicycling", 135; Christopher S. Thompson, *The Tour de France: A Cultural History* (Berkeley, CA: University of California Press,

2008); Eugene Weber, "Forward", in Tour de France, 1903–2003: *A Century of Sporting Structures, Meanings and Values, eds,* Hugh Dauncey and Geoff Hare (London: Frank Cass, 2003), xii–xvi and Philippe Gaboriau, "The Tour de France and Cycling's Belle Epoque", in *Tour de France, 1903–2003,* 54–75.

7 Andrew Richie, *Major Taylor: The Extraordinary Career for a Champion Bicycle Racer* (San Francisco, CA: Bicycle Books, 1988). 其中第 9—10 页对 19 世纪末广受欢迎的美国自行车比赛进行了简要概述。但读者如果愿意阅读整本书的话，就会了解到在美国最早的美籍非裔职业运动员中，一位运动员不为人知而又引人入胜的离奇故事。这本书还描绘出美国"骑行热"的生动画面。还可参看：Todd Balf, *Major: A Black Athlete, A White Era, and the Fight to be the World's Fastest Human Being* (New York: Crown Publishing, 2008), 2, 57; Michael C. Gabriele, *The Golden Age of Bicycle Racing in New Jersey* (Charleston, SC: The History Press, 2011), 13,17–58。

8 Peter Joffre Nye, *The Six-Day Bicycle Races* (San Francisco, CA: Cycle Publishing, 2006), 10.

9 Georges Vigarello, "The Tour de France", in *Realms of Memory: The Construction of the French Past, Vol 2: Traditions,* ed. Pierre Nora (New York: Columbia University Press, 1997), 469–500. See also: Christophe Campos, "Beating the Bounds: The Tour de France and National Identity", in *Tour de France, 1903-2003: A Century of Sporting Structures, Meanings and Values,* eds, Hugh Dauncey and Geoff Hare (London: Frank Cass, 2003), 148–73.

10 Thompson, "Bicycling", especially pages 133–6; Harxnond, "Progress and Flight".

11 David Rubinstein, "Cycling in the 1890s", *Victorian Studies* 21, no. 1 (Autumn 1977): 47–71. See page 47.

12 Rubinstein, "Cycling", 49.

13 Christopher Thompson and Fiona Ratkoff, "Un Troisieme Sexe? Les

Bourgeoises et la Bicyclette dans la France Fin de Siecle", *Le Monvement Social* 192 (July-September 2000): 9-39. See especially page 9.

14　Löfgren, *On Holiday,* 58-9.

15　Cotton Seiler, *Republic of Drivers: A Cultural History of Automobility in America* (Chicago, IL: University of Chicago Press, 2008), 41–2.

16　工程师最终的确解决了如何运用蒸汽给车辆提供动力的问题。斯坦利公路运输公司（Stanley Motor Carriage Company, 1902-1924）也许是最著名的蒸汽汽车制造商。"斯坦利蒸汽车"性能超群，时速高达100英里。可参看：Kit Foster, *The Stanley Steamer: America's Legendary Steam Car* (Kingfield, ME: The Stanley Museum, 2004)。想要观看这些蒸汽车在行进中的有趣视频，可参看："1906 Stanley Steamer Vanderbilt Cub Racer— Jay Leno's Garage", YouTube video, 28:55, posted by "Jay Leno's Garage", 26 April 2012, accessed 1 November 2014, http://www.youtube.com/watch?v=5Me8b0ed59s.

17　James J. Flink, *The Car Culture* (Cambridge, MA: MIT Press, 1975), 5–11.

18　Ibid., 7.

19　Sean O'Connell, *The Car in British Society: Class, Gender and Motoring, 1896–1939* (Manchester: Manchester University Press, 1998), 13.

20　Flink, *Car Culture,* 12.

21　Gordon Pirie, "Automobile Organizations Driving Tourism in Pre–Independence Africa", *Journal of Tourism History* 5, no. 1 (April 2013): 73–91. 参看第74—77页。有关美国汽车协会的更多资料可参看：John A. Jakle and Keith A. Sculle, *Motoring: The Highway Experience in America* (Athens, GA: University of Georgia Press, 2008), 37。

22　Michael Frederik Wagner, "The Rise of Autotourism in Danish Leisure, 1910–1970", *Journal of Tourism History* 5, no. 3 (November 2013): 268.

23　Russell H. Anderson, "The First Automobile Race in America", *Journal of the Illinois State Historical Society 47,* no. 4 (Winter 1954): 343–59.

24　Flink, *Car Culture,* 14.

25　Jakle and Sculle, *Motoring,* 11.

26　Seiler, *Republic,* 46–7.

27　Rudy Koshar, "Driving Cultures and the Meanings of Roads", in *The World Beyond the Windshield: Roads and Landscapes in the United States and Europe,* eds, Christ of Mauch and Thomas Zeller (Athens, OH: University of Ohio Press, 2008), 18.

28　"To Klondyke by Automobile", *Washington Post,* 12 March 1900.

29　"Automobile Topics of Interest", *New York Times,* 30 August 1903.

30　"Through the Mountains by Automobile", *New York Times,* 28 June 1903.

31　Koshar, "Driving Cultures", 19–21.

32　"Automobile Off for the West", *New York Times,* 14 July 1899.

33　有关此次旅行颇具吸引力的描述可参看：Dayton Duncan, *Horatio's Drive: America's First Road Trip* (New York: Alfred A. Knopf, 2003). See also Koshar, "Driving Cultures", 22–3。

34　Flink, *Car Culture,* 18–20.

35　Seiler, *Republic*, 51–5.

36　Quoted in Jakle and Sculle, *Motoring,* 21.

37　O'Connell, *Car in British Society*, 15, 18.

38　Koshar, "Driving Cultures", 24–8.

39　Seiler, *Republic,* 37.

40　Flink, *Car Culture,* 19.

41　Ibid., 53. See also: Jakle and Sculle, *Motoring,* 9–10, 14–17.

42　Flink, *Car Culture,* 67. 福特的 T 型车激起老爷车爱好者的怀旧之情，同时也是众多书籍讨论的主题。弗洛伊德·克莱默（Floyd Clymer）的 *Henry's Wonderful Model T: 1908–1927* (New York: Bonanza Books, 1955) 一书读起来让人很享受，里面有照片、笑话、故事和这款重要车型经历的起起落落。

43　O'Connell, *Car in British Society*, 19–22.

44　汽车让人们无比兴奋着迷。因此，在各种主题的书籍中，从不缺少以汽车设计和制造为主题的书。除了其他文本之外，感兴趣的读者还可以阅读：Marco Matteucci, *History of the Motor Car* (New York: Crown Publishers, 1970) 和 Dumont, Ronald Barker, and Douglas B. Tubbs, *Automobiles and Automobiling* (New York: Viking, 1965)。这两本书颇具吸引力，书中印有大量老爷车插图和照片，并且涵盖了汽车在美国和欧洲的发展历程。

45　Jakle and Sculle, *Motoring*, 33.

46　Marguerite Shaffer, *See America First: Tourism and National Identity, 1880-1940* (Washington, DC: Smithsonian Institution Press, 2001), 138, 140.

47　W. Pierrepont White, "Good Roads for the People", in *Motoring in America: The Early Years,* ed. Frank Oppel (Secaucus, NJ: Castle Books, 1989), 109.

48　Jakle and Sculle, *Motoring,* 39–53.

49　David Louter, "Glaciers and Gasoline: The Making of a Windshield Wilderness, 1900–1915", in *Seeing and Being Seen: Tourism in the American West,* eds. David M. Wrobel and Patrick T. Long (Lawrence, KS: University of Kansas Press, 2001), 253–5.

50　Ibid., 260–1.

51　John A. Heitmann, *The Automobile and American Life* (Jefferson, NC: McFarland & Co., 2009), 75.

52　Drake Hokanson, *The Lincoln Highway: Main Street across America* (Iowa City, IA: University of Iowa Press, 1988), 7–15. 尽管林肯高速公路不再是横跨美国大陆的主要公路，但它仍能激起人们无尽的怀旧之情，至少让有些人每年都会在这条路上驾车奔驰，甚至会驱车走完整条公路。关于这条高速公路，还有一个小规模的出版业专门出版相关的畅销书。这些书谨慎地告知读者，林肯高速公路适合旅行者，而不是旅游者。迈克尔·威利斯（Michael Wallis）和迈克尔·S. 威廉森（Michael S. Williamson）的著作就是这种类型的书籍。林肯高速公路让人们从惯常生活中解脱出来，引领他们进入"一个难忘之地或者遇见无处再觅的人"。Michael Wallis and Michael S. Williamson, *The Lincoln Highway: Coast to Coast from Times Square to the Golden Gate* (New York: W.W. Norton, 2007), 1.

53 Heitmann, *Automobile and American Life,* 74, 76–9. 若要了解关于景观道路建设的动机以及建设中经常引发的冲突的一个全面而引人入胜的案例，可参看：Anne Mitchell Whisnant, *Super-Scenic Motorway: The Blue Ridge Parkway History* (Chapel Hill, NC: University of North Carolina Press, 2006)。

54 Timothy Davis, "The Rise and Decline of the American Parkway", in *The World Beyond the Windshield: Roads and Landscapes in the United States and Europe,* eds, Christof Mauch and Thomas Zeller (Athens, OH: University of Ohio Press, 2008), 35–7. 有关苏格兰道路扩展的有趣讨论可参看：John R. Gold and Margaret M. Gold, *Imagining Scotland: Tradition, Representation and Promotion in Scottish Tourism since 1750* (Aldershot: Ashgate, 1995), 124–6。

55 Alastair J. Durie, *Scotland for the Holidays: Tourism in Scotland, c. 1780-1939* (East Linton: Tuckwell Press, 2003), 164–6.

56 Paul S. Sutter, *Driven Wild: How the Fight Against Automobiles Launched the Modem Wilderness Movement* (Seattle, WA: University of Washington Press, 2002), x–xi, 3–7. 根据作家布雷恩·拉德（Brian Ladd）所述，汽车会在很多方面让人感到厌恶，可参看：*Autophobia: Love and Hate in the Automotive Age* (Chicago, IL: University of Chicago Press, 2008)。

57 O'Connell, *Car in British Society*, 77.

58 Justine Greenwood, "Driving Through History: The Car, *The Open Road,* and the Making of History Tourism in Australia, 1920–1940", *Journal of Tourism History 3,* no. 1 (April 2011): 21–37. See page 25.

59 Wagner, "Rise of Autotourism", 272–3. I am very grateful to Michael Wagner for supplying me with information about Bagge.

60 Löfgren, *On Holiday,* 63.

61 Jakle and Sculle, *Motoring,* 107.

62 Greenwood, "Driving Through History".

63 Gold and Gold, *Imagining Scotland,* 128–31.

64 Stephen L. Harp, *Marketing Michelin: Advertising and Cultural Identity in*

注 释

Twentieth-Century France (Baltimore, MD: Johns Hopkins University Press, 2001), especially pages 1–14, 54–88, 89–125, 225–68. See also: Herbert R. Lottman, *The Michelin Men: Driving An Empire* (New York: I.B. Tauris, 2003).

65　Dona Brown, *Inventing New England: Regional Tourism in the Nineteenth Century* (Washington, DC: Smithsonian Institution Press, 1995), 15–40. Especially pages 23–31.

66　See: John A. Jakle, Keith A. Sculle, and Jefferson S. Rogers, *The Motel in America* (Baltimore, MD: Johns Hopkins University Press, 1996); Per Lundin, "Confronting Class: The American Motel in Early Post-War Sweden", *Journal of Tourism History* 5, no. 3 (November 2013): 305–24.

67　Susan Barton, *Working-Class Organisations and Popular Tourism, 1840–1970* (Manchester: Manchester University Press, 2005), 169–72. Also see Gold and Gold, *Imagining Scotland,* 116-18. Scotland offered the possibility of getting away from it all, camping in more remote areas.

68　Sutter, *Driven Wild,* 28–33 and Löfgren, *On Holiday,* 61.

69　Sutter, *Driven Wild,* 35–9.

70　Tara Mitchell Mielnik, *New Deal, New Landscape: The Civilian Conservation Corps and South Carolina's State Parks* (Columbia, SC: University of South Carolina Press, 2011), 65–74. Especially pages 66-8.

71　Per Østby, "Car Mobility and Camping Tourism in Norway, 1950–1970", *Journal of Tourism History* 5, no. 3 (November 2013): 287-304. See pages 291-4.

72　Jakle and Sculle, *Motoring,* 109–10.

73　Jakle and Sculle, *Motoring,* 114.

74　美国道路沿途景观以及关于这些景观的回忆、保护和传说的相关讨论，可参看：John A. Jakle and Keith A. Sculle, *Remembering Roadside America: Preserving the Recent Past as Landscape and Place* (Knoxville, TN: University of Tennessee Press, 2011)。有很多关于这个话题的畅销书，

里面印有这些景观色泽光亮的照片。可参看以下两本书：Eric Peterson, *Roadside Americana* (Lincolnwood, IL: Publications International, 2004)，以及 Brian Butko, *Roadside Attractions: Cool Cafes, Souvenir Stands, Route 66 Relics, & Other Road Trip Fun* (Mechanicsburg, PA: Stackpole Books, 2007)。

75 Jakle and Sculle, *Motoring,* 116.

76 "Stock footage - WRIGHT BROTHERS FIRST FLIGHT", YouTube video, 1:29, film of Wilbur Wright near Le Mans, France, Fall 1908, posted by "MyFootage.com", 24 January 2007, accessed 9 February 2011, http://www.youtube.com/watch?v=A-CvkEUSA04. See also: John W.R. Taylor and Kenneth Munson, *History of Aviation* (New York: Crown Publishers, 1976), 47.

77 Taylor and Munson, *History of Aviation,* 47.

78 Taylor and Munson, *History of Aviation,* 50. See also: Henry R. Palmer, Jr., *This Was Air Travel: A Pictorial History of Aeronauts and Aeroplanes from the Beginning to Now!* (New York: Bonanza Books, 1962), 28–9.

79 Palmer, Jr., *This Was Air Travel,* 34–5.

80 Palmer, Jr., *This Was Air Travel,* 73–4.

81 John Hamilton, *Aircraft of World War I* (Edina, MN: ABDO & Daughters, 2004), 7.

82 Kevin Hillstrom, *Defining Moments: World War I and the Age of Modern Warfare* (Detroit, MI: Omnigraphics, 2013), 25, 44, 46, 54.

83 James R. Mellow, *Charmed Circle: Gertrude Stein and Company* (New York: Henry Holt, 1974), 273–4.

84 Hillstrom, *Defining Moments,* 47–50.

85 Maryam Philpott, *Air and Sea Power in World War I: Combat and Experience in the Royal Flying Corps and the Royal Navy* (London: I.B. Tauris, 2013), 2-5, 101.

86 Taylor and Munson, *History of Aviation,* 118–19.

87 Robert Wohl, *A Passion for Wings: Aviation and the Western Imagination, 1908–1918* (New Haven, CT and London: Yale University Press, 1994), 207–8.

88 Taylor and Munson, *History of Aviation,* 120.

89 Wohl, *Passion for Wings,* 203, 232, and 235; Peter Fxitzsche, *A Nation of Flyers: German Aviation and the Popular Imagination* (Cambridge, MA: Harvard University Press, 1992), 59–101; and George L. Mosse, *Fallen Soldiers: Reshaping the Memory of the World Wars* (Oxford: Oxford University Press, 1990), 119–25.

90 Virginia Woolf, *Mrs Dalloway* (New York: Harcourt Brace Jovanovich, 1981; first published 1925), 20–1. Italics mine.

91 Kenneth Hudson and Julian Pettifer, *Diamonds in the Sky: A Social History of Air Travel* (London: Bodley Head, 1979), 12.

92 A.S. Jackson, *Imperial Airways and the First British Airlines* (Levenham: Terence Dalton, Ltd.), 6.

93 Marc Dierikx, *Clipping the Clouds: How Air Travel Changed the World* (Westport, CT: Praeger, 2008), 10-12.

94 Jackson, *Imperial Airways,* 16–20. See also: Peter Fearon, "The Growth of Aviation in Britain", *Journal of Contemporary History* 20, no. 1 (January 1985): 21–40. Especially pages 27–8.

95 Jackson, *Imperial Airways*, 3–9.

96 Hudson and Pettifer, *Diamonds in the Sky,* 15–19.

97 Joseph J. Com, "Making Flying 'Thinkable': Women Pilots and the Selling of Aviation, 1927–1940", *American Quarterly* 31, no. 4 (Autumn 1979): 556–71. Especially pages 558–61, 563, 567, 570.

98 Dierikx, *Clipping the Clouds,* 10–12; Jackson, *Imperial Airways,* 39–94; and Hudson and Pettifer, *Diamonds in the Sky,* 58–89.

99 Jackson, *Imperial Airways*, 44.

100 Hudson and Pettifer, *Diamonds in the Sky,* 54–5.

101 Dierikx, *Clipping the Clouds*, 26.

102 Jackson, *Imperial Airways,* 104–15.

103 Quoted in Hudson and Pettifer, *Diamonds in the Sky,* 62. 第 61—63 页是有关齐柏林飞艇的详细讨论。

104 "Hindenburg Disaster with Sound" (Stock Footage, 1937), video (Pathograms) and sound (WLS Radio), 1:20, from Internet Archive, accessed 3 November 2014, http://archive.org/details/SF145.

105 See Dierikx, *Clipping the Clouds,* 38-41 and 64–71. Also see: Hudson and Pettifer, *Diamonds in the Sky,* 121, 124–5, 130–52.

第八章

1 Eric Hobsbawm, *The Age of Extremes: A History of the World, 1914-1991* (New York: Vintage Books, 1996), xiii, 6, 14. 有关一战影响的学术讨论浩如烟海。可以先从以下资料入手，参看：Modris Eksteins, *Rites of Spring: The Great War and the Birth of the Modem Age* (Boston, MA: Houghton Mifflin, 1989); Jay Winter, *Sites of Memory, Sites of Mourning: The Great War in European Cultural History* (Cambridge: Cambridge University Press, 1995); and, Wolfgang J. Mommsen, "Society and War: Two New Analyses of the First World War", *Journal of Modern History* 47, no. 33 (September 1975): 530–8。

2 Mark Mazower, *Dark Continent: Europe's Twentieth Century* (New York: Vintage, 1998), xi.

3 John K. Walton, *Blackpool* (Edinburgh: Edinburgh University Press, 1998), 108–9.

4 Alastair J. Durie, *Scotland for the Holidays: Tourism in Scotland, c.1780-1939* (East Linton: Tuckwell Press, 2003), 171–91.

5 Marguerite S. Shaffer, *See America First: Tourism and National Identity, 1880-1940* (Washington, DC: Smithsonian Institution Press, 2001), 100-1.

6 尽管书中没有强调，但旅游在两次世界大战间隔期的城市发展和保护中也发挥着推动作用。可参看以下两个美国的案例：Stephanie E. Yuhl, *A Golden Haze of Memory: The Making of Historic Charleston* (Chapel Hill, NC: University of North Carolina Press, 2005)，以及 Anthony J. Stanonis, *Creating the Big Easy: New Orleans and the Emergence of Modem Tourism, 1918-1945* (Athens, GA: University of Georgia Press, 2006).

7 有关这方面的争论以及各种各样的定义，可参看：Stanley Payne, *A History of Fascism, 1914-1945* (Madison, WI: University of Wisconsin Press, 1995), 3–22。

8 Jeffrey Herf, *Reactionary Modernism: Technology, Culture, and Politics in Weimar and the Third Reich* (Cambridge: Cambridge University Press, 1986).

9 需要补充的是，在两次世界大战的间隔期，许多意识形态派别不同的国家都注重推行保健活动。更多信息可参看：Charlotte MacDonald, *Strong, Beautiful and Modern: National Fitness in Britain, New Zealand, Australia, and Canada* (Vancouver, BC: University of British Columbia Press, 2013)。健康和运动与国家身份密切相关，可参看：Hans Bonde, *Gymnastics and Politics: Niels Bukh and Male Aesthetics,* trans. Simon Frost (Copenhagen: Museum. Tusculanum Press, 2006) and Ana Carden–Coyne, *Reconstructing the Body: Classicism, Modernism, and the First World War* (Oxford: Oxford University Press, 2009)。

10 Roger Eatwell, *Fascism: A History* (New York: Allen Lane, 1996), 43–88.

11 Victoria De Grazia, *The Culture of Consent: Mass Organisation of Leisure in Fascist Italy* (Cambridge: Cambridge University Press, 1981), 24–6. Quote on page 26.

12 Ibid., 33–4.

13 Ibid., 35.

14 Ibid., 179, 181–2.

15 See: Richard F. Hamilton, *Who Voted for Hitler?* (Princeton, NJ: Princeton University Press, 1982); and Thomas Childers, *Nazi Voter: The Social*

Foundations of Fascism in Germany, 1919–1933 (Chapel Hill, NC: University of North Carolina Press, 1983).

16 Detlev Peukert, *Inside Nazi Germany: Conformity, Opposition, and Racism in Everyday Life* (New Haven, CT: Yale University Press, 1987), 103.

17 Shelley Baranowski, *Strength Through Joy: Consumerism and Mass Tourism in the Third Reich* (Cambridge: Cambridge University Press, 2004), 40.

18 值得注意的是，基于市场的休闲与欢乐带来力量（KdF）的模式在纳粹德国是同时存在的。可参看：Kristin Semmens, *Seeing Hitler's Germany: Tourism in the Third Reich* (Basingstoke: Palgrave Macmillan, 2005)。

19 Baranowski, *Strength Through Joy,* 44–50 and Shelley Baranowski, "Strength Through Joy: Tourism and National Integration in the Third Reich", in *Being Elsewhere: Tourism, Consumer Culture, and Identity in Modem Europe and North America,* eds, Shelley Baranowski and Ellen Furlough (Ann Arbor, MI: University of Michigan Press, 2004), 213–36. See especially pages 215–16.

20 Baranowski, *Strength Through Joy*, 53-4.

21 Ibid., 67–70 and Baranowski, "Strength Through Joy", 220–1.

22 Baranowski, *Strength Through Joy*, 67–70 and Baranowski, "Strength Through Joy", 223–4.

23 Baranowski, *Strength Through Joy*, 71.

24 Baranowski, *Strength Through Joy,* 130-4 and Baranowski, "Strength Through Joy", 224.

25 Kenneth R. Olwig, "Landscape, Monuments, and National Identity", in *Nations and Nationalism: A Global Historical Overview,* eds, Guntram H. Herb and David H. Kaplan (Santa Barbara, CA: ABC-CLIO, 2008), 59-71. See page 70.

26 Baranowski, *Strength Through Joy,* 124, 127–9. 有关徒步旅行与意识形态目的二者关联的更多内容，可参看：Scott Moranda, "Maps, Markers, and Bodies: Hikers Constructing the Nation in German Forests", *The Nationalism*

Project, last modified 1 December 2000, http://www.nation-alismproject.org/articles/Moranda/moranda.html。

27 Baranowski, *Strength Through Joy,* 162–3, 192–3, 197–8.

28 Ibid., 144.

29 Ibid., 148.

30 Ibid., 134–7.

31 Ibid., 58.

32 Shelley Baranowski, "A Family Vacation for Workers: The Strength through Joy Resort at Prora", *German History* 25, no. 4 (October 2007): 539–59. See page 542.

33 相关简要概述：David G. Williamson, *The Age of the Dictators: A Study of the European Dictators, 1918–53* (Harlow: Pearson, 2007), 29–85。

34 Louise McReynolds, "The Prerevolutionary Russian Tourist: Commercialization in the Nineteenth Century", in *Turizm: The Russian and East European Tourist under Capitalism and Socialism,* eds, Anne E. Gotsuch and Diane P. Koenker (Ithaca, NY: Cornell University Press, 2006), 17–42.

35 Diane P. Koenker, "The Proletarian Tourist in the 1930s: Between Mass Excursion and Mass Escape", in *Turizm: The Russian and East European Tourist under Capitalism and Socialism*, eds, Anne E. Gorsuch and Diane P. Koenker (Ithaca, NY: Cornell University Press, 2006), 119–40. See page 119.

36 Christian Noack, "Building Tourism in One Country? The Sovietization of Vacationing, 1917–41", in *Touring Beyond the Nation: A Transnational Approach to European Tourism History,* ed. Eric G.E. Zuelow (Farnham: Ashgate, 2011), 171–93.

37 Diane P. Koenker, *Club Red: Vacation, Travel and the Soviet Dream* (Ithaca, NY: Cornell University Press, 2013), 15.

38 度假时将夫妻俩分开的做法常常意味着他们可以借此机会风流一下。具有讽刺意味的是，这种普遍存在的行为表明，其他畏惧长期承诺的人往往认为独自出行的度假者"过于复杂"。可参看：Koenker, *Club Red,*

36–7。

39　Ibid., 49.

40　Ibid., 53–4.

41　Noack, "Building Tourism", 183.

42　Koenker, *Club Red,* 57.

43　Ibid., 59.

44　Noack, "Building Tourism", 185.

45　Ibid., 186.

46　Gary Cross, "Vacations for All: The Leisure Question in the Era of the Popular Front", *Journal of Contemporary History 24,* no. 4 (October 1989): 599-621. 参看第 599 页。Cross 针对"休闲问题"给出了更深入的探讨，其中包括探究 19 世纪推行周末假期及八小时工作制的动力：*A Quest for Time: The Reduction of Work in Britain and France, 1840-1940* (Berkeley, CA: University of California Press, 1989)。

47　Cross, "Vacations for All", 603.

48　Ibid., 605.

49　Ibid., 609.

50　Ibid., 609–10.

51　Ibid., 608. 值得一提的是，这种想法在欧洲之外也很普及。澳大利亚也同样讨论过带薪休假制度，并在 20 世纪 30 年代末 40 年代初实施了这一制度。可参看：Richard White, *On Holidays: A History of Getting Away in Australia* (North Melbourne, VIC: Pluto Press, 2005), 112–16.

52　Cross, "Vacations for All", 601–2.

53　Ibid., 599, 601.

54　Ellen Furlough, "Making Mass Vacations: Tourism and Consumer Culture in France, 1930s to 1970s", *Comparative Studies in Society and History* 40, no. 2 (April 1998): 247–86. See page 253.

55　Kristin Semmens, "'Tourism and Autarky are Conceptually Incompatible': International Tourism Conferences in the Third Reich", in *Touring Beyond the Nation: A Transnational Approach to European Tourism History,* ed. Eric G.E. Zuelow (Farnham: Ashgate, 2011), 195–214. See pages 195–6.

56 Eric G.E. Zuelow, *Making Ireland Irish: Tourism and National Identity since the Irish Civil* War (Syracuse, NY: Syracuse University Press, 2009), 52.

57 Cross, "Vacations for All", 612.

58 Furlough, "Making Mass Vacations", 252.

59 Cross, "Vacations for All", 608–9.

60 Furlough, "Making Mass Vacations", 255.

61 Ibid.

62 Cross, "Vacations for All", 611.

63 John Beckerson, "Marketing British Tourism: Government Approaches to the Stimulation of a Service Sector, 1880–1950", in *The Making of Modem Tourism: The Cultural History of the British Experience, 1600–2000,* eds, Hartmut Berghoff, Barbara Korte, Ralf Schneider, and Christopher Harvie (Basingstoke: Palgrave, 2002), 133–58. See page 138.

64 Beckerson, "Marketing", 141–3. See also: Victor T.C. Middleton and L.J. Lickoris, *British Tourism: The Remarkable Story of Growth* (Burlington, MA: Elsevier Butterworth–Heinemann, 2005).

65 Cross, "Vacations for All", 613.

66 Middleton and Lickoris, *British Tourism,* 4–5.

67 Dina Berger, The Development of Mexico's Tourism Industry: Pyramids by Day, Martinis by Night *(New York: Palgrave Macmillan, 2006),* 7.

68 Ibid., 16.

69 Ibid., 18.

70 Ibid., 15.

71 Ibid., 29.

72 Ibid., 11–13, 119. See also: Dina Berger, "Goodwill Ambassadors on Holiday", in *Holiday in Mexico: Critical Reflections on Tourism and Tourist Encounters,* eds, Dina Berger and Andrew Grant Wood (Durham, NC: Duke

University Press, 2010), 107–29. Especially pages 114–19.

73 Berger, *Developmmt*, 93–4. See also: Andrew Grant Wood, "On the Selling of Rey Momo: Early Tourism and the Marketing of Carnival in Veracruz", in *Holiday in Mexico: Critical Reflections on Tourism and Tourist Encounters,* eds, Dina Berger and Andrew Grant Wood (Durham, NC: Duke University Press, 2010), 77–106. Especially pages 86–90.

74 Berger, *Development,* 28.

75 David Shavit, *Bali and the Tourist Industry: A History, 1906-1942* (Jefferson, NC: McFarland & Co., 2003), 5.

76 Ibid., 11–12.

77 Ibid., 22, 56–7.

78 Ibid., 24.

79 Ibid., 27.

80 Ibid., 3, 50–1.

81 Ibid., 53.

82 Ibid., 3. 更多有关巴厘岛旅游历史的资料可参看：Adrian Vickers, *Bali: A Paradise Created,* 2nd ed. (Hong Kong: Periplus Editions, 1990)，以及 Michel Picard, *Bali: Cultural Tourism and Touristic Culture,* trans. Diana Darling (Singapore: Archipelago Press, 1996)。

第九章

1 托尼·朱特（Tony Judt）对遭遇灾难的人和物进行了深入探讨，可参看：*Postwar: A History of Europe Since 1945* (New York: Penguin Books, 2006), 14–27。

2 Chris Sladen, "Holidays at Home in the Second World War", *Journal of Contemporary History* 37, no. 1 (January 2002): 67–89.

3 Sandra Trudgen Dawson, *Holiday Camps in Twentieth-Century Britain: Packaging Pleasure* (New York: Manchester University Press, 2011), 123;

Sladen, "Holidays at Home", 68–70.

4 John K. Walton, *Blackpool* (Edinburgh: Edinburgh University Press, 1998), 137.

5 Dawson, *Holiday Camps,* 122.

6 Richard White, *On Holiday: A History of Getting Away in Australia* (North Melbourne, VIC: Pluto Press, 2005), 116–17.

7 Dennis Merrill, *Negotiating Paradise: U.S. Tourism and Empire in Twentieth-Century Latin America* (Chapel Hill, NC: University of North Carolina Press, 2009), 100–1.

8 Eric G.E. Zuelow, *Making Ireland Irish: Tourism and National Identity since the Irish Civil War* (Syracuse, NY: Syracuse University Press, 2009), 35-44.

9 消费主义、欧洲的经济形势及马歇尔计划的形成，都被历史学家广泛讨论。可参看：Richard F. Kuisel, "Coca–Cola and the Cold War: The French Face of Americanization, 1948–1953", *French Historical Studies* 17, no. 1 (Spring 1991): 96–116; Greg Castillo, "Domesticating the Cold War: Household Consumption as Propaganda in Marshall Plan Germany", *Journal of Contemporary History* 40, no. 2 (April 2005): 261–88; C.C.S. Newton, "The Sterling Crisis of 1947 and the British Response to the Marshall Plan", *Economic History Review* New Series 37, no. 3 (August 1984): 391–408; Manfred Knapp, Wolfgang F. Stolper, and Michael Hudson, "Reconstruction and West–Integration: The Impact of the Marshall Plan on Germany", *Journal of Institutional and Theoretical Economics* 137 (September 1981): 415–33; Arthur Schlesinger, Jr., "Origins of the Cold War", *Foreign Affairs* 46 (1967): 22–52; and Reinhold Wagnleitner, *Coca-Colonization and the Cold War: The Cultural Mission of the United States in Austria after the Second World War* (Chapel Hill, NC: University of North Carolina Press, 1994)。托尼·朱特那本广受欢迎的《战后欧洲史》(*Postwar*)以一种扣人心弦且平易近人的方式探讨了相关的许多预测与担忧，特别参看第82—88页。

10 Winston S. Churchill, "Iron Curtain Speech", 5 March 1946, *The Modem History Sourcebook,* Fordham University, accessed 8 February 2009, http://www.fordham.edu/halsall/mod/churchill-iron.html.

11 Mary Saran, "Europe and the Marshall Plan", *The Antioch Review* 8, no. 1 (Spring 1948): 26–32.

12 Hannah Arendt, *The Origins of Totalitarianism,* rev. ed. (New York: Schocken, 2004).

13 有关极权主义思想史的深入探讨，可参看：Benjamin L. Alpers, *Dictators, Democracy, and American Public Culture: Envisioning the Totalitarian Enemy, 1920s–1950s* (Chapel Hill, NC: University of North Carolina Press, 2003)。托尼·朱特用"不可能"来形容为了二战结束而签订的协议。在二战期间及战后，各国之间缺少信任；随着欧洲内部的分裂，每个国家"现在都对欧洲大陆的大片土地负有责任"，这种情况只能让不信任恣意滋长。可参看：Judt, *Postwar,* 88–90, 100–64。

14 George C. Marshall, "The Marshall Plan Speech", *The George C. Marshall Foundation,* accessed 11 August 2014, http://marshallfoundation.org/marshall/the-marshall-plan/maishall-plan-speech/.

15 Eric G.E. Zuelow, "The Necessity of Touring Beyond the Nation: An Introduction", in *Touring Beyond the Nation: A Transnational Approach to European Tourism History,* ed. Eric G.E. Zuelow (Farnham: Ashgate, 2011), 5.

16 Christopher Endy, *Cold War Holidays: American Tourism in France* (Chapel Hill, NC: University of North Carolina Press, 2004), 33–4, 43.

17 Kenneth Campbell, "'U.N.' for Traveler: International Body is Formed to Deal with Simplification of Passports", *New York Times,* 19 October 1947; "History", United Nations World Tourism Organization (UNWTO), accessed 26 July 2013, http://www2.unwto.org/en/content/history-0; also see, Endy, *Cold War Holidays,* 49.

18 Zuelow, "Necessity", 5.

19 "Tourist Traffic with USA: Development", 1949, National Archives Ireland

(hereafter NAI), Department of the Taoiseach (hereafter DT), Ms. S5472B. Quoted in Zuelow, "Necessity", 6.

20 "Dispatch of Teams of Experts to Study Tourist Equipment in the United States", December 16, 1949, folder 305/57/128, pt. 1, Economic Cooperation Administration, NAI, Department of Foreign Affairs. Quoted in Zuelow, "Necessity", 6.

21 Brian A. McKenzie, "Creating a Tourist's Paradise: The Marshall Plan and France, 1948–1952", *French Politics, Culture and Society* 21, no. 1 (Spring 2003): 40. For more, see: Endy, *Cold War Holidays,* 81–99.

22 Michael Gorman (Bord Fáilte, retired), interview conducted by the author, Dublin, 11 October 2002.

23 Zuelow, "Necessity", 6.

24 McKenzie, "Creating a Tourist's Paradise", 48.

25 Zuelow, "Necessity", 7; and, "History", UNWTO.

26 See Tony Gray, *The Lost Years: The Emergency in Ireland, 1939-45* (London: Little, Brown, and Company, 1997); Geoffrey Roberts and Brian Garvan, eds, *Ireland and the Second World War: Politics, Society, and Remembrance* (Dublin: Four Courts Press, 2000).

27 See Bernadette Whelan, *Ireland and the Marshall Plan, 1947–57* (Dublin: Four Courts Press, 2000).

28 了解更多内容可参看：Endy, *Cold War Holidays,* 45。

29 Zuelow, *Making Ireland Irish*, 44–56.

30 Ibid., 58–71.

31 Mark Mazower, *No Enchanted Place: The End of Empire and the Ideological Origins of the United Nations* (Princeton, NJ: Princeton University Press, 2009), 14–15, 31–45, 193.

32 Ibid., 149.

33 "Charter of the United Nations: Preamble", *United Nations,* accessed 29 July 2013, http://www.un.org/en/documents/charter/preamble.shtml.

34 Kathleen Teltsch, "U.N. in Accord on Tourism", *New York Times,* 7 May 1961.

35 "History", UNWTO.

36 有关海运衰落（以及邮轮兴起）的相关内容可参看：Gaetano Cerchiello, "Cruise Market: A Real Opportunity for Transatlantic Shipping Lines in the 1960s—The Case of the Spanish Company Ybarra", *Journal of Tourism History 6,* no. 1 (April 2014): 16–37.

37 Marc Dierikx, *Clipping the Clouds: How Air Travel Changed the World* (Westport, CT: Praeger, 2008), 38–41; Kenneth Hudson and Julian Pettifer, *Diamonds in the Sky: A Social History of Air Travel* (London: Bodley Head, 1979), 121–4, 143–4.

38 二战之后，大英帝国快速将自己的海外殖民地剥离出去——一部分源于美国的压力，但很大程度上是因为曾经的经济强国再也无力管理那些遥远的殖民地。去殖民化的故事多样而又复杂，但感兴趣的读者在这部书中会寻到很有价值的概述：Piers Brendon, *The Decline and Fall of the British Empire, 1781–1997* (New York: Vintage Books, 2010)。

39 Hudson and Pettifer, *Diamonds in the Sky,* 164–6.

40 Ibid., 172–8.

41 Dierikx, *Clipping the Clouds,* 42–6.

42 Hudson and Pettifer, *Diamonds in the Sky,* 112.

43 "The Founding of the IATA", *IATA,* accessed 31 July 2013, http://www.iata.org/about/Pages/history.aspx.

44 Dierikx, *Clipping the Clouds,* 59–60. See also Hudson and Pettifer, *Diamonds in the Sky,* 130–52.

45 Hudson and Pettifer, *Diamonds in the Sky,* 196–8.

46 Dierikx, *Clipping the Clouds,* 126–7. 更多有关航空与旅游二者关联的内容可参看：Roger Bray and Vladimir Raitz, *Flight to the Sun: The Story of the Holiday Revolution* (London: Continuum, 2001)。

47 Lizabeth Cohen, *A Consumers' Republic: The Politics of Mass Consumption in Postwar America* (New York: Vintage Books, 2004), 121.

48　Judt, *Postwar,* 325.

49　Ibid., 338.

50　Ibid., 339–41.

51　能够说明这一点的几个案例可参看：Eric G.E. Zuelow, ed.,"Nordic Tourism", Special section, *Journal of Tourism History* 5, no. 3 (November 2013); also, see: Judt, *Postwar,* 342–3。

52　Judt, *Postwar,* 342.

53　Anu-Hanna Anttila, "Leisure as a Matter of Politics: The Construction of the Finnish Democratic Model of Tourism from the 1940s to the 1970s", *Journal of Tourism History* 5, no. 3 (November 2013): 330–2.

54　Katie Johnston, "Nearly 1 in 4 US Workers Go Without Paid Time Off", *Boston Globe,* 4 August 2014.

55　Louis Turner and John Ash, *The Golden Hordes: International Tourism and the Pleasure Periphery* (New York: St. Martin's Press, 1976), 11–12.

56　Ibid., 93–112.

57　有关19世纪士兵去墨西哥观光的讨论，可参看：Andrea Boardman, "The U.S.-Mexican War and the Beginnings of American Tourism in Mexico", in *Holiday in Mexico: Critical Reflections on Tourism and Tourist Encounters,* eds, Dina Berger and Andrew Grant Wood (Durham, NC: Duke University Press, 2010), 21–53.

58　Dina Berger, *The Development of Mexico's Tourism Industry: Pyramids by Day, Martinis by Night* (New York: Palgrave Macmillan, 2006), 113–4.

59　Ibid., 121. 值得补充的是，由于美国的禁令以及人们对赌博的偏爱，带动了美国—墨西哥边界沿线上声誉较差的开发项目，可参看：Paul J. Vanderwood, *Satan's Playground: Mobsters and Movie Stars at America's Greatest Gaming Resort* (Durham, NC: Duke University Press, 2010)。

60　Lisa Pinley Covert, "Colonial Outpost to Artists' Mecca: Conflict and Collaboration in the Development of San Miguel de Allende's Tourist Industry", in *Holiday in Mexico: Critical Reflections on Tourism and Tourist*

Encounters, eds, Dina Berger and Andrew Grant Wood (Durham, NC: Duke University Press, 2010), 183–220.

61 Andrew Sackett, "Fun in Acapulco? The Politics of Development on the Mexican Riviera", in *Holiday in Mexico: Critical Reflections on Tourism and Tourist Encounters,* eds, Dina Berger and Andrew Giant Wood (Durham, NC: Duke University Press, 2010), 161–82. See especially pages 168–9, 170–1, 172–5, 178.

62 Michael Clancy, *Exporting Paradise: Tourism and Development in Mexico* (London: Pergamon, 2001).

63 Daniel Hiernaux-Nicolas, "Cancún Bliss", in *The Tourist City,* eds, Dennis R. Judd and Susan S. Fainstein (New Haven, CT: Yale University Press, 1999), 124–39. See pages 128–31.

64 M. Bianet Castellanos, "Cancún and the Campo: Indigenous Migration and Tourism Development in the Yucatán Peinsula", in *Holiday in Mexico: Critical Reflections on Tourism and Tourist Encounters,* eds, Dina Berger and Andrew Grant Wood (Durham, NC: Duke University Press, 2010), 244; and Hiernaux-Nicolas, "Cancún Bliss", 131. "三要素"通常也指"阳光、沙滩和海"。

65 Jim Davidson and Peter Spearritt, *Holiday Business: Tourism in Australia since 1870* (Carlton, VIC: The Miegunya Press at Melbourne University Press, 2000), 290–1, 301–2, 304–5.

66 White, *On Holidays,* 132.

67 Polly Pattullo, *Last Resorts: The Cost of Tourism in the Caribbean* (London: Cassell, 1996), 8–9.

68 Mimi Sheller, *Consuming the Caribbean: From Arawaks to Zombies* (London: Routledge, 2003), 100.

69 Turner and Ash, *Golden Hordes,* 102–3.

70 Pattullo, *Last Resorts,* 4–6.

71 See: Luciano Segreto, Carles Manera, and Manfred Pohl, eds, *Europe at the Seaside: The Economic History of Mass Tourism in the Mediterranean* (New

York: Berghahn Books, 2009).

72　Sasha Pack, *Tourism and Dictatorship: Europe's Peaceful Invasion of Franco's Spain* (New York: Palgrave Macmillan, 2006), 25.

73　Ibid., 33.

74　Ibid., 39–40.

75　Ibid., 84.

76　Ibid., 98–102.

77　Ibid., 97.

78　Ibid., 105–6.

79　Ibid., 108.

80　Susan Barton, *Working-Class Organisations and Popular Culture, 1840-1970* (Manchester: Manchester University Press, 2005), 198–213. 更多有关英国旅游者游览阳光明媚的地中海目的地的偏好（尤其是西班牙），可参看：Peter Lyth, "Flying Visits: The Growth of British Air Package Tours, 1945–1975", in *Europe at the Seaside: The Economic History of Mass Tourism in the Mediterranean,* eds, Luciano Segreto, Carles Manera, and Manfred Pohl (New York: Berghahn Books, 2009), 11–30。

81　Diane P. Koenker, *Club Red: Vacation Travel and the Soviet Dream* (Ithaca, NY: Cornell University Press, 2013), 128–31.

82　Ibid., 131.

83　Ibid., 135.

84　Ibid., 150.

85　Ibid., 163.

86　Ibid, 179.

87　Ibid., 191.

第十章

1　"1955 Disneyland Opening Day [Complete ABC Broadcast]", YouTube video, 1:13:01, televised as "Dateline Disneyland" on ABC on 17 July 1955, posted by "Marcio Disney", 26 July 2011, accessed 13 September 2014, https://www.youtube.com/watch?v=JuzrZET-3Ew.

2　Steven Watts, *The Magic Kingdom: Walt Disney and the American Way of Life* (Boston, MA: Houghton Mifflin, 1997), 63-100.

3　Ibid., 110.

4　Ibid., 160.

5　Ibid., 288.

6　Ibid., 22. 历史学家 Lisa Mcgirr 发现，加利福尼亚的奥兰治县（Orange County）特别适合修建迪士尼乐园。安纳海姆（Anaheim）的好天气当然是华特·迪士尼在为乐园选址时考虑到的一个因素，但迪士尼乐园还折射出周边社区人群的价值观。出于对逝去生活的怀念以及他们想把社区传统的价值观保留在郊区的愿望，这些居民欣然接受了迪士尼"大街"。他们拥有专业性很强的工作以及较高的收入，这使得他们既有钱又有闲，能够光顾迪士尼乐园。可参看：Lisa McGirr, *Suburban Warriors: The Origins of the New American Right* (Princeton, NJ: Princeton University Press, 2001), 20–1, 28。

7　Watts, *Magic Kingdom,* 384.

8　对康尼岛历史感兴趣的话，可查阅：Woody Register's *The Kid of Coney Island: Fred Thompson and the Rise of American Amusements* (Oxford: Oxford University Press, 2001)。

9　Watts, *Magic Kingdom,* 384.

10　"1955 Disneyland Opening Day".

11　Ibid.

12　Ibid.

13　迪士尼乐园"以令人惊叹的方式展示出美国的技术进步和自由企业制"，同时也是"城市规划、市区建设、景观美观、建筑设计、室内外照明、空气压缩、液压力学以及塑料等材料创新利用方面的不凡之作"。可参看：Watts, *Magic Kingdom,* 393, 395。

14 Gary S. Cross and John K. Walton, *The Playful Crowd: Pleasure Places in the Twentieth Century* (New York: Columbia University Press, 2005), 181.

15 Lawrence Culver, *The Frontier of Leisure: Southern California and the Shaping of Modem America* (Oxford: Oxford University Press, 2010). 可参看第1-2页Culver论点的一个简要总结。

16 Rudy Koshar, "'What Ought to Be Seen': Tourists' Guidebooks and National Identities in Modern Germany and Europe", *Journal of Contemporary History* 33, no. 3 (July 1998): 325.

17 学者们对于"原真性"在旅游中的作用展开了广泛的讨论。更多内容可参看：Dean MacCannell, *The Tourist: A New Theory of the Leisure Class* (Berkeley, CA: University of California Press, 1999; first published 1976) and Dean MacCannell, *Empty Meeting Grounds: The Tourist Papers* (London: Routledge, 1992)。Erik Cohen进一步指出，原真性的重要性可能会随着旅游者越来越满足于"预先谋划"而日渐式微。可参看：*Contemporary Tourism: Diversity and Change* (New York: Elsevier, 2004), 3–6, 87–100, 131–43。

18 Rodney Lowe, *The Welfare State in Britain since 1945* (Basingstoke: Palgrave Macmillan, 2005), 253–4; Roy Porter, *London: A Social History* (Cambridge, MA: Harvard University Press, 1994), 349–53. See also: Charles More, *Britain in the Twentieth Century* (Harlow: Pearson–Longman, 2007), 154–5.

19 David Matless, *Landscape and Englishness* (London: Reaktion Books, 1998), 35.

20 Kenneth T. Jackson, *Crabgrass Frontier: The Suburbanization of the United States* (Oxford: Oxford University Press, 1985), 48–9.

21 Stephanie Coontz, *The Way We Never Were: American Families and the Nostalgia Trap* (New York: Basic Books, 1993), 27–8.

22 Sir Billy Butlin, *The Billy Butlin Story: A Showman to the End* (London: Robson Books, 1993), 33–40.

23 Sandra Trudgen Dawson, *Holiday Camps in Twentieth-Century Britain: Packaging Pleasure* (Manchester: Manchester University Press, 2011), 54.

24 Butlin, *Billy Butlin Story*, 114.

25 Dawson, *Holiday Camps,* 54–5.

26 Ibid., 58–9.

27 Ibid., Butlin, *Billy Butlin Story,* 130–9.

28 Dawson, *Holiday Camps,* 147–8, 159–63.

29 仅在1960年，巴特林和庞廷（Pontin，知名度略逊一筹的竞争对手）就有超过2百万名游客。Ibid., 212.

30 Butlin, *Billy Butlin Story*, 118.

31 Dawson, *Holiday Camps,* 220.

32 了解更多内容可参看：Ibid., 165。

33 Ibid., 110.

34 Ibid., 169.

35 Susan Sessions Rugh, *Are We There Yet? The Golden Age of Family Vacations* (Lawrence, KS: University of Kansas Press, 2008), 2.

36 对露营和汽车旅馆更详尽的说明，可参看：Warren James Belasco, *Americans on the Road: From Autocamps to the Motel, 1910–1945* (Cambridge, MA: MIT Press, 1979)。

37 Rugh, *Are We There Yet*, 20–3.

38 Ibid., 122–3.

39 Ibid., 126.

40 Ibid., 51.

41 Ibid., 59.

42 Ibid., 169–71.

43 Ibid., 173.

44 Quoted in Ibid., 89.

45 See: Per Østby, "Car Mobility and Camping Tourism in Norway, 1950–1970", *Journal of Tourism History* 5, no. 3 (August 2014): 287–304 and

Per Lundin, "Confronting Class: The American Motel in Early Post-War Sweden", *Journal of Tourism History 5,* no. 3 (August 2014): 305-24.

46 Ellen Furlough, "Making Mass Vacations: Tourism and Consumer Culture in France, 1930s to 1970s", *Comparative Studies in Society and History* 40, no. 2 (April 1998): 247-86. Especially pages 262, *266, 271,* and 276.

47 Anton Grassl and Graham Heath, *The Magic Triangle: A Short History of the World Youth Hostel Movement* (Antwerp: International Youth Hostel Federation, 1982), 13-14. 有关青年旅馆的简短历史的印刷品数目众多，它们多半都是青年旅馆自己印制的。除此之外，可参看：Youth Hostels Association, *A Short History of the YHA* (St. Albans: Youth Hostels Association [of England and Wales], 1969)。

48 Grassl and Heath, *Magic Triangle,* 17.

49 Ibid., 30-49, 60-3.

50 Ibid., 91-2.

51 Ibid., 93, 96-107.

52 Ibid., 113-4.

53 Ibid., 117-33.

54 Rugh, *Are We There Yet*, 180-1.

55 Dawson, *Holiday Camps,* 221.

56 Ibid., 225.

57 Christian Noack, "Coping with the Tourist: Planned and 'Wild' Tourism on the Soviet Black Sea Coast", in *Turizm: The Russian and East European Tourist Under Capitalism and Socialism,* eds, Anne E. Gorsuch and Diane P. Koenker (Ithaca, NY: Cornell University Press, 2006), 281-305. See page 304.

58 Cross and Walton, *Playful Crowd,* 194-202.

59 A.O. Scott, "The Death of Adulthood in American Culture", *New York Times,* 11 September 2014.

60 从局部来看游客数量，仅 1989 年，就有 3000 万游客前往位于奥兰多市的迪士尼世界。可参看：Richard E. Foglesong, *Married to the Mouse: Walt Disney World and Orlando* (New Haven, CT: Yale University Press, 2001), 3。

61 Dick Hebdige, *Subculture: The Meaning of Style* (London: Routledge, 1979).

62 R.W. Butler, "The Concept of a Tourist Area Cycle of Evolution: Implications for Management of Resources", *Canadian Geographer* 24, no. 1 (1980): 5–12.

63 Michel Peillon, "Tourism: The Quest for Otherness", *Crane Bag* 8, no. 2 (1984): 165–8.

64 Louis Turner and John Ash, *The Golden Hordes: International Tourism and the Pleasure Periphery* (New York: St. Martin's Press, 1976), 111.

65 Cathleen R. Litvack, "Heritage Tourism in New Jersey", *State of New Jersey Historic Trust,* accessed 11 November 2014, http://www.njht.org/dca/njht/touring/plan/.

66 "Heritage Tourism Boosts UK Economy by £26.4bn per year", Shakespeare Birthplace Trust, published on 13 July 2013, accessed 11 November 2014, http://www.shakespeare.org.uk/visit-the-houses/latest-news/heritage-tourism-boosts-uk-economy-by-atilde.html.

67 Kathleen Newland and Carylanna Taylor, "Heritage Tourism and Nostalgia Trade: A Diaspora Niche in the Development Landscape" (Washington, DC: Migration Policy Institute, September 2010). 查询与"遗产"相关的大量学术文献就会发现，这一普遍存在的重要性是显而易见的。在浩如烟海的资料中，可以参看以下几部著作：Carol E. Henderson and Maxine Weisgrau, eds, *Raj Rhapsodies: Tourism, Heritage, and the Seduction of History* (Aldershot: Ashgate, 2007); Joseph L. Scarpaci, *Plazas and Barrios: Heritage Tourism and Globalization in the Latin American Centro Histórico* (Tucson, AZ: University of Arizona Press, 2005); Emma Waterton and Steve Watson, eds, *Culture, Heritage and Representation: Perspectives on Visuality and the Past* (Aldershot: Ashgate, 2010); Dallen J. Timothy and Gyan P.

Nyaupane, eds, *Cultural Heritage and Tourism in the Developing World: A Regional Perspective* (London: Routledge, 2009); and Michael Hitchcock, Victor T. King, and Michael Parnwell, eds, *Heritage Tourism in Southeast Asia* (Honolulu: University of Hawai'i Press, 2010)。

68 Robert Hewison, *The Heritage Industry: Britain in a Climate of Decline* (London: Methuen, 1987), 24.

69 G.J. Ashworth, "Is Heritage a Globalisation of the Local or a Localisation of the Global?", paper presented at the conference Ireland's Heritages: Critical Perspectives on Consumption, Method and Memory, Galway-Mayo Institute of Technology, Castlebar, Ireland, 19 October 2002.

70 "Antarctica Concerns Grow as Tourism Numbers Rise", *USA Today,* 16 March 2013, http://www.usatoday.com/story/travel/destinations/2013/03/16/antarctica-tourism-rise/1993181/.

71 Adam Bridge, "Manu, Peru: Is Tourism Harming Remote Tribes?", *Telegraph,* 11 September 2014.

72 Jochen Hemmleb, Larry A. Johnson, and Eric R. Simonson, *Ghosts of Everest: The Search for Mallory and Irvine* (Seattle, WA: Mountaineers Books, 1999).

73 Gordon T. Stewart, "Tenzing's Two Wrist-Watches: The Conquest of Everest and Late Imperial Culture in Britain 1921–1953", *Past and Present* 149 (November 1995): 170–97. See also: Peter H. Hansen, "Debate: Tenzing's Two Wrist-Watches: The Conquest of Everest and Late Imperial Culture in Britain, 1921–1953", *Past and Present* 153 (November 1997): 159-77.

74 Nick Heil, *Dark Summit: The True Story of Everest's Most Controversial Season* (New York: Holt & Co., 2008). Ann C. Colley 的著作描述了19世纪期间，当大量运动爱好者想要体验崇高、征服高山时，阿尔卑斯山地区同样变成了商业泛滥之地的历程。可参看：*Victorians in the Mountains: Sinking the Sublime* (Farnham: Ashgate, 2010)，特别是第二章的内容。

75 Timothy G. Fogarty, "Searching for Solidarity in Nicaragua: Faith-Based NGOs as Agents of Trans-cultural Voluntourism", in *Bridging the Gaps: Faith-Based Organizations, Neoliberalism, and Development in Latin America and the Caribbean,* eds, Tara Hefferan, Julie Adkins, and Laura Occhipinti (Lanham, MD: Lexington Books, 2009), 83–102. 参看第84—85页。若想对各类商业公司有所了解，可参看 VolunTourism，2014年9月17日访问，http://www.voluntourism.org/。

76 有关美食旅游的学术探索，可参看：Lucy M. Long, ed., *Culinary Tourism* (Lexington, KY: University of Kentucky Press, 2004)。

77 Harold Marcuse, "Reshaping Dachau for Visitors, 1933-2000", in *Horror and Human Tragedy Revisited: The Management of Sites of Atrocities for Tourism,* eds, Greg Ashworth and Rudi Hartmann (New York: Cognizant Communications, 2005), 118–48.

78 Jack Kugelmass, "Rites of the Tribe: The Meaning of Poland for American Jewish Visitors", in *Tourists and Tourism: A Reader,* ed. Sharon Bohm Gmelch (Long Grove, IL: Waveland Press, 2010), 369–96.

79 "Auschwitz Memorial visited by 1.33 million people in 2013", *Auschwitz-Birkenau Memorial and Museum,* published 3 January 2014, accessed 7 November 2014, http://en.auschwitz.org/m/index.php?option=com_con tent&task=view&id=1153&Itemid=7; Tony Paterson, "Dachau Makes a Fresh Start: Young Families Moving in from Munich are Helping the Town to Move on From Its Nazi Shame", *The Independent,* 28 August 2013.

80 Elisabeth Rosenthal, "Your Biggest Carbon Sin May Be Air Travel", *New York Times,* 27 January 2013.

81 Joe Kelly, "Tourism Relies on Jet-Setters, but Travel is Destroying Attractions", *Vancouver Sun,* 14 January 2012.

82 Jaime A. Seba, *Ecotourism and Sustainable Tourism: New Perspectives and Studies* (Toronto, ON: Apple Academic Press, 2012), 46.

83 Stefan Gössling, "Tourism and Development in Tropical Islands: Political

Ecology Perspectives", in *Tourism Development in Tropical Islands: Political Ecology Perspectives,* ed. Stefan Gössling (Cheltenham: Edward Elgar, 2003), 1–13. See pages 1, 7.

84 Simone Abram, "Performing for Tourists in Rural France", in *Tourists and Tourism: Identifying People and Places,* eds, Simone Abram, Jacqueline Waldren, and Donald V.L. Macleod (Oxford: Berg, 1997), 29–49. See especially page 45.

85 Gethin Chamberlain, "Tourists in India Told to Avoid 'Human Safaris' as Row Widens", *The Observer,* 22 January 2012. See also: Cohen, *Contemporary Tourism,* 275–316.

86 Daniel Hiernaux–Nicolas, "Cancún Bliss", in *The Tourist City,* eds, Denis R. Judd and Susan S. Fainstein (New Haven, CT: Yale University Press, 1999), 124–42. See page 129.

87 Tamar Diana Wilson, "Economic and Social Impacts of Tourism in Mexico", Special issue: The Impact of Tourism in Latin America, *Latin American Perspectives* 35, no. 3 (May 2008): 37–52. 参看第 47 页。索韦托（Soweto）是南非种族隔离时期约翰内斯堡城外著名的贫民居住区。

88 Alicia Re Cruz, "A Thousand and One Faces of Cancun", Special issue: Circum–Caribbean Tourism, *Urban Anthropology and Studies of Cultural Systems and World Economic Development* 25, no. 3 (Fall 1996): 283–310. 特别参看第 304—308 页。若读者对拉丁美洲旅游感兴趣，还可查阅人类学家 Florence E. Babb 对古巴、墨西哥、尼加拉瓜和秘鲁这些"冲突后"（"post-conflict"）国家旅游方面的研究，可参看：*The Tourism Encounter: Fashioning Latin American Nations and Histories* (Stanford, CA: Stanford University Press, 2011)。

89 Lindsay Abrams, "Mount Everest's Massive Trash Problem: Nepal Cracks Down on Littering Tourists", *Salon,* 4 March 2014, http://www.salon.com/2014/03/04/mount_everests_massive_trash_problem_nepal_ cracks_ down_ on_ littering_ tourists/.

90 有关这次事故的第一手描述，可参看：Jon Krakauer, *Into Thin Air: A Personal Account of the Mt. Everest Disaster* (New York: First Anchor Books, 1997). 这是一个扣人心弦而又惊心动魄的故事。

91 Heil, *Dark Summit*, 6.

92 Abrams, "Mount Everest's Massive Trash Problem".

93 Heil, *Dark Summit*, 250.

94 Colin Hunter, "Aspects of the Sustainable Tourism Debate from a Natural Resources Perspective", in *Sustainable Tourism: A Global Perspective*, eds, Rob Harris, Peter Williams, and Tony Griffin (Oxford: Butterworth Heinemann, 2002), 3–23. See page 3; and, Sonya Graci and Rachel Dodds, *Sustainable Tourism in Island Destinations* (London: Earthscan, 2010), 10-11.

95 Eric G.E. Zuelow, *Making Ireland Irish: Tourism and National Identity Since the Irish Civil War* (Syracuse, NY: Syracuse University Press, 2009).

96 For example: Gethin Chamberlain, "Tourists in India Told to Avoid 'Human Safaris'", *Telegraph*, 11 September 2015; and Megan Alpert, "'They Come, They Photograph, But They Don't Help': How Ecotourism in the Amazon Shortchanges the Locals", *Guardian*, 11 March 2015.

97 *MacCannell*, Empty Meeting Grounds, 75-5.

98 但是很不幸，这种想法失败了。因为"孩子们喜欢小汽车主要是因为相互碰撞会带来兴奋和欢喜"，所以在最初的两周内，36辆小汽车只有6辆幸免于难。Watts, *Magic Kingdom*, 388.

总结

1 United Nations World Tourism Organization, *UNWTO Tourism Highlights*, 2014 ed. (Madrid: UNWTO, 2014).

2 US Travel Association, "Tress Release: Travel Industry Employment Reaches an All-Time High, November 7 2014", accessed 10 November 2014, https://

www.ustravel.org/news/press-releases/travel-industry-employment-reaches-all-time-high.

3   United Nations World Tourism Organization, *UNWTO Tourism Highlights.*

4   *Wikipedia,* s.v. "A.J.P. Taylor", last modified 14 February 2015, http://en.wikipedia.org/wiki/A.J._P._Taylor.

5   Quoted in Louis Decimus Rubin, *The Summer the Archduke Died: Essays on Wars and Warriors* (Columbia, MO: University of Missouri Press, 2008), 18-19.

6   关于这些事件的描述，可参看：Kevin Hillstrom, *Defining Moments: September 11 Terrorist Attacks* (Detroit, MI: Omnigraphics, 2012), 57–82。

7   Robin Pomeroy, "Limit Aid for Airlines, EU Transport Boss Says: Compensation Only for U.S. Airspace was Closed", *Financial Times,* 17 October 2001.

8   "Expert Says You Should Not Be Afraid to Fly, Really", *San Mateo County Times,* 3 December 2001.

9   关于机场安检的更多内容，可参看：Amelia K. Voegele, ed., *Airport and Aviation Security* (New York: Nova Science Publishers, 2010)。

10 "U.S. Officials Defend Stepped-Up Airport Security", *NBCNEWS.com,* published 15 November 2010, accessed 17 July 2013, http://www.nbc-news.com/id/40194439/ns/travel-news/t/us-officials-def end-stepped-up-airport-security/#.UebQvmk-s_s.

11 "Search for Clues as New York Faces Grief Again", *New Zealand Herald,* 14 November 2001.

12 Sara Kehaulani, "Airbus, American and Pilots Blame Each Other for Crash", *Washington Post,* 4 March 2004.

13 Bill Hutchinson, "Madrid Train Bombs Kill 192: Eye on A1 Qaeda & Basque Groups in Train Blasts", *New York Daily News,* 12 March 2004.

14 Annabel Crabb, "One Minute of Mayhem: Underground Bombs Went Off Together", *Sunday Age* (Melbourne, Australia), 10 July 2005.

15 "11 Dead, 10 Wounded in Paris Shooting", *China Daily,* 7 January 2015.

16. Moch N. Kurniawan, "Flu–Like Illness has Potential to Spread to Indonesia", *Jakarta Post,* 19 March 2003; Lawrence K. Altman and Keith Bradsher, "Officials War on Spread of SARS; Disease May be Airborne or Contracted Through Close Contact", *International Herald Tribune,* 1 April 2003.
17. Neal H. Cruz, "SARS Carriers More Dangerous Than Bombers", *Korea Herald,* 3 April 2003.
18. Sean Lengell, "*U.S.* Warns of Swine Flu Spread; CDC Declares Emergency to Clear Red Tape for Federal Funds", *Washington Times,* 27 April 2009.
19. DeWayne Wickham, "Politics Keeps Coming Before Science in Threat of Ebola", *The Daily Advertiser* (Lafayette, LA), 12 November 2014.
20. "Crash Course: The Origins of the Financial Crisis", *The Economist,* 7 September 2013.
21. "Tourist Numbers to Prague Show Sharp Decline", *Deutsche Press-Agentur,* 6 October 2009.
22. "Tourist Arrivals in Spain Dropped 8.7 Percent in 2009", *Indo-Asian News Service,* 23 January 2010.
23. Andrea Billups, "'Staycation' Trend Has Travelers Going Nowhere Fast", *Washington Times,* 23 March 2008.
24. "Staycations on the Rise", *Manchester Evening Post,* 1 July 2013.
25. Chuck Thompson, "Americans Taking Fewest Vacation Days in Four Decades", *CNN.com,* 23 October 2014, http://www.cnn.com/2014/10/22/travel/u-s-workers-vacation-time/.
26. "Executive Summary. All Work, No Pay: The Impact of Forfeited Time Off", *Travel Effect,* 21 October 2014, http://traveleffect.com/resources/fact-sheets/all-work-no-pay-impact-forfeited-time-executive-summary.

参考文献

一、一手资料

（一）档案

National Archives, Ireland
    Department of the Taoiseach
    Department of Foreign Affairs

（二）访谈

Jan de Fouw, graphic designer, *Ireland of the Welcomes*. Dublin, 15 October 2002.

Michael Gorman, Bord Fáilte, retired. Dublin, 6 August 2002 and 11 October 2002.

Michael Kevin O'Doherty, Bord Fáilte, retired. Dublin, 29 April 2002 and 30 July 2002.

（三）报纸、杂志及新闻网站

Boston Globe (United States)

China Daily (China)

CNN.com (United States)

The Daily Advertiser (Lafayette, Louisiana)

Daily Mail Online (United Kingdom)

Deutsche Press-Agentur (Germany)

Economist (United Kingdom)

Financial Times (United Kingdom)

Independent (United Kingdom)

Indo-Asian News Service (India)

International Herald Tribune (France)

Jakarta Post (Indonesia)

Korea Herald (South Korea)

Manchester Evening Post (United Kingdom)

Manchester Guardian (United Kingdom)

NBCNEWS.com (United States)

New York Daily News (United States)

New York Times (United States)

New Zealand Herald (New Zealand)

Observer (United Kingdom)

Salon.com (United States)

San Mateo County Times (United States)

ScienceDaily.com (United States)

Sunday Age (Melbourne, Australia)

Telegraph (United Kingdom)

Travel Effect (United States)

USA Today (United States)

Vancouver Sun (Canada)

Washington Post (United States)

Washington Times (United States)

（四）公开的一手资料

Arendt, Hannah. *The Origins of Totalitarianism*. Rev. ed. New York: Schocken, 2004.

参考文献

Bacon, Francis. *Bacon's Essays with Annotations by Richard Whately*. 5th ed., rev. and enl. Freeport, NY: Books for Libraries, 1973. First published 1860.

Baedeker, Karl. *Great Britain: England, Wales, and Scotland as Far as Loch Maree and the Cromarty Firth: Handbook for Travelers*. London: Karl Baedeker Publisher, 1887.

——. *A Handbook for Travellers on the Rhine, from Switzerland to Holland*. London and Coblenz: Karl Baedeker, 1861.

Black, Adam and Charles Black. *Black's Picturesque Tourist of Scotland*. 19th ed. Edinburgh: Adam and Charles Black, 1872.

Boswell, James. *The Life of Samuel Johnson, Vol. 2*. London: J.M. Dent & Sons, 1911. First published 1791.

——. *Boswell on the Grand Tour: Germany and Switzerland,* edited by Frederick Pottle. New York: McGraw-Hill, 1953. First published 1764.

Burke, Edmund. *A Philosophical Enquiry into the Origin of Our Ideas of the Sublime and Beautiful,* edited by Adam Phillips. Oxford: Oxford University Press, 2008. First published 1757.

Butlin, Sir Billy. *The Billy Butlin Story: A Showman to the End*. London: Robson Books, 1993.

Coleridge, Samuel Taylor. Samuel Taylor Coleridge to Sara Hutchinson, 6 August 1802. In *Collected Letters of Samuel Taylor Coleridge,* Vol. II, 1801-1806, edited by Earl Leslie Griggs. Oxford: Clarendon Press, 1966.

Engels, Friedrich. *The Condition of the Working Class in England,* edited by Victor Kiernan. London: Penguin, 2005. First published 1845 (in German) by Otto Wigand.

Forster, E.M. *A Room with a View*. New York: Vintage, 1989. First published 1908 by Edward Arnold.

Gall, Richard. *Poems and Songs, with a Memoir of the Author*. Oxford: Oxford University Press, 1819.

George, Andrew, trans. *The Epic of Gilgamesh*. New York: Penguin, 2003.

Gibbon, Edward. *Memoirs of My Life and Writings.* Boston, MA and London: Ginn & Co., 1898.

Herodotus. *The Histories.* Translated by David Grene. Chicago, IL: University of Chicago Press, 1987.

Hutchings, James Mason. *In the Heart of the Sierras,* Oakland, CA: Pacific Press Publishing House, 1888. First published 1886 by Pacific Press Publishing House.

Johnson, Samuel and James Boswell. *A Journey to the Western Islands of Scotland and A Journal of a Tour to the Hebrides,* edited by Peter Levi. New York: Penguin, 1984. First published 1775 and 1786.

Knox, M.D. Robert. *The Races of Men: A Fragment.* Philadelphia, PA: Lea & Blanchard, 1850.

Kraukauer, Jon. *Into Thin Air: A Personal Account of the Mt. Everest Disaster.* New York: First Anchor Books, 1997.

Mohl, Oswald M. *Die Wunder der Weltausstellung zu Paris: Schilderungen der Erlebnisse in einer Weltstadt im Jahre 1867.* Leipzig: Otto Spamer, 1868.

Norton, C.B. *World's Fairs from London 1851 to Chicago 1893: Illustrated with Views and Portraits.* Chicago, IL: Milton Western Co., 1893.

Oliver and Boyd's Scottish Tourist: with Seventy-One Engravings on Steel and Seventeen Travelling Maps and Charts. Edinburgh: Oliver and Boyd, 1852.

Smiles, Samuel. *Self-Help; with Illustrations of Character and Conduct* New ed. London: John Murray, 1876. First published 1859 by John Murray.

Smith, Adam. *The Wealth of Nations.* New York: P.F. Collier & Son, 1902. First published 1776 by W. Strahan and T. Cadell.

Smollett, Tobias. *Travels through France and Italy,* edited by Frank Felsenstein. Buffalo, NY: Broadview, 2011. First published 1766.

Stanley, Henry Morton. *How I Found Livingston: Travels, Adventures, and Discoveries in Central Africa including Four Months' Residence with Dr. Livingston.* Montreal, QC: Dawson, 1872.

Trevithick, Francis. *Life of Richard Trevithick: With an Account of His Inventions.* Cambridge: Cambridge University Press, 2011. First published 1872 by E. & F.N. Spon.

Tunis, William E. *Tunis's Topographical and Pictorial Guide to Niagara: Containing, also, A Description of the Route Through Canada, and the Great Northern Route, from Niagara Falls to Montreal, Boston, and Saratoga Springs. Also Full and Accurate Tables of Distances, on all Railroads Running to and From Niagara Falls.* Niagara Falls, NY: W.E. Tunis, 1856.

von Goethe, Johann Wolfgang. *Goethe's Letters from Switzerland and Travels in Italy.* New York: Worthington, 1885.

White, W. Pierrepont. "Good Roads for the People". In *Motoring in America: The Early Years,* edited by Frank Oppel. Secaucus, NJ: Castle Books, 1989, 221-8. First published 1907 in *The Outing Magazine.*

Wollstonecraft, Mary. *Letters Written in Sweden, Norway, and Denmark,* edited by Tone Brekke and Jon Mee. Oxford: Oxford University Press, 2009. First published 1796 in London by J. Johnson.

Woolf, Virginia. *Mrs. Dalloway.* New York: Harcourt Brace Jovanovich, 1981. First published 1925 by Hogarth Press.

Wordsworth, Dorothy. *Recollections of a Tour Made in Scotland.* New Haven, CT: Yale University Press, 1997. First published 1874 by G.P. Putnam's Sons.

（五）行业报告

Newland, Kathleen and Carylanna Taylor. *Heritage Tourism and Nostalgia Trade: A Diaspora Niche in the Development Landscape.* Washington, DC: Migration Policy Institute, September 2010.

United Nations World Tourism Organization. *Tourism Highlights.* 2014 ed. Madrid: UNWTO, 2014.

——. *UNWTO Annual Report 2013.* Madrid: UNWTO, 2013.

（六）网站

"Auschwitz Memorial visited by 1.33 million people in 2013". Auschwitz-Birkenau Memorial and Museum. Published 3 January 2014. Accessed 7 November 2014. http://en.auschwitz.org/in/index. php?option=com_content&task=view&id=1153&Itemid=7.

Churchill, Winston S. "Iron Curtain Speech", 5 March 1946. Modern History Sourcebook. Fordham University. Accessed 8 February 2009. http://www.fordham.edu/halsall/mod/chuxchill-iron.html.

"Hindenburg Disaster with Sound" (Stock Footage, 1937). From Internet Archive. Video (Pathograms) and sound (WLS Radio), 1:20. Accessed 3 November 2014. http://archive.org/details/SF145.

IATA. "The Founding of the IATA". Accessed 31 July 2013. http://www.iata.org/about/Pages/history.aspx.

Litvack, Cathleen R. "Heritage Tourism in New Jersey". State of New Jersey Historic Trust. Accessed 11 November 2014. http://www.njht.org/dca/njht/touring/plan/.

Marshall, George C. "The Marshall Plan Speech". The George C. Marshall Foundation. Accessed 11 August 2014. http://marshallfoundation.org/marshall/the-marshall-plan/marshall-plan-speech/.

National Trust for Historical Preservation. "A Brief History of the National Trust". Accessed 25 October 2014. http://www.preservationnation.org/who-we-are/history.html#.U8aSUGk-s2E.

"1955 Disneyland Opening Day [Complete ABC Broadcast]". YouTube video, 1:13:01. Posted by "Marcio Disney", 16 July 2011. Televised as "Dateline Disneyland" on ABC on 17 July 1955. Accessed 13 September 2014. https://www.youtube.com/watch?v=JuzrZET-3Ew.

"1906 Stanley Steamer Vanderbilt Cub Racer—Jay Leno's Garage". YouTube video, 28:55. Posted by "Jay Leno's Garage," 26 April Accessed 1 November

2014. http://www.youtube.com/watch?v=5Me8b0ed59s.

Shakespeare Birthplace Trust. "Heritage Tourism Boosts UK Economy by £26.4bn Per Year". Published 13 July 2013. Accessed 11 November 2014. http://www.shakespeare.org.uk/visit-the-houses/latest-news/heritage-tourism-boosts-uk-economy-by-atilde.html.

"Stock footage - WRIGHT BROTHERS FIRST FLIGHT". YouTube video, 1:29. Posted by "MyFootage.com", 24 January 2007. Film of Wilbur Wright near Le Mans, France, Fall 1908. Accessed 9 February 2011. http://www.youtube.com/watch?v=A-CvkEUSA04.

United Nations. "Charter of the United Nations: Preamble". Accessed 29 July 2013. http://www.un.org/en/documents/charter/preamble.shtml.

United Nations World Tourism Organization. "History". Accessed 26 July http://www2.unwto.org/en/content/history-0.

US Travel Association. "Press Release: Travel Industry Employment Reaches All-Time High, November 7, 2014". Accessed 10 November 2014. https://www.ustravel.org/news/press-releases/travel-industry-employment-reaches-all-time-high.

VolunTourism. Accessed 17 September 2014. http://www.voluntourism.org/.

二、未公开的二手资料

（一）会议论文

Ashworth, G.J. "Is Heritage a Globalisation of the Local or a Localisation of the Global?" Paper presented at the conference Ireland's Heritages: Critical Perspectives on Consumption, Method and Memory, Galway-Mayo Institute of Technology, Castlebar, Ireland, 19 October 2002.

（二）学位论文

Meyer, Patricia Jean Behenna. "No Land Too Remote: Women Travellers in the Georgian Age, 1750-1830". Ph.D. diss., University of Massachusetts-Amherst, 1978.

Quinn, Christopher. "The Irish Villages at the 1893 World's Columbian Exposition: Constructing, Consuming and Contesting Ireland at Chicago". M.A. thesis, University of Guelph, 2011.

三、公开的旅游二手资料

作者按：随着旅游业的发展，相关文献也在增多。这个参考书目不仅是为了提升读者对书中二手资料的关注，还为读者指出更多的学术书籍及文章。

（一）选用的旅游学术期刊

Anatolia: An International Journal of Tourism and Hospitality Research

Annals of Leisure Research

Annals of Tourism Research

ASEAN Journal on Hospitality and Tourism

Asia Pacific Journal of Tourism Research

Cornell Hospitality Quarterly

Current Issues in Tourism

e-Review of Tourism Research

European Journal of Tourism Research

Hospitality Review Journal

Information Technology of Tourism

International Journal of Contemporary Hospitality Management

International Journal of Culture, Tourism and Hospitality Research

International Journal of Event and Festival Management

International Journal of Knowledge Management in Tourism and Hospitality
International Journal of Mobility Studies
International Journal of Sport Policy
International Journal of Tourism Policy
International Journal of Tourism Research
Journal of China Tourism Research
Journal of Convention and Event Tourism
Journal of Convention and Exhibition Management
Journal of Ecotourism
Journal of Heritage Tourism
Journal of Hospitality, Leisure, Sport & Tourism Education
Journal of Hospitality Marketing & Management
Journal of Hospitality and Tourism Education
Journal of Hospitality and Tourism Management
Journal of Hospitality and Tourism Research
Journal of Human Resources in Hospitality and Tourism
Journal of Leisurability
Journal of Leisure Research
Journal of Park and Recreation Administration
Journal of Policy Research in Tourism, Leisure and Events
Journal of Quality Assurance in Hospitality & Tourism
Journal of Retail and Leisure Property
Journal of Service Management
Journal of Sport & Tourism
Journal of Sustainable Tourism
Journal of Teaching in Travel & Tourism
Journal of Tourism Consumption and Practice
Journal of Tourism and Cultural Change
Journal of Tourism History

Journal of Travel & Tourism Marketing

Journal of Travel and Tourism Research

Journal of Travel Research

Journal of Vacation Marketing

Journeys: International Journal of Travel and Travel Writing

Leisure/Loisir: Journal of the Canadian Association of Leisure Studies

Leisure Sciences: An Interdisciplinary Journal

Leisure Studies

Managing Leisure

Mobilities

Pacific Tourism Review

PASOS: Journal of Tourism and Cultural Heritage

Progress in Tourism and Hospitality Research

Research in Transportation Business and Management

Scandinavian Journal of Hospitality and Tourism

Sport Management Review

Studies in Travel Writing

Tourism Analysis

Tourism, Culture & Communication

Tourism Economics

Tourism Geographies: An International Journal of Tourism Space, Place and Environment

Tourism and Hospitality Planning and Development

Tourism & Hospitality Research: The Surrey Quarterly Review

Tourism: An International Interdisciplinary Journal

Tourism Management

Tourism Management Perspectives

Tourism in Marine Environments

Tourism Planning and Development

Tourism Recreation Research

Tourism Review (The Tourist Review)

Tourism Review International

Tourismos: An International Multidisciplinary Journal of Tourism Tourist Studies

Transfers: Interdisciplinary Journal of Mobility Studies

UNLV Journal of Hospitality, Tourism and Leisure Science

Visitor Studies

World Leisure Journal

（二）旅游相关书籍及文章

Abraham, Shinu Anna, Praveena Gullapalli, Teresa P. Raczek, and Uzma Z. Rizvi, eds. *Connections and Complexity: New Approaches to the Archaeology of South Asia.* Walnut Creek, CA: Left Coast Press, 2013.

Abram, Simone. "Performing for Tourists in Rural France". In *Tourists and Tourism: Identifying People and Places,* edited by Simone Abram, Jacqueline Waldren, and Donald V.L. Macleod, 29-49. Oxford: Berg, 1997.

Abram, Simone, Jacqueline Waldren, and Donald V.L. Macleod, eds. *Tourists and Tourism: Identifying People and Places.* Oxford: Berg, 1997.

Anand, Ascem. *Advance Dictionary of Tourism.* New Delhi: Sarup & Sons, 1997.

Anderson, Martin. "The Development of British Tourism in Egypt, 1815-1850". *Journal of Tourism History 4,* no. 3 (November 2012): 259-79.

Anderson, Monica. *Women and the Politics of Travel, 1870-1914.* Madison, NJ: Fairleigh Dickinson University Press, 2006.

Anderson, Russell H. "The First Automobile Race in America". *Journal of the Illinois State Historical Society* 47, no. 4 (Winter 1954): 343-59.

Anttila, Anu-Hanna. "Leisure as a Matter of Politics: The Construction of the Finnish Democratic Model of Tourism from the 1940s to the 1970s". *Journal of Tourism History* 5, no. 3 (November 2013): 325-45.

Armayor, O. Kimball. "Did Herodotus Ever Go To Egypt?" *Journal of the*

American Research Center in Egypt 15 (1978): 59-73.

—— "Did Herodotus Ever Go To the Black Sea?" *Harvard Studies in Classical Philology* 82 (1978): 45-62.

Armstrong, John and David M. Williams. "The Steamboat and Popular Tourism". *Journal of Transport History* 26, no. 1 (March 2005): 61-77.

Aron, Cindy S. *Working at Play: A History of Vacations in the United States.* Oxford: Oxford University Press, 1999.

Atkin, Polly. "Ghosting Grasmere: the Musealisation of Dove Cottage". In *Literary Tourism and Nineteenth-Century Culture,* edited by Nicola J. Watson, 84-94. New York: Paigrave Macmillan, 2009.

Auerbach, Jeffrey A. *The Great Exhibition of 1851: A Nation on Display.* New Haven, CT: Yale University Press, 1999.

Babb, Florence E. *The Tourism Encounter: Fashioning Latin American Nations and Histories.* Stanford, CA: Stanford University Press, 2011.

Balmer, Randall. "From Frontier Phenomenon to Victorian Institution: The Methodist Camp Meeting in Ocean Grove, New Jersey". *Methodist History* 25, no. 3 (1987): 194-200.

Baranowski, Shelley. "Family Vacation for Workers: The Strength through Joy Resort at Prora". *German History* 25, no. 4 (October 2007): 539-59.

—— *Strength Through Joy: Consumerism and Mass Tourism in the Third Reich.* Cambridge: Cambridge University Press, 2004.

—— "Strength Through Joy: Tourism and National Integration in the Third Reich". In *Being Elsewhere: Tourism, Consumer Culture, and Identity in Modem Europe and North America,* edited by Shelley Baranowski and Ellen Furlough, 213-36. Ann Arbor, MI: University of Michigan Press, 2004.

Baranowski, Shelley and Ellen Furlough, eds. *Being Elsewhere: Tourism, Consumer Culture, and Identity in Modem Europe and North America.* Ann Arbor, MI: University of Michigan Press, 2004.

Barton, Susan. *Working-Class Organisations and Popular Tourism, 1840-1970.*

Manchester: Manchester University Press, 2005.

Beattie, Andrew. *The Alps: A Cultural History.* Oxford: Oxford University Press, 2006.

Beckerson, John. "Marketing British Tourism: Government Approaches to the Stimulation of a Service Sector, 1880-1950". In *The Making of Modem Tourism: The Cultural History of the British Experience, 1600-2000,* edited by Hartmut Berghoff, Barbara Korte, Ralf Schneider, and Christopher Harvie, 133-58. Basingstoke: Paigrave Macmillan, 2002.

Belasco, Warren James, *Americans on the Road: From Autocamps to the Motel, 1910-1945.* Cambridge, MA: MIT Press, 1979.

Berger, Dina. *The Development of Mexico's Tourism Industry: Pyramids by Day, Martinis by Night.* New York: Paigrave Macmillan 2006.

—— "Goodwill Ambassadors on Holiday". In *Holiday in Mexico: Critical Reflections on Tourism and Tourist Encounters,* edited by Dina Berger and Andrew Grant Wood, 107-29. Durham, NC: Duke University Press, 2010.

Berger, Dina and Andrew Grant Wood, eds. *Holiday in Mexico: Critical Reflections on Tourism and Tourist Encounters.* Durham, NC: Duke University Press, 2010.

Berghoff, Hartmut, Barbara Korte, Ralf Schneider, and Christopher Harvie, eds. *The Making of Modem Tourism: The Cultural History of the British Experience, 1600-2000,* Basingstoke: Palgrave Macmillan, 2002.

Black, Jeremy. *The British Abroad: The Grand Tour in the Eighteenth Century.* New York: St. Martin's Press, 1992.

—— *The British and the Grand Tour,* Dover, NH: Croom Helm, 1985.

—— *France and the Grand Tour.* Basingstoke: Palgrave Macmillan, 2003.

—— *The Grand Tour in the Eighteenth Century.* Stroud: Alan Sutton, 1992.

—— *Italy and the Grand Tour.* New Haven, CT: Yale University Press, 2003.

Blondé, Bruno. "At the Cradle of the Transport Revolution? Paved Roads, Traffic Flows and Economic Development in Eighteenth-Century Brabant". *Journal of*

Transport History 31, no. 1 (June 2010): 89-111.

Boardman, Andrea. "The U.S.-Mexican War and the Beginnings of American Tourism in Mexico". In *Holiday in Mexico: Critical Reflections on Tourism and Tourist Encounters,* edited by Dina Berger and Andrew Grant Wood, 21-53. Durham, NC: Duke University Press, 2010.

Boisseau, T.J. and Abigail M. Markwyn. "World's Fairs in Feminist Historical Perspective". In *Gendering the Fair: Histories of Women and Gender at World's Fairs,* edited by T.J. Boisseau and Abigail M. Markwyn, 1-16. Urbana, IL: University of Illinois Press, 2010.

—— eds. *Gendering the Fair: Histories of Women and Gender at World's Fairs.* Urbana, IL: University of Illinois Press, 2010.

Bonde, Hans. *Gymnastics and Politics: Niels Bukh and Male Aesthetics.* Translated by Simon Frost. Copenhagen: Museum Tusculanum Press, 2006.

Bonington, Chris. *The Climbers: A History of Mountaineering.* London: BBC Books, 1992.

Booth, Alison. "Time-Travel in Dickens' World". In *Literary Tourism and Nineteenth-Century Culture,* edited by Nicola J. Watson, 150-63. New York: Palgrave Macmillan, 2009.

Bradley, Ian. *Water: A Spiritual History.* London: Bloomsbury, 2012.

Brailey, Nigel. "The Railway-Oceanic Era, the India-China and India-Singapore Railway Schemes, and Siam". In *Railways and International Politics: Paths of Empire, 1848-1945,* edited by T.G. Otte and Keith Neilson, 94-111. London and New York: Routledge, 2006.

Brendon, Piers. *Thomas Cook: 150 Years of Popular Tourism.* London: Seeker and Warburg, 1991.

Brigstocke, Hugh. "The 5th Earl of Exeter as Grand Tourist and Collector". *Papers of the British School at Rome* 72 (2004): 331-56.

Brinnin, John Malcolm. *The Sway of the Grand Saloon: A Social History of the North Atlantic.* New York: Delacorte Press, 1971.

Brown, Dona. *Inventing New England: Regional Tourism in the Nineteenth Century.* Washington, DC: Smithsonian Institution Press, 1995.

Brown, Ian, ed. *Literary Tourism, the Trossachs, and Walter Scott,* Occasional Papers: No. 16. Glasgow, UK: Scottish Literature International, 2012.

Bruce, David M. "Baedeker: The Perceived 'Inventor' of the Formal Guidebook — A Bible for Travellers in the 19th Century". In *Giants of Tourism,* edited by Richard W. Butler and Roslyn A. Russell, 93-110. Wallingford: CABI International, 2010.

Butko, Brian. *Roadside Attractions: Cool Cafes, Souvenir Stands, Route 66 Relics, and Other Road Trip Fun.* Mechanicsburg, PA: Stackpole Books, 2007.

Butler, R.W. "The Concept of a Tourist Area Cycle of Evolution: Implications for Management of Resources". *Canadian Geographer* 24, no. 1 (1980): 5-12.

Butler, Richard W. and Roslyn Russell, eds. *Giants of Tourism.* Wallingford: CABI International, 2010.

Buzard, James. *The Beaten Track: European Tourism, Literature, and the Ways of Culture, 1800-1918.* Oxford: Oxford University Press, 1993.

Campos, Christophe. "Beating the Bounds: The Tour de France and National Identity". In *Tour de France, 1903-2003: A Century of Sporting Structures, Meanings and Values,* edited by Hugh Dauncey and Geoff Hare, 148-73. London: Frank Cass, 2003.

Carden-Coyne, Ana. *Reconstructing the Body: Classicism, Modernism, and the First World War.* Oxford: Oxford University Press, 2009.

Casson, Lionel. *Travel in the Ancient World.* Baltimore, MD: Johns Hopkins University Press, 1994. First published 1974 by George Allen & Unwin Ltd.

Castellanos, M. Bianet. "Cancún and the Campo: Indigenous Migration and Tourism Development in the Yucatán Peinsula". In *Holiday in Mexico: Critical Reflections on Tourism and Tourist Encounters,* edited by Dina Berger and Andrew Grant Wood, 241-64. Durham, NC: Duke University Press, 2010.

Cerchiello, Gaetano. "Cruise Market: A Real Opportunity for Transatlantic

Shipping Lines in the 1960s — The Case of the Spanish Company Ybarra". *Journal of Tourism History 6,* no. 1 (April 2014): 16-37.

Chaney, Edward. *The Evolution of the Grand Tour: Anglo-Italian Cultural Relations since the Renaissance.* London: Frank Cass, 1998.

Chard, Chloe. *Pleasure and Guilt on the Grand Tour: Travel Writing and Imaginative Geography, 1600-1830.* Manchester: Manchester University Press, 1999.

Clancy, Michael. *Exporting Paradise: Tourism and Development in Mexico.* London: Pergamon, 2001.

Clifford, James. *Routes: Travel and Translation in the Late Twentieth Century.* Cambridge, MA: Harvard University Press, 1997.

Cocco, Sean. *Watching Vesuvius: A History of Science and Culture in Early Modem Italy.* Chicago, IL: University of Chicago Press, 2013.

Cohen, Erik. *Contemporary Tourism: Diversity and Change.* New York: Elsevier, 2004.

Cohen, Erik H. *Youth Tourism to Israel: Educational Experiences of the Diaspora.* Clevedon: Channel View, 2008.

Colbert, Benjamin. *Travel Writing and Tourism in Britain and Ireland.* Basingstoke: Palgrave Macmillan, 2012.

Colley, Ann C. *Victorians in the Mountains: Sinking the Sublime.* Farnham: Ashgate, 2010.

Coons, Lorraine and Alexander Varias. *Tourist Third Cabin: Steamship Travel in the Interwar Years.* New York: Palgrave Macmillan, 2003.

Corbin, Alain. *The Lure of the Sea: The Discovery of the Seaside in the Western World, 1750-1840.* Berkeley, CA: University of California Press, 1994.

Corn, Joseph J. "Making Flying 'Thinkable': Women Pilots and the Selling of Aviation, 1927-1940". *American Quarterly* 31, no. 4 (Autumn 1979): 556-71.

Covert, Lisa Pinley. "Colonial Outpost to Artists' Mecca: Conflict and Collaboration in the Development of San Miguel de Allende's Tourist Industry".

In *Holiday in Mexico: Critical Reflections on Tourism and Tourist Encounters,* edited by Dina Berger and Andrew Grant Wood, 183-220. Durham, NC: Duke University Press, 2010.

Cronin, Michael and Barbara O'Connor, eds. *Irish Tourism: Image, Culture and Identity.* Clevedon: Channel View, 2003.

Cross, Gary. *A Quest for Time: The Reduction of Work in Britain and France, 1840-1940.* Berkeley, CA: University of California Press, 1989.

Cross, Gary S. "Vacations for All: The Leisure Question in the Era of the Popular Front". *Journal of Contemporary History* 24, no. 4 (October 1989): 599-621.

Cross, Gary S. and John K. Walton. *The Playful Crowd: Pleasure Places in the Twentieth Century.* New York: Columbia University Press, 2005.

Crouch, David and Nina Lübbren, eds. *Visual Culture and Tourism.* Oxford: Berg, 2003.

Culver, Lawrence. *The Frontier of Leisure: Southern California and the Shaping of Modem America.* Oxford: Oxford University Press, 2010.

Davidson, Jim and Peter Spearritt. *Holiday Business: Tourism in Australia since 1870.* Carlton, VIC: The Miegunya Press at Melbourne University Press, 2000.

Davis, Timothy. "The Rise and Decline of the American Parkway". In *The World Beyond the Windshield: Roads and Landscapes in the United States and Europe,* edited by Christof Mauch and Thomas Zeller, 35-58. Athens, OH: University of Ohio Press, 2008.

Dawson, Philip. *The Liner: Retrospective and Renaissance.* New York: W.W. Norton, 2005.

Dawson, Sandra Trudgen. *Holiday Camps in Twentieth-Century Britain: Packaging Pleasure.* New York: Manchester University Press, 2011.

De Grazia, Victoria. *The Culture of Consent: Mass Organisation of Leisure in Fascist Italy.* Cambridge: Cambridge University Press, 1981.

Della Coletta, Cristina. *World's Fairs Italian Style: The Great Expositions in Turin and their Narratives, 1860-1915.* Toronto, ON: University of Toronto Press,

2006.

DeLuca, Richard. *Post Roads and Iron Horses: Transportation in Connecticut from Colonial Times to the Age of Steam.* Middletown, CT: Wesleyan University Press, 2011.

Denby, Elaine. *Grand Hotels: Reality and Illusion.* Chicago, IL: University of Chicago Press, 1998.

Denning, Andrew. *Skiing into Modernity: A Cultural and Environmental History.* Berkeley, CA: University of California Press, 2015.

De Seta, Cesare. "Grand Tour: The Lure of Italy in the Eighteenth Century". In *Grand Tour: The Lure of Italy in the Eighteenth Century,* edited by Andrew Wilton and Ilaria Bignamini, 13-19. London: Tate Gallery Publishing, 1996.

Dierikx, Marc. *Clipping the Clouds: How Air Travel Changed the World.* Westport, CT: Praeger, 2008.

Di Giovine, Michael A. "Review Article: Identities and Nation-Building in Early Modern Travel Accounts". *Journeys: International Journal of Travel and Travel Writing* 12, no. 1 (September 2011): 93-105.

Dolan, Brian. *Ladies of the Grand Tour: British Women in Pursuit of Enlightenment and Adventure in Eighteenth-Century Europe.* New York: HarperCollins, 2001.

Dubinsky, Karen. *The Second Greatest Disappointment: Honeymooning and Tourism at Niagara Falls.* New Brunswick, NJ: Rutgers University Press, 1999.

Duncan, Dayton. *Horatio's Drive: America's First Road Trip.* New York: Alfred A. Knopf, 2003.

Durie, Alastair *Scotland for the Holidays: Tourism in Scotland, c.1780-1939.* East Linton: Tuckwell, 2003.

—— "Tourism in Victorian Scotland: The Case of Abbotsford". *Journal of Scottish Economic and Social History,* 12, no. 1 (1992): 42-54.

—— *Water Is Best: The Hydros and Health Tourism in Scotland, 18,40-1940.* Edinburgh: John Donald, 2006.

Endy, Christopher. *Cold War Holidays: American Tourism in France.* Chapel Hill,

NC: University of North Carolina Press, 2004.

Enzensberger, Hans Magnus. "A Theory of Tourism". Special issue on literature, *New German Critique* 68 (Spring-Summer 1996): 117-35.

Evans, A.K.B. and J.V. Gough, eds. *The Impact of the Railway on Society in Britain: Essays in Honour of Jack Simmons.* Aldershot: Ashgate, 2003.

Fearon, Peter. "The Growth of Aviation in Britain". *Journal of Contemporary History* 20, no. 1 (January 1985): 21-40.

Fedden, Robin. *The Continuing Purpose: A History of the National Trust, Its Aims and Work.* London: Longmans, 1968.

Feifer, Maxine. *Tourism in History: From Imperial Rome to the Present* Briarcliff Manor, NY: Stein and Day, 1985.

Fergusson, Margaret B. "The Ascent of Olympus". *Greece and Rome* 12, no. 21 (May 1938): 129-36.

Fernández-Armesto, Felipe. *Pathfinders: A Global History of Exploration.* New York: W.W. Norton, 2006.

Ferry, Kathryn. *Beach Huts and Bathing Machines.* Oxford: Shire, 2009.

—— *The British Seaside Holiday.* Oxford: Shire, 2009.

Flink, James J. *The Car Culture.* Cambridge, MA: MIT Press, 1975.

Fogarty, Timothy G. "Searching for Solidarity in Nicaragua: Faith-Based NGOs as Agents of Trans-cultural Voluntourism". In *Bridging the Gaps: Faith-Based Organizations, Neoliberalism, and Development in Latin America and the Caribbean,* edited by Tara Hefferan, Julie Adkins, and Laura Occhipinti, 83-102. Lanham, MD: Lexington Books, 2009.

Foglesong, Richard E. *Married to the Mouse: Walt Disney World and Orlando.* New Haven, CT: Yale University Press, 2001.

Foley, Malcolm and John Lennon. *Dark Tourism: The Attraction of Death and Disaster.* London: Continuum, 2000.

Freeman, Michael. *Railways and the Victorian Imagination.* New Haven, CT: Yale University Press, 1999.

Fritzsche, Peter. *A Nation of Flyers: German Aviation and the Popular Imagination.* Cambridge, MA: Harvard University Press, 1992.

Furlong, Irene. *Irish Tourism: 1880-1980.* Portland, OR: Irish Academic Press, 2009.

Furlough, Ellen. "Making Mass Vacations: Tourism and Consumer Culture in France, 1930s to 1970s". *Comparative Studies in Society and History* 40, no. 2 (April 1998): 247-86.

Fussell, Paul. *Abroad: British Literary Traveling Between the Wars.* Oxford: Oxford University Press, 1980.

—— ed. *The Norton Book of Travel.* New York: W.W. Norton, 1987.

Gaboriau, Philippe. "The Tour de France and Cycling's Belle Epoque". In *Tour de France, 1903-2003: A Century of Sporting Structures, Meanings and Values,* edited by Hugh Dauncey and Geoff Hare, 54-75. London: Frank Cass, 2003.

Gassan, Richard H. *The Birth of American Tourism: New York, the Hudson Valley, and American Culture, 1790-1830.* Amherst, MA: University of Massachusetts Press, 2008.

Gaze, John. *Figures in a Landscape: A History of the National Trust* London: Barrie & Jenkins, 1988.

German, Erica Lee. "'Royal Deeside' and the Public/Private Divide: Nineteenth-Century Tourism Promotion and the Royal Residence of Balmoral". In *Tourism Histories in Ulster and Scotland: Connections and Comparisons, 1800-1939,* edited by Kevin J. James and Eric G.E. Zuelow, 54-72. Belfast: Ulster Historical Foundation, 2013.

Gillespie, Greg. *Hunting for Empire: Narratives of Sport in Ruperts Land, 1840-70.* Vancouver, BC and Toronto, ON: University of British Columbia Press, 2007.

Glendening, John. "Keats's Tour of Scotland: Burns and the Anxiety of Hero Worship". *Keats-Shelley Journal* 41 (1992): 76-99.

Gmelch, Sharon Bohm, ed. *Tourists and Tourism: A Reader.* Long Grove, IL:

Waveland Press, 2010.

Gold JohnR. and Margaret M. *Gold. Imagining Scotland: Tradition, Representation, and Promotion in Scottish Tourism since 1750.* Aldershot: Ashgate, 1995.

Goldstone, Patricia. *Making the World Safe for Tourism.* New Haven, CT: Yale University Press, 2001.

Goodale, Thomas and Geoffrey Godbey. *The Evolution of Leisure.* State College, PA: Venture Publishing, 1988.

Gorsuch, Anne E. and Diane P. Koenker, eds. *Turizm: The Russian and East European Tourist under Capitalism and Socialism.* Ithaca, NY: Cornell University Press, 2006.

Gössling, Stefan. "Tourism and Development in Tropical Islands: Political Ecology Perspectives". In *Tourism Development in Tropical Islands: Political Ecology Perspectives,* edited by Stefan Gössling, 1-13. Cheltenham: Edward Elgar, 2003.

Graburn, Nelson H.H. "Secular Ritual: A General Theory of Tourism". In *Hosts and Guests Revisited: Tourism Issues of the 21st Century,* edited by Valene L. Smith and Maryann Brent, 42-50. Elmsford, NY: Cognizant Communications, 2001.

Graci, Sonya and Rachel Dodds. *Sustainable Tourism in Island Destinations.* London: Earthscan, 2010.

Grassl, Anton and Graham Heath. *The Magic Triangle: A Short History of the World Youth Hostel Movement.* Antwerp: International Youth Hostel Federation, 1982.

Greenwood, Justine. "Driving Through History: The Car, *The Open Road,* and the Making of History Tourism in Australia, 1920-1940". *Journal of Tourism History 3,* no. 1 (April 2011): 21-37.

Gregory, Alexis. *The Golden Age of Travel, 1880-1939.* London: Cassell, 1991.

Grenier, Katherine Haldane. *Tourism and Identity in Scotland, 1770-1914:*

Creating Caledonia. Aldershot: Ashgate, 2005.

—— "'The Traditional Peculiarities of Scottish Worship': Nineteenth-Century Tourism and Religion in Scotland". In *Tourism Histories in Ulster and Scotland: Connections and Comparisons, 1800-1939*, edited by Kevin J, James and Eric G.E. Zuelow, 112-30. Belfast: Ulster Historical Foundation, 2013.

Hall, C.S. and S.J. Page. *The Geography of Tourism and Recreation: Environment, Place and Space*. London: Routledge, 1999.

Hall, Melanie, ed. *Towards World Heritage: International Origins of the Preservation Movement, 1870-1930*. Farnham: Ashgate, 2011.

Hamilton, Jill. *Thomas Cook: The Holiday-Maker*. Stroud: Sutton, 2005.

Hamilton, John. *Aircraft of World War I*. Edina, MN: ABDO & Daughters, 2004.

Hartley, Keith and John K. Walton. *Constructing Cultural Tourism: John Ruskin and the Tourist Gaze*. Bristol: Channel View, 2010.

Hanna, Stephen P. and Vincent J. Del Casino, Jr., eds. *Mapping Tourism*. Minneapolis, MN: University of Minnesota Press, 2003.

Hannavy, John. *The English Seaside Resort in Victorian and Edwardian Times*. Princes Risborough: Shire, 2003.

Hansen, Peter H. "Albert Smith, the Alpine Club, and the Invention of Mountaineering in Mid-Victorian Britain". *Journal of British Studies* 34, no. 3 (July 1995): 300-24.

—— "Debate: Tenzing's Two Wrist-Watches: The Conquest of Everest and Late Imperial Culture in Britain, 1921-1953". *Past and Present* 153 (November 1997): 159-77.

—— *The Summits of Modem Man: Mountaineering after the Enlightenment*. Cambridge, MA: Harvard University Press, 2013.

Harmond, Richard. "Progress and Flight: An Interpretation of the American Cycle Craze of the 1890s". *Journal of Social History* 5, no. 2 (Winter 1971-2): 235-57.

Harp, Stephen L. *Marketing Michelin: Advertising and Cultural Identity in*

Twentieth-Century France. Baltimore, MD: Johns Hopkins University Press, 2001.

—— "The 'Naked City' of Cap d'Agde: European Nudism and Tourism in Postwar France". In *Touring Beyond the Nation: A Transnational Approach to European Tourism History*, edited by Eric G.E. Zuelow, 37-58. Farnham: Ashgate, 2011.

Harris, Rob, Peter Williams, and Tony Griffin, eds. *Sustainable Tourism: A Global Perspective*. Oxford: Butterworth Heinemann, 2002.

Hart, Douglas. "Sociability and 'Separate Spheres' on the North Atlantic: The Interior Architecture of British Atlantic Liners, 1840-1930". *Journal of Social History* 44, no. 1 (Fall 2010): 189-212.

Haywood, Richard Mowbray. *Russia Enters the Railway Age, 1842-1855*. New York: Columbia University Press, 1998.

Hazard, Erin. "The Author's House: Abbotsford and Wayside". In *Literary Tourism and Nineteenth-Century Culture,* edited by Nicola J. Watson, 63-72. New York: Palgrave Macmillan, 2009.

Heath, Sidney. *Pilgrim Life in the Middle Ages*. Boston, MA and New York: Houghton Mifflin, 1912.

Hefferan, Tara, Julie Adkins, and Laurie Occhipinti, eds. *Bridging the Gaps: Faith-Based Organizations, Neoliberalism, and Development in Latin America and the Caribbean*. Lanham, MD: Lexington Books, 2009.

Heil, Nick. *Dark Summit: The True Story of Everest's Most Controversial Season*. New York: Holt & Co., 2008.

Heitmann, John A. *The Automobile and American Life*. Jefferison, NC: McFarland & Co., 2009.

Hembry, Phyllis. *The English Spa: 1560-1815*. London: Athlone Press, 1990.

Hemmleb, Jochen, Larry A. Johnson, and Eric R. Simonson. *Ghosts of Everest: The Search for Mallory and Irvine*. Seattle, WA: Mountaineers Books, 1999.

Henderson, Carol E. and Maxine Weisgrau, eds. *Raj Rhapsodies: Tourism,*

Heritage, and the Seduction of History. Aldershot: Ashgate, 2007.

Herlihy, David V. *Bicycle: The History.* New Haven, CT: Yale University Press, 2006.

Hewison, Robert. *The Heritage Industry: Britain in a Climate of Decline.* London: Methuen, 1987.

Hibbert, Christopher. *The Grand Tour.* New York: G.P. Putnam's Sons, 1969.

Hiernaux-Nicolas, Daniel. "Cancún Bliss". In *The Tourist City,* edited by Dennis R. Judd and Susan S. Fainstein, 124-39. New Haven, CT: Yale University Press, 1999.

Hitchcock, Michael, Victor T. King, and Michael Parnwell, eds. *Heritage Tourism in Southeast Asia.* Honolulu: University of Hawai'i Press, 2010.

Hokanson, Drake. *The Lincoln Highway: Main Street across America.* Iowa City, IA: University of Iowa Press, 1988.

Hopper, Sarah. *To Be a Pilgrim: The Medieval Pilgrimage Experience.* Stroud: Sutton, 2002.

Horgan, Donal. *The Victorian Visitor in Ireland: Irish Tourism, 1840-1910.* Cork: Imagimedia, 2002.

Hubbard, Paul and Keith Lilley. "Selling the Past: Heritage Tourism and Place Identity in Stratford-upon-Avon". *Geography* 85, no. 3 (July 2000): 221-32.

Hudson, Kenneth and Julian Pettifer. *Diamonds in the Sky: A Social History of Air Travel.* London: Bodley Head, 1979.

Hudson, Roger, ed. *The Grand Tour: 1592-1796.* London: Folio Society, 1993.

Hugill, Peter J. "Social Conduct on the Golden Mile". *Annals of the Association of American Geographers* 65, no. 2 (June 1975): 214-28.

Hunter, Colin. "Aspects of the Sustainable Tourism Debate from a Natural Resources Perspective". In *Sustainable Tourism: A Global Perspective,* edited by Rob Harris, Tony Griffin, and Peter Williams, 3-23. Oxford: Butterworth Heinemann, 2002.

Hunter, F. Robert. "Tourism and Empire: The Thomas Cook & Son Enterprise on the Nile, 1868-1914". *Middle Eastern Studies* 40, no. 5 (September 2004): 28-54.

Hylton, Stuart. *The Grand Experiment: The Birth of the Railway Age: 1820-45.* Hersham: Ian Allan, 2007.

Irish Museum of Modern Art. *Hindesight.* Dublin: Irish Museum of Modern Ait, 1993.

Jackson, A.S. *Imperial Airways and the First British Airlines.* Levenham: Terence Dalton, Ltd., 1995.

Jacobs, Martin. *Reorienting the East: Jewish Travelers to the Medieval Muslim World.* Philadelphia, PA: University of Pennsylvania Press, 2014.

Jacobson, Miriam. *Barbarous Antiquity: Reorienting the Past in the Poetry of Early Modern England.* Philadelphia, PA: University of Pennsylvania Press, 2014.

Jakle, John A. *The Tourist: Travel in Twentieth-Century North America.* Lincoln, NE: University of Nebraska Press, 1985.

Jakle, John A. and Keith A. Sculle. *Motoring: The Highway Experience in America.* Athens, GA: University of Georgia Press, 2008.

—— *Remembering Roadside America: Preserving the Recent Past as Landscape and Place.* Knoxville, TN: University of Tennessee Press, 2011.

Jakle, John *A.,* Keith A. Sculle, and Jefferson S. Rogers. *The Motel in America.* Baltimore, MD: Johns Hopkins University Press, 1996.

James, Kevin J. and Eric G.E. Zuelow, eds. *Tourism Histories in Ulster and Scotland: Connections and Comparisons, 1800-1939.* Belfast: Ulster Historical Foundation, 2013.

Jasen, Patricia Jane. *Wild Things: Nature, Culture, and Tourism in Ontario, 1790-1914.* Toronto, ON: University of Toronto Press, 1995.

Jenkins, Jennifer and Patrick James. *From Acorn to Oak Tree: The Growth of the National Trust, 1895-1994.* London: Macmillan, 1994.

Jennings, Eric T. *Curing the Colonizers: Hydrotherapy, Climatology, and French*

Colonial Spas. Durham, NC: Duke University Press, 2006.

—— *Imperial Heights: Dalat and the Making and Undoing of French Indochina*. Berkeley, CA: University of California Press, 2011.

—— *Vichy in the Tropics: Pétain's National Revolution in Madagascar, Guadeloupe, and Indochina 1940-1944*. Stanford, CA: Stanford University Press, 2001.

Jewett, Sarah. "'We're Sort of Imposters': Negotiating Identity at Home and Abroad". *Critical Inquiry* 40, no. 5 (2010): 635-56.

Jolliffe, Lee. *Tea and Tourism: Tourists, Traditions and Transformations*. Clevedon: Channel View, 2007.

—— ed. *Coffee Culture, Destinations and Tourism*. Clevedon: Channel View, 2010.

Judd, Dennis R. and Susan S. Fainstein. *The Tourist City*. New Haven, CT: Yale University Press, 1999.

Karp, Ivan and Steven D. Lavine, eds. *Exhibiting Cultures: The Poetics and Politics of Museum Display*. Washington, DC: Smithsonian Institution Press, 1991.

Kennedy, Dane. *The Magic Mountains: Hills Stations and the British Raj*. Berkeley, CA: University of California Press, 1996.

Kilbride, Daniel. *Being American in Europe: 1750-1860*. Baltimore, MD: Johns Hopkins University Press, 2013.

Kirshenblatt-Gimblett, Barbara. *Destination Culture: Tourism, Museums, and Heritage*. Berkeley, CA: University of California Press, 1998.

Kockel, Ullrich, ed. *Culture, Tourism and Development: The Case of Ireland*. Liverpool: Liverpool University Press, 1994.

Koenker, Diane P. *Club Red: Vacation Travel and the Soviet Dream*. Ithaca, NY: Cornell University Press, 2013.

—— "The Proletarian Tourist in the 1930s: Between Mass Excursion and Mass Escape". In *Turizm: The Russian and East European Tourist under Capitalism and Socialism,* edited by Anne E. Gorsuch and Diane P. Koenker, 119-40. Ithaca, NY: Cornell University Press, 2006.

Koshar, Rudy. "Driving Cultures and the Meanings of Roads". In *The World Beyond the Windshield: Roads and Landscapes in the United States and Europe,* edited by Christof Mauch and Thomas Zeller, 14-34. Athens, OH: University of Ohio Press, 2008.

—— *German Travel Cultures. Oxford: Berg, 2000.*

—— ed. *Histories of Leisure.* Oxford: Berg, 2002.

—— "'What Ought to Be Seen': Tourists' Guidebooks and National Identities in Modern Germany and Europe". *Journal of Contemporary History* 33, no. 3 (July 1998): 323-40.

Kugelmass, Jack. "Rites of the Tribe: The Meaning of Poland for American Jewish Visitors". In *Tourists and Tourism: A Reader,* edited by Sharon Bohm Gmelch, 369-96. Long Grove, IL: Waveland Press, 2010.

Ladd, Brian. *Autophobia: Love and Hate in the Automotive Age.* Chicago, IL: University of Chicago Press, 2008.

Larrabee, Eric and Rolf Meyersohn, eds. *Mass Leisure.* Glencoe, IL: Free Press, 1958.

Leed, Eric J. *Mind of the Traveler: From Gilgamesh to Global Tourism.* New York: Basic Books, 1991.

Lenček, Lena and Gideon Bosker. *The Beach: The History of Paradise-on Earth.* New York: Viking, 1998.

Levenstein, Harvey. *Seductive Journey: American Tourists in France from Jefferson to the Jazz Age.* Chicago, IL: University of Chicago Press, 1998.

—— We'll *Always Have Paris: American Tourists in France since 1930.* Chicago, IL: University of Chicago Press, 2004.

Lindgren, Eva, Urban Lindgren, and Thomas Pettersson. "Driving from the Centre to the Periphery?" *Journal of Transport History* 31, no. 2 (December 2010): 164-81.

Lippard, Lucy R. *On the Beaten Track: Tourism, Art, and Place.* New York: New Press, 1999.

Littlewood, Ian. *Sultry Climates: Travel and Sex,* Cambridge, MA: Da Capo Press, 2001.

Lloyd, David W. *Battlefield Tourism: Pilgrimage and the Commemoration of the Great War in Britain, Australia, and Canada, 1919-1939.* New York: Berg, 1998.

Löfgren, Orvar. *On Holiday: A History of Vacationing.* Berkeley, CA: University of California Press, 1999.

Lomine, Loykie. "Tourism in Augustan Society (44BC-AD69)". In *Histories of Tourism: Representation, Identity and Conflict,* edited by John K. Walton, 69-87. Clevedon: Channel View, 2005.

Long, Lucy M., ed. *Culinary Tourism.* Lexington, KY: University of Kentucky Press, 2004.

Long, Philip and Nicola J. Palmer, eds. *Royal Tourism: Excursions around Monarchy.* Clevedon: Channel View, 2008.

Lottman, Herbert R. *The Michelin Men: Driving an Empire.* New York: I.B. Tauris, 2003.

Louter, David. "Glaciers and Gasoline: The Making of a Windshield Wilderness, 1900-1915". In *Seeing and Being Seen: Tourism in the American West,* edited by David M. Wrobel and Patrick T. Long, 248-70. Lawrence, KS: University of Kansas Press, 2001.

Lowenthal, David. *The Past is a Foreign Country.* Cambridge: Cambridge University Press, 1985.

Luciano Segreto, Carles Manera, and Manfred Pohl, eds. *Europe at the Seaside: The Economic History of Mass Tourism in the Mediterranean.* New York: Berghahn Books, 2009.

Lundin, Per. "Confronting Class: The American Motel in Early Post-War Sweden". *Journal of Tourism History* 5, no, 3 (November 2013): 305-24.

Lyth, Peter. "Flying Visits: The Growth of British Air Package Tours, 1945-1975". In *Europe at the Seaside: The Economic History of Mass Tourism in the Mediterranean*, edited by Luciano Segreto, Carles Manera, and Manfred Pohl, 11-30. New York: Berghahn Books, 2009.

MacCannell, Dean. *Empty Meeting Grounds: The Tourist Papers.* London: Routledge, 1992.

——. The *Tourist: A New Theory of the Leisure Class. 3rd ed.* Berkeley, CA: University of California Press, 1999.

MacDonald, Charlotte. *Strong, Beautiful and Modem: National Fitness in Britain, New Zealand, Australia, and Canada.* Vancouver, BC: University of British Columbia Press, 2013.

MacDonald, Monica. "Railway Tourism in the 'Land of Evangeline'". *Acadiensis* 35, no. 1 (Autumn 2005): 158-80.

Macfarlane, Robert. *Mountains of the Mind: How Desolate and Forbidding Heights Were Transformed Into Experiences of Indomitable Spirit.* New York: Pantheon Books, 2003.

Mack John. *The Sea: A Cultural History.* Oxford: Oxford University Press, 2011.

Mackaman, Douglas Peter. *Leisure Settings: Bourgeois Culture, Medicine, and the Spa in Modern Frcmce.* Chicago, IL: University of Chicago Press.

Maddocks, Melvin. *The Great Liners.* Alexandria, VA: Time-Life Books, 1978.

Mandell, Richard D. *Paris 1900: The Great World's Fair.* Toronto, ON: University of Toronto Press, 1967.

Mandler, Peter. "Rethinking the 'Powers of Darkness': An Anti-History of the Preservation Movement in Britain". In *Towards World Heritage: International Origins of the Preservation Movement, 1870-1930,* edited by Melanie Hall, 221-39. Farnham: Ashgate, 2011.

Marcuse, Harold. "Reshaping Dachau for Visitors, 1933-2000". In *Horror and Human Tragedy Revisited: The Management of Sites of Atrocities for Tourism,* edited by Gregory John Ashworth and Rudi Hartmann, 118-48. Elmsford, NY:

Cognizant Communications, 2005.

Markwyn, Abigail M. *Empress San Francisco: The Pacific Rim, the Great West, and California at the Panama-Pacific International Exposition.* Lincoln: University of Nebraska Press, 2014.

Martin, G.H. "Sir George Samuel Measom (1818-1901), and his Railway Guides". In *The Impact of the Railway on Society in Britain: Essays in Honour of Jack Simmons,* edited by A.K.B. Evans and J.V. Gough, 225-40. Aldershot: Ashgate, 2003.

Martin, Scott C. *Killing Time: Leisure and Culture in Southwestern Pennsylvania, 1800-1850.* Pittsburgh, PA: University of Pittsburgh Press, 1995.

Mason, Courtney W. *Spirits of the Rockies: Reasserting an Indigenous Presence in Banff National Park.* Toronto, ON: University of Toronto Press, 2014.

Matless, David. *Landscape and Englishness.* London: Reaktion Books, 1998.

Mauch, Christof and Thomas Zeller, eds. *The World Beyond the Windshield: Roads and Landscapes in the United States and Europe.* Athens, OH: University of Ohio Press, 2008.

McKenzie, Brian A. "Creating a Tourist's Paradise: The Marshall Plan and France, 1948-1952". *French Politics, Culture and Society* 21, no. 1 (Spring 2003): 35-54.

McReynolds, Louise. "The Prerevolutionary Russian Tourist: Commercialization in the Nineteenth Century". In *Turizm: The Russian and East European Tourist Under Capitalism and Socialism,* edited by Anne E. Gorsuch and Diane P. Koenker, 17-42. Ithaca, NY: Cornell University Press, 2006.

Merrill, Dennis. *Negotiating Paradise: U.S. Tourism and Empire in Twentieth-Century Latin America.* Chapel Hill, NC: University of North Carolina Press, 2009.

Middleton, Victor T.C. and L.J. Lickoris. *British Tourism: The Remarkable Story of Growth.* Burlington, MA: Elsevier Butterworth-Heinemann, 2005.

Mielnik, Tara Mitchell. *New Deal, New Landscape: The Civilian Conservation*

Corps and South Carolina's State Parks. Columbia, SC: University of South Carolina Press, 2011.

Miller, William H. *Floating Palaces: The Great Atlantic Liners.* Stroud: Amberley, 2012.

Mills, Sara. *Discourses of Difference: An Analysis of Womens Travel Writing and Colonialism.* London: Routledge, 1991.

Moranda, Scott, "Maps, Markers, and Bodies: Hikers Constructing the Nation in German Forests". *The Nationalism Project.* Last modified 1 December 2000. http://www.nationalismproject.org/nationalism.htm.

—— *The People's Own Landscape: Nature, Tourism, and Dictatorship in East Germany.* Ann Arbor, MI: University of Michigan Press, 2014.

Morgan, Cecilia. *"A Happy Holiday": English Canadians and Transatlantic Tourism, 1870-1930.* Toronto, ON: University of Toronto Press, 2008.

Mullen, Richard and James Munson. *"The Smell of the Continent": The British Discover Europe, 1814-1914.* London: Macmillan, 2009.

Murphy, Graham. *Founders of the National Trust* London: Christopher Helm, 1987.

Nance, Susan. "A Facilitated Access Model and Ottoman Empire Tourism", *Annals of Tourism Research* 34, no. 4 (2007): 1056-77.

Newmeyer, Trent S. "'Moral Renovation and Intellectual Exaltation': Thomas Cook's Tourism as Practical Education". *Journal of Tourism and Cultural Change 6,* no. 1 (December 2008): 1-16.

Noack, Christian. "Building Tourism in One Country? The Sovietization of Vacationing, 1917-41". In *Touring Beyond the Nation: A Transnational Approach to European Tourism History,* edited by Eric G.E. Zuelow, 171-93. Farnham: Ashgate, 2011.

—— "Coping with the Tourist: Planned and 'Wild' Tourism on the Soviet Black Sea Coast". In *Turizm: The Russian and East European Tourist Under Capitalism and Socialism,* edited by Anne E. Gorsuch and Diane P. Koenker,

281-305. Ithaca, NY: Cornell University Press, 2006.

O'Connell, Sean. *The Car in British Society: Class, Gender and Motoring, 1896-1939*. Manchester: Manchester University Press, 1998.

O'Connor, Barbara and Michael Cronin, eds. *Tourism in Ireland: A Critical Analysis*. Cork: Cork University Press, 1993.

O'Gorman, Kevin D. *The Origins of Hospitality and Tourism*. Woodeaton: Goodfellow Publishers, 2010.

Østby, Per. "Car Mobility and Camping Tourism in Norway, 1950-1970". *Journal of Tourism History* 5, no. 3 (November 2013): 287-304.

Otte, T.G. and Keith Neilson. "'*Railpolitik*': An Introduction". In *Railways and International Politics: Paths of Empire, 1848-1945*, edited by T.G. Otte and Keith Neilson, 1-20. London: Routledge, 2012.

—— eds. *Railways and International Politics: Paths of Empire, 1848-1945*. London: Routledge, 2012.

Ousby, Ian. *The Englishman's England: Taste, Travel and the Rise of Tourism*. Cambridge: Cambridge University Press, 1990.

Pack, Sasha. *Tourism and Dictatorship: Europe's Peaceful Invasion of Franco's Spain*. New York: Palgrave Macmillan, 2006.

Palmer, Jr., Henry R. *This Was Air Travel: A Pictorial History of Aeronauts and Aeroplanes from the Beginning to Now!* New York: Bonanza Books, 1962.

Palmowski, Jan. "Travels with Baedeker: The Guidebook and the Middle Classes in Victorian and Edwardian Britain". In *Histories of Leisure*, edited by Rudy Koshar, 105-30. Oxford: Berg, 2002.

Parker, Pamela Corpron. "Elizabeth Gaskell and Literary Tourism". In *Literary Tourism and Nineteenth-Century Culture*, edited by Nicola J. Watson, 128-38. New York: Palgrave Macmillan, 2009.

Parry, J.H. *The Age of Reconnaissance: Discovery, Exploration, and Settlement, 1450-1650*. London: Phoenix Press, 1962.

Pattullo, Polly. *Last Resorts: The Cost of Tourism in the Caribbean*. London:

Cassell, 1996.

Peillon, Michel. "Tourism: The Quest for Otherness". *Crane Bag* 8, no. 2 (1984): 165-8.

Peiss, Kathy. *Cheap Amusements: Working Women and Leisure in Tum-of-the-Century New York.* Philadelphia, PA: Temple University Press, 1986.

Perkin, Harold. *The Age of the Railway.* New York: Drake, 1973.

Peters, F.E. *The Muslim Pilgrimage to Mecca and the Holy Places.* Princeton, NJ: Princeton University Press, 1994.

—— *The Hajj: The Muslim Pilgrimage to Mecca and the Holy Places.* Princeton, NJ: Princeton University Press, 1994.

Peterson, Eric. *Roadside Americana.* Lincolnwood, IL: Publications International, 2004.

Philpott, William. *Vacationland: Tourism and the Environment in the Colorado High Country.* Seattle, WA: University of Washington Press, 2014.

Picard, Michel. *Bali: Cultural Tourism and Touristic Culture.* Translated by Diana Darling. Singapore: Archipelago Press, 1996.

Pirie, Gordon. "Automobile Organizations Driving Tourism in Pre-Independence Africa". *Journal of Tourism History* 5, no. 1 (April 2013): 73-91.

Pratt, Mary Louise. *Imperial Eyes: Travel Writing and Transculturation.* 2nd ed. London: Routledge, 2008.

Ransom, P.J.G. *The Victorian Railway and How It Evolved.* London: Heinemann, 1990.

Re Cruz, Alicia. "A Thousand and One Faces of Cancun". Special issue: Circum-Caribbean Tourism, *Urban Anthropology and Studies of Cultural Systems and World Economic Development* 25, no, 3 (Fall 1996): 283-310.

Redfield, James. "Herodotus the Tourist". *Classical Philology* 80, no. 2 (April 1985): 97-118.

Redford, Bruce. *Venice and The Grand Tour.* New Haven, CT: Yale University Press, 1996.

Register, Woody. *The Kid of Coney Island: Fred Thompson and the Rise of American Amusements.* Oxford: Oxford University Press, 2001.

Rennella, Mark and Whitney Walton. "Planned Serendipity: American Travelers and the Transatlantic Voyage in the Nineteenth and Twentieth Centuries". *Journal of Social History* 38, no. 2 (Winter 2004): 365-83.

Richards, Jeffrey and John M. MacKenzie. *The Railway Station: A Social History.* Oxford: Oxford University Press, 1986.

Roger, Bray and Vladimir Raitz. *Flight to the Sun: The Story of the Holiday Revolution,* London: Continuum, 2001.

Rojek, Chris and John Urry, eds. *Touring Cultures: Transformations of Travel and Theory.* London: Routledge, 1997.

Rollins, William H. "Whose Landscape? Technology, Fascism, and Environmentalism on the National Socialist Autobahn". *Annals of the Association of American Geographers* 85, no. 3 (September 1995): 494-520.

Rosenthal, Michael. *The Character Factory: Baden-Powell's Boy Scouts and the Imperatives of Empire.* New York: Pantheon Books, 1986.

Rubinstein, David. "Cycling in the 1890s". *Victorian Studies* 21, no. 1(Autumn 1977): 47-71.

Rugh, Susan Sessions. *Are We There Yet? The Golden Age of Family Vacations.* Lawrence, KS: University of Kansas Press, 2008.

Russell, Peter. *Prince Henry "the Navigator": A Life.* New Haven, CT: Yale University Press, 2000.

Sackett, Andrew. "Fun in Acapulco? The Politics of Development on the Mexican Riviera". In *Holiday in Mexico: Critical Reflections on Tourism and Tourist Encounters,* edited by Dina Berger and Andrew Grant Wood, 161-82. Durham, NC: Duke University Press, 2010.

Scarpaci, Joseph L. *Plazas and Barrios: Heritage Tourism and Globalization in the Latin American Centro Historico.* Tucson, AZ: University of Arizona Press, 2005.

Schwarz, Angela. "'Come to the Fair': Transgressing Boundaries in World's Fairs Tourism". In *Touring Beyond the Nation: A Transnational Approach to European Tourism History,* edited by Eric G.E. Zuelow, 79-100. Farnham: Ashgate: 2011.

Schwartz, Stuart B., ed. *Implicit Understandings: Observing, Reporting, and Reflecting on the Encounters Between Europeans and Other Peoples in the Early Modem Era.* Cambridge: Cambridge University Press, 1994.

Sears, John F. *Sacred Places: American Tourist Attractions in the Nineteenth Century.* Amherst, MA: University of Massachusetts Press, 1989.

Seba, Jaime A. *Ecotourism and Sustainable Tourism: New Perspectives and Studies.* Toronto, ON: Apple Academic Press, 2012.

Segreto, Luciano, Carles Manera, and Manfred Pohl, eds. *Europe at the Seaside: The Economic History of Mass Tourism in the Mediterranean.* New York: Berghahn Books, 2009.

Seiler, Cotton. *Republic of Drivers: A Cultural History of Automobility in America.* Chicago, IL: University of Chicago Press, 2008.

Semmens, Kristin. *Seeing Hitler's Germany: Tourism in the Third Reich.* Basingstoke: Palgrave Macmillan, 2005.

—— "Tourism and Autarky are Conceptually Incompatible': International Tourism Conferences in the Third Reich". In *Touring Beyond the Nation: A Transnational Approach to European Tourism History,* edited by Eric G.E. Zuelow, 195-213. Farnham: Ashgate, 2011.

Shaffer, Marguerite S. *See America First: Tourism and National Identity, 1880-1940.* Washington, DC: Smithsonian Institution Press, 2001.

Sharpley, Richard and Philip R. Stone, eds. *The Darker Side of Travel: The Theory and Practice of Dark Tourism.* Clevedon: Channel View, 2009.

Shavit, David. *Bali and the Tourist Industry: A History, 1906-1942.* Jefferson, NC: McFarland & Co., 2003.

Shelter, Mimi. *Consuming the Caribbean: From Arawaks to Zombies.* London:

Routledge, 2003.

Sheehan, James J. *Museums in the German Art World: From the End of the Old Regime to the Rise of Modernism.* Oxford: Oxford University Press, 2000.

Sillitoe, Alan. *Leading the Blind: A Century of Guidebook Travel, 1815-1914.* London: Macmillan, 1995.

Simmons, Jack. *The Victorian Railway.* New York: Thames and Hudson, 1991.

——. "Thomas Cook of Leicester". *Leicestershire Archaeological and Historical Society* 49 (1973-4): 18-32.

Sion, Brigitte, ed. *Death Tourism: Disaster Sites as Recreational Landscape.* Salt Lake City, UT: Seagull Books, 2014.

Sladen, Chris. "Holidays at Home in the Second World War". *Journal of Contemporary History 37,* no. 1 (January 2002): 67-89.

Smith, David Norman. *The Railways and Its Passengers: A Social History.* Newton Abbot: David & Charles, 1988.

Smith, Valene L. "The Nature of Tourism". In *Hosts and Guests Revisited: Tourism Issues of the 21st Century,* edited by Valene L. Smith and Maryann Brent, 53-68. Elmsford, NY: Cognizant Communications, 2001.

Smith, Valene L. and Maryann Brent, eds. *Hosts and Guests Revisited: Tourism Issues of the 21st Century.* Elmsford, NY: Cognizant Communications, 2001.

Srinivasan, Roopa, Manish Tiwari, and Sandeep Silas, eds. *Our Indian Railways: Themes in India's Railway History.* Delhi: Foundation Books, 2006.

Stanonis, Anthony J. *Creating the Big Easy: New Orleans and the Emergence of Modem Tourism, 1918-1945.* Athens, GA: University of Georgia Press, 2006.

Stewart, Gordon T. "Tenzing's Two Wrist-Watches: The Conquest of Everest and Late Imperial Culture in Britain 1921-1953". *Past and Present* 149 (November 1995): 170-97.

Stiebel, Lindy. "On the Trail of Rider Haggard in South Africa". In *Literary Tourism and Nineteenth-Century Culture,* edited by Nicola J. Watson, 210-19. New York: Palgrave Macmillan, 2009.

Stopford, J. *Pilgrimage Explored.* York: York Medieval Press, 1999.

Stover, John F. *American Railroads.* Chicago, IL: University of Chicago Press, 1961.

Stowe, William W. *Going Abroad: European Travel in Nineteenth-Century American Culture.* Princeton, NJ: Princeton University Press, 1994.

Sutter, Paul S. *Driven Wild: How the Fight Against Automobiles Launched the Modem Wilderness Movement.* Seattle, WA: University of Washington Press, 2002.

Sweet, Rosemary. *Cities and the Grand Tour: The British in Italy, c. 1690-1820.* Cambridge: Cambridge University Press, 2012.

Swift, Earl. *The Big Roads: The Untold Story of the Engineers, Visionaries, and Trailblazers Who Created the American Superhighways.* Boston, MA: Houghton Mifflin Harcourt, 2011.

Taylor, Frank Fonda. *To Hell with Paradise: A History of the Jamaican Tourist Industry.* Pittsburgh, PA: University of Pittsburgh Press, 1993.

Taylor, John W.R. and Kenneth Munson. *History of Aviation.* New York: Crown Publishers, 1976.

Thomas, Julia. "Bringing Down the House: Restoring the Birthplace". In *Literary Tourism and Nineteenth-Century Culture,* edited by Nicola J. Watson, 73-83. New York: Palgrave, 2009.

Thompson, Christopher S. "Bicycling, Class, and the Politics of Leisure in Belle Epoque France". In *Histories of Leisure,* edited by Rudy Koshar, 131-46. Oxford: Berg, 2002.

Thompson, Christopher S. and Fiona Ratkoff. "Un Troisieme Sexe? Les Bourgeoises et la Bicyclette dans la France Fin de Siècle". *Le Mouvement Social* 192 (July-September 2000): 9-39.

Timothy, Dallen J. and Gyan P. Nyaupane, eds. *Cultural Heritage and Tourism in the Developing World: A Regional Perspective.* London: Routledge, 2009.

Touati, Houari. *Islam and Travel in the Middle Ages.* Chicago, IL: University of

Chicago Press, 2010.

Trease, Geoffrey. *The Grand Tour.* New York: Holt, Rinehart and Winston, 1967.

Turner, Louis and John Ash. *The Golden Hordes: International Tourism and the Pleasure Periphery.* New York: St. Martin's Press, 1976.

Urry, John. *The Tourist Gaze: Leisure and Travel in Contemporary Societies.* Newbury Park, CA: Sage Publications, 1990.

Urry, John and Jonas Larsen. *The Tourist Gaze: 3.0.* Los Angeles, CA: Sage Publications, 2011.

Vanderwood, Paul J. *Satan's Playground: Mobsters and Movie Stars at America's Greatest Gaming Resort* Durham, NC: Duke University Press, 2010.

Vickers, Adrian. *Bali: A Paradise Created.* Hong Kong: Periplus Editions, 1990.

Voegele, Amelia K., ed. *Airport and Aviation Security.* New York: Nova Science Publishers, 2010.

Volo, Dorothy Denneen and James M. Volo. *Daily Life in the Age of Sail.* Westport, CT: Greenwood Press, 2002.

von Buch, Asta. "In the Image of the Grand Tour: Railway Station Embellishment and the Origins of Mass Tourism". *Journal of Transport History* 28, no. 2 (September 2007): 252-71.

Wagner, Michael Frederik. "The Rise of Autotourism in Danish Leisure, 1910-1970". *Journal of Tourism History* 5, no. 3 (November 2013): 265-86.

Wallis, Michael and Michael S. Williamson. *The Lincoln Highway: Coast to Coast from Times Square to the Golden Gate.* New York: W.W. Norton, 2007.

Walton, John K. *Blackpool* Edinburgh: Edinburgh University Press, 1998.

—— *The Blackpool Landlady.* Manchester: Manchester University Press, 1978.

—— *The English Seaside Resort: A Social History, 1750-1914.* New York: St. Martin's Press, 1983.

—— ed. *Histories of Tourism: Representation, Identity and Conflict* Clevedon: Channel View, 2005.

—— "Thomas Cook: Image and Reality". In *Giants of Tourism,* edited by Richard

W. Butler and Roslyn A. Russell, 81-92. Wallingford: CABI International, 2010.

Walton, John K. and James Walvin, eds. *Leisure in Britain: 1780-1939.* Manchester: Manchester University Press, 1983.

Waterson, Merlin. *The National Trust: The First Hundred Years.* London: BBC Books, 1994.

Waterton, Emma and Steve Watson, eds. *Culture, Heritage and Representation: Perspectives on Visuality and the Past. Aldershot: Ashgate, 2010.*

Watson, Nicola ed. *Literary Tourism and Nineteenth-Century Culture.* New York: Palgrave Macmillan, 2009.

—— *The Literary Tourist: Readers and Places in Romantic & Victorian Britain.* Basingstoke: Palgrave Macmillan, 2006.

Watts, Steven. *The Magic Kingdom: Walt Disney and the American Way of Life.* Boston, MA: Houghton Mifflin, 1997.

Webb, Diana. *Medieval European Pilgrimage, C.700-C.1500.* Basingstoke: Palgrave, 2002.

Weber, Eugene. "Torward". In *Tour de France, 1903-2003: A Century of Sporting Structures, Meanings and Values,* edited by Hugh Dauncey and Geoff Hare, xi-xvi. London: Frank Cass, 2003.

Weideger, Paula. *Gilding the Acorn: Behind the Façade of the National Trust* London: Simon and Schuster, 1994.

Welsh, Joe and Bill Howes. *Travel By Pullman: A Century of Service.* St. Paul, MN: Andover Junction Publications, 2004.

Westover, Paul. "'How America 'Inherited' Literary Tourism". In *Literary Tourism and Nineteenth-Century Culture,* edited by Nicola J. Watson, 184-95. New York: Palgrave Macmillan, 2009.

Whisnant, Anne Mitchell. *Super-Scenic Motorway: A Blue Ridge Parkway History.* Chapel Hill, NC: University of North Carolina Press, 2006.

White, Leanne and Elspeth Frew, eds. *Dark Tourism and Place Identity:*

Managing and Interpreting Dark Places. London: Routledge, 2013.

White, Richard. *On Holidays: A History of Getting Away in Australia.* North Melbourne, VIC: Pluto Press, 2005.

Whitfield, Peter. *Travel: A Literary History.* Oxford: Bodleian Library, 2011.

Williams, Paul. *Memorial Museums: The Global Rush to Commemorate Atrocities.* Oxford: Berg, 2007.

Williams, William H.A. *Creating Irish Tourism: The First Century, 1750-1850.* London: Anthem Press, 2010.

—— *Tourism, Landscape, and the Irish Character: British Travel Writers in Pre-Famine Ireland.* Madison, WI: University of Wisconsin Press, 2008.

Willoughby, Martin. *A History of Postcards.* Secaucus, NJ: Wellfleet Press, 1992.

Wilson, Tamar Diana. "Economic and Social Impacts of Tourism in Mexico". Special issue: The Impact of Tourism in Latin America, *Latin American Perspectives* 35, no. 3 (May 2008): 37-52.

Wilson-Costa, Karyn. "The Land of Burns: Between Myth and Heritage". In *Literary Tourism and Nineteenth-Century Culture,* edited by Nicola J. Watson, 37-48. New York: Palgrave Macmillan, 2009.

Wilton, Andrew and Ilaria Bignamini, eds. *Grand Tour: The Lure of Italy in the Eighteenth Century,* London: Tate Gallery Publishing, 1996.

Witcomb, Andrea and Kate Gregory. *From the Barracks to the Burrup: The National Trust in Western Australia.* Sydney, NSW: University of New South Wales, 2009.

Withey, Lynne. *Grant Tours and Cooks Tours: A History of Leisure Travel, 1750-1915.* New York: William Morrow and Co., 1997.

Wohl, Robert. *A Passion for Wings: Aviation and the Western Imagination, 1908-1918.* New Haven, CT: Yale University Press, 1994.

Wolmar, Christian. *Blood, Iron and Gold: How the Railways Transformed the World.* London: Atlantic Books, 2009.

—— *Fire and Steam: A New History of the Railways in Britain.* London: Atlantic

Books, 2007.

Wood, Andrew Grant. "On the Selling of Rey Momo: Early Tourism and the Marketing of Carnival in Veracruz". In *Holiday in Mexico: Critical Reflections on Tourism and Tourist Encounters,* edited by Dina Berger and Andrew Grant Wood, 77-106. Durham, NC: Duke University Press, 2010.

Wood, Karl E. *Health and Hazard: Spa Culture and the Social History of Medicine in the Nineteenth Century.* Newcastle upon Tyne: Cambridge Scholars Publishing, 2012.

Wrobel, David M. and Patrick T. Long, eds. *Seeing and Being Seen: Tourism in the American West* Lawrence, KS: University Press of Kansas, 2001.

Wynn, L.L. *Pyramids and Nightclubs: A Travel Ethnography of Arab and Western Imaginations of Egypt, from King Tut and a Colony of Atlantis to Rumors of Sex Orgies, Urban Legends about a Marauding Prince, and Blonde Belly Dancers.* Austin, TX: University of Texas Press, 2007.

Young, Patrick. *Enacting Brittany: Tourism and Culture in Provincial France.* London: Ashgate, 2012.

Youth Hostels Association. *A Short History of the YHA.* St. Albans: Youth Hostels Association [of England and Wales], 1969.

Yuhl, Stephanie E. *A Golden Haze of Memory: The Making of Historic Charleston.* Chapel Hill, NC: University of North Carolina Press, 2005.

Zeller, Thomas. *Driving Germany: The Landscape of the German Autobahn, 1930-1970.* New York: Berghahn Books, 2006.

Zuelow, Eric G.E. "'Kilts versus Breeches': The Royal Visit, Tourism, and Scottish National Memory". *Journeys: The International Journal of Travel and Travel Writing* 7, no. 2 (2006): 33-53.

—— *Making Ireland Irish: Tourism and National Identity since the Irish Civil War.* Syracuse, NY: Syracuse University Press, 2009.

—— ed. "Nordic Tourism". Special section, *Journal of Tourism History* 5, no. 3 (November 2013).

—— "The Necessity of Touring Beyond the Nation: An Introduction". In *Touring Beyond the Nation: A Transnational Approach to European Tourism History*, edited by Eric G.E. Zuelow, 1-16. Farnham: Ashgate, 2011.

—— ed. *Touring Beyond the Nation: A Transnational Approach to European Tourism History.* Farnham: Ashgate, 2011.

（三）背景信息辅助阅读（非旅游）

Algaze, Guillermo. *Ancient Mesopotamia at the Dawn of Civilization: The Evolution of an Urban Landscape,* Chicago, IL: University of Chicago Press, 2008.

Alpers, Benjamin L. *Dictators, Democracy, and American Public Culture: Envisioning the Totalitarian Enemy, 1920s-1950s.* Chapel Hill, NC: University of North Carolina Press, 2003.

Ames, Glenn J. *The Globe Encompassed: The Age of European Discovery. 1500-1700.* New York: Pearson, 2007.

Anderson, Benedict. *Imagined Communities: Reflections on the Origin and Spread of Nationalism.* London: Verso, 1991.

Andreae, S.J. Fockema. "Embanking and Draining Authorities in the Netherlands during the Middle Ages". *Speculum* 27, no. 2 (April 1952): 158-67.

Ariès, Philippe. *Western Attitudes Toward Death: From the Middle Ages to the Present.* Baltimore, MD: Johns Hopkins University Press, 1975.

Asher, Lyell. "Petrarch at the Peak of Fame". *PMLA* 108, no. 5 (October 1993): 1050-63.

Bairoch, Paul and Gary Goertz. "Factors of Urbanization in the Nineteenth Century Developed Countries: A Descriptive and Econometric Analysis". *Urban Studies* 23 (1986): 285-305.

Balf, Todd. *Major: A Black Athlete, A White Era, and the Fight to be the World's Fastest Human Being.* New York: Crown Publishing, 2008.

Beem, Charles, ed. *The Foreign Relations of Elizabeth I.* New York: Palgrave

Macmillan, 2011.

Beem, Charles and Carole Levin. "Why Elizabeth Never Left England". In *The Foreign Relations of Elizabeth I,* edited by Charles Beem, 3-26. New York: Palgrave Macmillan, 2011.

Bhambra, Gurminder K. "Historical Sociology, Modernity, and Postcolonial Critique". *American Historical Review* 116, no. 3 (June 2011): 653-62.

Brendon, Piers. *The Decline and Fall of the British Empire, 1781-1997.* New York: Vintage, 2010.

Briggs, Asa. *Victorian Cities.* New York: Harper & Row, 1970.

Campbell, Colin. *The Romantic Ethic and the Spirit of Modem Consumerism.* Oxford: Basil Blackwell, 1987.

Cantor, Norman F. *Alexander the Great: Journey to the End of the Earth.* New York: Harper Perennial, 2005.

—— *In the Wake of the Plague: The Black Death and the World It Made.* New York: Perennial, 2001.

Castillo, Greg. "Domesticating the Cold War: Household Consumption as Propaganda in Marshall Plan Germany". *Journal of Contemporary History* 40, no. 2 (April 2005): 261-88.

Ceruti, Constanza. "Human Bodies as Objects of Dedication in Inca Mountain Shrines (North-Western Argentina)", *World Archaeology* 36, no. 1 (March 2004): 103-22.

Chakrabarty, Dipesh. "The Muddle of Modernity". *American Historical Review* 116, no. 3 (June 2011): 663-75.

Childers, Thomas. *Nazi Voter: The Social Foundations of Fascism in Germany, 1919-1933.* Chapel Hill, NC: University of North Carolina Press, 1983.

Clement, Wallace, *Understanding Canada: Building on the New Canadian Political Economy.* Montreal, QC: McGill-Queen's University Press, 1997.

Clymer, Floyd. *Henry's Wonderful Model T: 1908-1927.* New York: Bonanza Books, 1955.

Cohen, Lizabeth. *A Consumer's Republic: The Politics of Mass Consumption in Postwar America*. New York: Vintage Books, 2004.

Cook, Michael. *A Brief History of the Human Race*. New York: W.W. Norton, 2003.

Cooke, James J. *New French Imperialism, 1880-1910: The Third Republic and Colonial Expansion*. New Haven, CT: Archon Books, 1973.

Coontz, Stephanie. *The Way We Never Were: American Families and the Nostalgia Trip*. New York: Basic Books, 1993.

Corbin, Alain. *The Foul and the Fragrant: Odor and the French Social Imagination*. Cambridge, MA: Harvard University Press, 1988.

Crew, David F. *Town on the Ruhr*. New York: Columbia University Press, 1979.

Crowley, John E. *Imperial Landscapes: Britain's Global Visual Culture, 1745-1820*. New Haven, CT: Yale University Press, 2011.

Curl, James Stevens. *The Victorian Celebration of Death*. Newton Abbot: David & Charles, 1980.

Dauncey, Hugh and Geoff Hare, eds. *Tour de France, 1903-2003: A Century of Sporting Structures, Meanings and Values*. London: Frank Cass, 2003.

Dawson, Graham. *Soldier Heroes: British Adventure, Empire, and the Imagining of Masculinities*. New York: Routledge, 1994.

de Jonge, Casper C. "Dionysius and Longinus on the Sublime: Rhetoric and Religious Language". *American Journal of Philology* 133, no. 2 (Summer 2012): 271-300.

Dickinson, H.T. *The Politics of the People in Eighteenth-Century Britain*. New York: St. Martin's Press, 1994.

Donnelly, Jr., James S. *The Great Irish Potato Famine*. Stroud: Sutton, 2002.

Doran, Susan. *Elizabeth I and Foreign Policy, 1558-1603*. London: Routledge, 2000.

Dumont, Pierre, Ronald Barker, and Douglas B. Tubbs. *Automobiles and Automobiling*. New York: Viking, 1965.

Dyer, Christopher. "The Consumer and the Market in the Later Middle Ages". *Economic History Review*, 2nd ser. 41, no. 3 (1989): 305-27.

Eatwell, Roger. *Fascism: A History*. New York: Allen Lane, 1996.

Eksteins, Modris. *Rites of Spring: The Great War and the Birth of the Modern*. Boston, MA: Houghton Mifflin, 1989.

Evans, Eric J. *The Great Reform Act of 1832*. 2nd ed. London: Routledge, 1994.

Faust, Avraham and Ehud Weiss. "Judah, Philistia, and the Mediterranean World: Reconstructing the Economic System of the Seventh Century, B.C.E". *Bulletin of the American Schools of Oriental Research* 338 (May 2005): 71-92.

Fernández-Armesto, Felipe. *The Spanish Armada: The Experience of War in 1588*. Oxford: Oxford University Press, 1989.

Finkelstein, Israel and Neil Asher Silberman. *The Bible Unearthed: Archaeology's New Vision of Ancient Israel and the Origin of Its Sacred Texts*. New York: Free Press, 2001.

Fitzpatrick, David. "Flight from Famine". In *The Great Irish Famine,* edited by Cathal Poirteir, 174-84. Dublin: Mercier Press, 1995.

Foster, Kit. *The Stanley Steamer: America's Legendary Steam Car*. Kingfield, ME: The Stanley Museum, 2004.

Fraser, W. Hamish. *The Coming of the Mass Market, 1850-1914*. Hamden, CT: Archon Books, 1981.

Gabriele, Michael C. *The Golden Age of Bicycle Racing in New Jersey*. Charleston. SC: The History Press, 2011.

Gellner, Ernest. *Nations and Nationalism*. Ithaca, NY: Cornell University Press, 1983.

Glandering, John. "Keat's Tour of Scotland: Burns and the Anxiety of Hero Worship". *Keats-Shelley Journal* 41 (1992): 76-99.

Gluck, Carol. "The End of Elsewhere: Writing Modernity Now". *American Historical Review 116,* no. 3 (June 2011): 676-87.

Gray, Tony. *The Lost Years: The Emergency in Ireland, 1939-45*. London: Little,

Brown, and Company, 1997.

Greenblatt, Stephen, *ed. A Mobility Studies Manifesto*. Cambridge: Cambridge University Press, 2009.

Grendler, Paul. "Universities of the Renaissance and Reformation". *Renaissance Quarterly* 57, no. 1 (Spring 2004): 1-42.

Guibernau, Montserrat and John Hutchinson. "History and National Destiny". *Nations and Nationalism* 10, no. 1-2 (January 2004): 1-8.

Hadfield, Miles. *A History of British Gardening*. London: Penguin, 1985.

Hamilton, Richard F. *Who Voted for Hitler?* Princeton, NJ: Princeton University Press, 1982.

Hebdige, Dick. *Subculture: The Meaning of Style*. London: Routledge, 1979.

Heirman, Ann and Stephen Peter Bumbacher, eds. *The Spread of Buddhism*. Leiden: Brill, 2007.

Herb, Guntram H. and David H. Kaplank, eds. *Nations and Nationalism: A Global Historical Overview*. Santa Barbara, CA: ABC-CLIO, 2008.

Herf, Jeffrey. *Reactionary Modernism: Technology, Culture, and Politics in Weimar and the Third Reich*. Cambridge: Cambridge University Press, 1986.

Heyck, Thomas William. *The Peoples of the British Isles: A New History, From 1688 to 1914*. Chicago, IL: Lyceum Books, 2014.

—— *The Peoples of the British Isles: A New History, Vol. II: From 1688 to 1870*. Chicago, IL: Lyceum Books, 2008.

Hillstrom, Kevin, *Defining Moments: September 11 Terrorist Attacks*. Detroit, MI: Omnigraphics, 2012.

—— *Defining Moments: World War I and the Age of Modem Warfare*. Detroit, MI: Omnigraphics, 2013.

Hobsbawm, Eric. *The Age of Empire: 1875-1914*. New York: Random House, 1989.

—— *Age of Extremes: 1914-1991*. New York: Vintage Books, 1996.

—— "The British Standard of Living, 1750-1850. " *Economic History Review,*

New Series 10, no. 1 (1957): 46-61.

—— *Nations and Nationalism since 1780: Programme, Myth, Reality.* Cambridge: Cambridge University Press, 1990.

Hobsbawm, Eric and Terence Ranger, eds. *The Invention of Tradition.* 2nd ed. Cambridge: Cambridge University Press, 1992. First published 1983 by Cambridge University Press.

Jackson, Kenneth T. *Crabgrass Frontier: The Suburbanization of the United States.* Oxford: Oxford University Press, 1985.

Jennings, Paul. *The Local: A History of the English Pub.* Stroud: Tempus, 2007.

Johnson, Paul. *The Renaissance: A Short History.* New York: The Modern Library, 2002.

Judt, Tony. *Postwar: A History of Europe since 1945.* New York: Penguin, 2006.

Katz, S.H. and M. Voight. "Bread and Beer: The Early Use of Cereals in the Human Diet". *Expedition* 28, no. 2 (1987): 23-34.

Kaul, Chandrika, ed. *Media and the British Empire.* Basingstoke: Palgrave, 2006.

Kelly, John. *The Great Mortality: An Intimate History of the Black Death, the Most Devastating Plague of All Time.* New York: Harper Collins, 2005.

Kern, Stephen. *The Culture of Time and Space, 1880-1918.* Cambridge, MA: Harvard University Press, 1983.

Knapp, Manfred, Wolfgang F. Stolper and Michael Hudson. "Reconstruction and West-Integration: The Impact of the Marshall Plan on Germany". *Journal of Institutional and Theoretical Economics* 137 (September 1981): 415-33.

Kuisel, Richard F. "Coca-Cola and the Cold War: The French Face of Americanization, 1948-1953". *French Historical Studies* 17, no. 1 (Spring 1991): 96-116.

Lambert, Peter. "Paving the 'Peculiar Path': German Nationalism and Historiography since Ranke". In *Imagining Nations,* edited by Geoffrey Cubitt, 92-109. Manchester: Manchester University Press, 1998.

Le Goff, Jacques. *The Birth of Europe.* Oxford: Blackwell, 2007.

Levine, Philippa. *The British Empire: Sunrise to Sunset* London: Pearson-Longman, 2007.

Lintsen, Harry. "Two Centuries of Central Water Management in the Netherlands". Special issue: Water Technology in the Netherlands, *Technology and Culture* 43, no. 3 (July 2002): 549-68.

Longmate, Norman. *King Cholera: The Biography of a Disease.* London: Hamish Hamilton, 1966.

Lowe, Rodney. *The Welfare State in Britain since 1945.* Basingstoke: Palgrave Macmillan, 2005.

Macalpine, Ida and Richard Hunter. *George III and the Mad Business.* London: Pimlico, 1991. First published 1969 by Allen Lane.

Mandler, Peter. *The English National Character: The History of an Idea from Edmund Burke to Tony Blair.* New Haven, CT: Yale University Press, 2006.

Martin, Colin and Geoffrey Parker. *The Spanish Armada.* Manchester: Mandolin, 1988.

Matteucci, Marco. *History of the Motor Car.* New York: Crown Publishing, 1970.

Mattingly, Garrett. *Renaissance Diplomacy.* Baltimore, MD: Penguin Books, 1964.

Mazower, Mark. *Dark Continent: Europe's Twentieth Century.* New York: Vintage, 1998.

—— *No Enchanted Place: The End of Empire and the Ideological Origins of the United Nations.* Princeton, NJ: Princeton University Press, 2009.

McGirr, Lisa. *Suburban Warriors: The Origins of the New American Right.* Princeton, NJ: Princeton University Press, 2001.

McGovern, Patrick E. *Uncorking the Past: The Quest for Wine, Beer, and other Alcoholic Beverages.* Berkeley, CA: University of California Press, 2009.

McLaughlin, Raoul. *Rome and the Distant East: Trade Routes to the Ancient Lands of Arabia, India and China.* London: Continuum, 2010.

McNeill, John R. and William H. McNeill. *The Human Web: A Bird's Eye View of*

World History. New York: W.W. Norton, 2003.

Mellow, James R. *Charmed Circle: Gertrude Stein and Company.* New York: Henry Holt, 1974.

Metcalf, Thomas R. *Ideologies of the Raj,* Cambridge: Cambridge University Press, 1995.

Mommsen, Wolfgang J. "Society and War: Two New Analyses of the First World War". *Journal of Modem History* 47, no. 3 (September 1975): 530-8.

Montgomery, Robert L. *Lopsided Spread of Christianity: Toward an Understanding of the Diffusion of Religions.* Westport, CT: Praeger, 2001.

More, Charles. *Britain in the Twentieth Century.* Harlow: Pearson-Longman, 2007,

Morgan, David. *The Mongols.* 2nd ed. Malden, MA: Blackwell, 2007.

Mosse, George L. *Fallen Soldiers: Reshaping Memory of the World Wars.* Oxford: Oxford University Press, 1990.

—— *Nationalism and Sexuality: Middle-Class Morality and Sexual Norms in Modem Europe.* Madison, WI: University of Wisconsin Press, 1985.

—— *Toward the Final Solution: A History of European Racism.* Madison, WI: University of Wisconsin Press, 1985.

Newton, C.C.S. "The Sterling Crisis of 1947 and the British Response to the Marshall Plan". *Economic History Review,* New Series 37, no. 3 (August 1984): 391-408.

Nye, Peter Joffre. *The Six-Day Bicycle Races.* San Francisco, CA: Cycle Publishing, 2006.

O'Brian, John and Peter White, eds. *Beyond Wilderness: The Group of Seven, Canadian Identity, and Contemporary Art Montreal,* QC: McGill-Queen's University Press, 2007.

O'Brien, Conor Cruise. "Nationalism and the French Revolution". In *The Permanent Revolution: The French Revolution and its Legacy, 1789-1989,* edited by Geoffrey Best, 17-48. Chicago, IL: University of Chicago Press, 1988.

O'Keeffe, Dennis. *Edmund Burke*. New York: Continuum, 2010.

Olwig, Kenneth R. "Landscape, Monuments, and National Identity". In *Nations and Nationalism: A Global Historical Overview*, edited by Guntram H. Herb and David H. Kaplan, 59-71. Santa Barbara, CA: ABC-CLIO, 2008.

Pandian, M.S.S. "Gendered Negotiations: Hunting and Colonialism in Late Nineteenth Century Nilgiris". *Contributions to Indian Sociology* 29. no. 1-2 (1995): 239-64.

Parry, J.H. *The Age of Reconnaissance: Discovery, Exploration, and Settlement, 1450-1650*. London: Phoenix Press, 1962.

Payling, S.J. "Social Mobility, Demographic Change, and Landed Society in Late Medieval England". *Economic History Review*, New Series 45, no. 1 (February 1992): 51-73.

Payne, Stanley. *A History of Fascism, 1914-1945*. Madison, WI: University of Wisconsin Press, 1995.

Peukert, Detlev. *Inside Nazi Germany: Conformity, Oppositiorij and Racism in Everyday Life*. New Haven, CT: Yale University Press, 1987.

Philpott, Maryam. *Air and Sea Power in World War I: Combat Experience in the Royal Flying Corps and the Royal Navy*. London: I.B. Tauris, 2013.

Porter, Bernard. *The Lion's Share: A Short History of British Imperialism*. 3rd ed. New York: Longman, 1996.

Porter, Roy. *London: A Social History*. Cambridge, MA: Harvard University Press, 1994.

Richie, Andrew. *Major Taylor: The Extraordinary Career of a Champion Bicycle Racer*. San Francisco, CA: Bicycle Books, 1988.

Roberts, Geoffrey and Brian Garvan, eds. *Ireland and the Second World War: Politics, Society, and Remembrance*. Dublin: Four Courts Press, 2000.

Roesdahl, Else. *The Vikings*. Translated by Susan M. Margeson and Kirsten Williams. London: Penguin, 1998.

Rubin, Louis Decimus. *The Summer the Archduke Died: Essays on Wars and*

参考文献

Warriors. Columbia, MO: University of Missouri Press, 2008.

Sacks, David and Oswyn Murray. *Encyclopedia of the Ancient Greek World*. New York: Facts on File, 2005.

Said, Edward. *Orientalism*. 25th anniversary ed. New York: Vintage, 1994.

Saran, Mary. "Europe and the Marshall Plan". *The Antioch Review* 8, no. 1 (Spring 1948): 26-32.

Schlesinger, Jr., Arthur. "Origins of the Cold War". *Foreign Affairs* 46 (1967): 22-52.

Silverstein, Adam J. *Islamic History: A Very Short Introduction*. Oxford: Oxford University Press, 2010.

Smith, Huston. *The World's Religions*. 50th anniversary ed. New York: Harper Collins, 2009.

Standage, Tom. *A History of the World in Six Glasses*. New York: Walker and Co., 2005.

Stone, Lawrence. *The Family, Sex and Marriage in England, 1500-1800*. Abr. ed. New York: Harper and Row, 1979.

Stone, Lawrence and Jeanne Stone. *An Open Elite? England, 1540-1880*. Oxford: Oxford University Press, 1984.

Stringer, Chris. "Modern Human Origins: Progress and Prospects". *Philosophical Transactions: Biological Sciences* 357, no. 1420 (29 April 2002): 563-79.

Sullivan, Zohreh T. *Narratives of Empire: The Fictions of Rudyard Kipling*. Cambridge: Cambridge University Press, 1993.

Tarlow, Sarah. "Landscapes of Memory: The Nineteenth-Century Garden Cemetery". *European Journal of Archaeology* 3, no. 2 (2000): 217-39.

Taylor, Timothy. *The Buried Soul: How Humans Invented Death*. Boston, MA: Beacon Press, 2005.

TeBrake, William H. "Taming the Waterwolf: Hydraulic Engineering and Water Management in the Netherlands during the Middle Ages". Special issue: Water Technology in the Netherlands, *Technology and Culture* 43, no. 3 (July 2002):

475-99.

Thompson, Christopher S. *The Tour de France: A Cultural History.* Berkeley, CA: University of California Press, 2008.

Thompson, E.P. "Time, Work-Discipline, and Industrial Capitalism". *Past and Present* 38 (December 1967): 56-97.

—— *Whigs and Hunters: The Origins of the Black Act.* New York: Pantheon Books, 1975.

Thorsheim, Peter. "The Corpse in the Garden: Burial, Health, and the Environment in Nineteenth-Century London". *Environmental History* 16 (January 2011): 38-68.

Trevor-Roper, Hugh. "The Invention of Tradition: The Highland Tradition in Scotland". In *The Invention of Tradition,* edited by Eric Hobsbawm and Terence Ranger, 15-41. Cambridge: Cambridge University Press, 1983.

Van Duzer, Chet. *Sea Monsters on Medieval and Renaissance Maps.* London: The British Library, 2013.

Vigarello, Georges. "The Tour de France". In *Realms of Memory: Construction of the French Past, Vol 2: Traditions,* edited by Pierre Nora, 469-500. New York: Columbia University Press, 1997.

Wagnleitner, Reinhold. *Coca-Colonization and the Cold War: The Cultural Mission of the United States in Austria after the Second World War.* Chapel Hill, NC: University of North Carolina Press, 1994.

Walker, Andrew Lockhart. *The Revival of the Democratic Intellect.* Edinburgh: Polygon, 1994.

Warner, Jessica. *Craze: Gin and Debauchery in an Age of Reason.* New York: Random House, 2003.

Weatherill, Lorna. "A Possession of One's Own: Women and Consumer Behavior in England, 1660-1740". *Journal of British Studies* 25 (April 1986): 131-56.

Webb, Jr., James. *Humanity's Burden: A Global History of Malaria.* Cambridge: Cambridge University Press, 2009.

Wehler, Hans-Ulrich. *The German Empire, 1871-1918.* Oxford: Berg, 1985.

Whelan, Bernadette. *Ireland and the Marshall Plan, 1947-57*. Dublin: Four Courts Press, 2000.

White, Peter. "Out of the Woods". In *Beyond Wilderness: The Group of Seven, Canadian Identity, and Contemporary Art,* edited by John O'Brian and Peter White, 11-20. Montreal, QC: McGill-Queen's University Press, 2007.

Williams, Rosalind H. *Dream Worlds: Mass Consumption in Late Nineteenth-Century France*. Berkeley, CA: University of California Press, 1982.

Williamson, David G. *The Age of Dictators: A Study of the European Dictators, 1918-53*. Harlow: Pearson, 2007.

Winock, Michel. *Nationalism, Antisemitism, and Fascism in France*. Palo Alto, CA: Stanford University Press, 2000.

Winter, Jay. *Sites of Memory, Sites of Mourning: The Great War in European Cultural History.* Cambridge: Cambridge University Press, 1995.

Womack, Petet. *Improvement and Romance: Constructing the Myth of the Highlands*. London: Macmillan, 1989.

Wrigley, E.A. and R.S. Schofield. *The Population History of England, 1541-1871*. Cambridge, MA: Harvard University Press, 1981.